教育救國

姜绍祖先生史料辑存

姜光平 孙善根 | 主编

JIAOYU JIUGUO
JIANGSHAOZU XIANSHENG
SHILIAO JICUN

上海辞书出版社

姜绍祖先生(字梅坞,1892—1967)

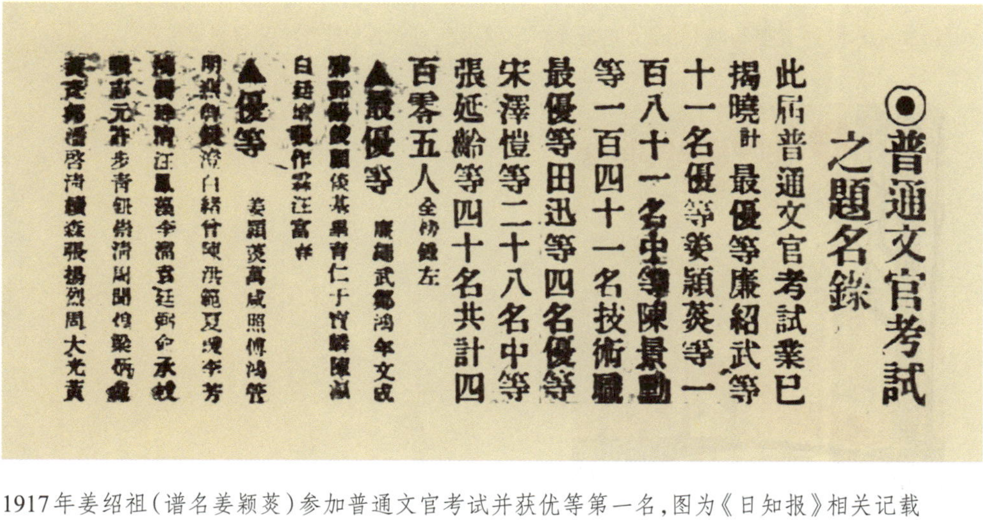

◉普通文官考試之題名錄

此屆普通文官考試業已揭曉計最優等廉紹武等十一名優等姜穎焚等一百八十一名中等陳景勳等一百四十一名技術職最優等田迅等四名優等宋澤愷等二十八名中等張延齡等四十名共計四百零五人全份錄左

▲最優等 廉紹武 鄭鴻年 文成 [illegible]

▲優等 姜穎焚 萬咸照 傅鴻[illegible] [illegible]

1917年姜绍祖(谱名姜颖焚)参加普通文官考试并获优等第一名,图为《日知报》相关记载

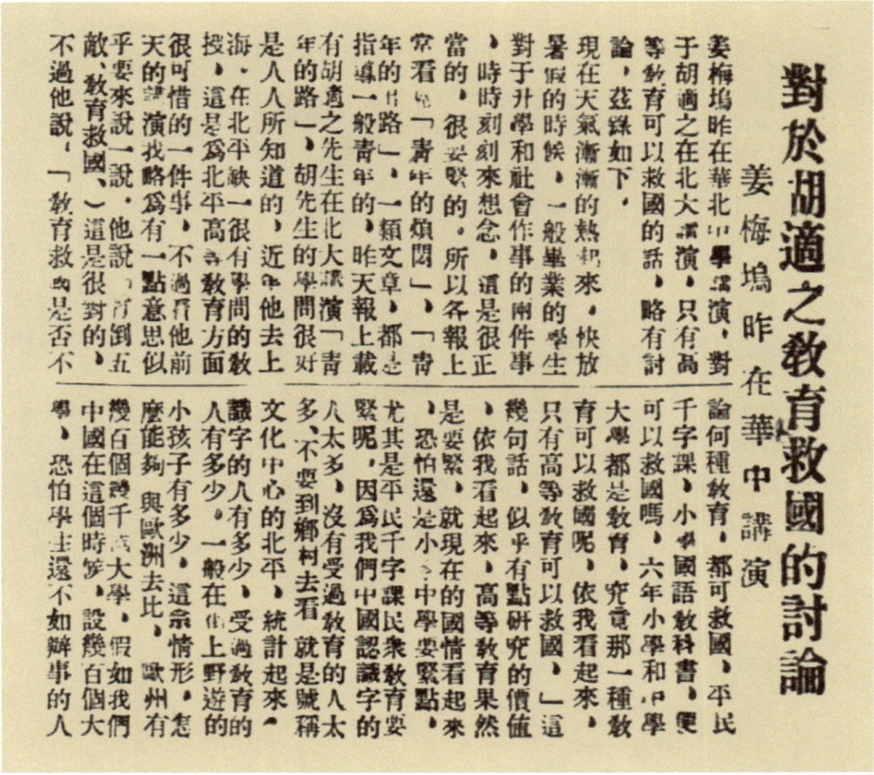

對於胡適之教育救國的討論

姜梅塢昨在華中講演

姜梅塢昨在華北中學講演，對于胡適之在北大講演，只有高等教育可以救國的話，略有討論，茲錄如下：

現在天氣漸漸的熱起來，快放暑假的時候，一般畢業的學生對于升學和社會作事的兩件事，時時刻刻來想念，這是很正當的，很要緊的。所以各報上常看見「青年的煩悶」，「青年的出路」，一類文章，都是指導一般青年的，昨天報上載有胡適之先生在北大講演「青年的路」，胡先生的學問很好是人人所知道的，近年他去上海，在北平缺一很有學問的教授，這是爲北平高等教育方面很可惜的一件事，不過看他前天的講演我略爲有一點意思似乎要來說一說，他說「打倒五敵，教育救國，」這是很對的，不過他說，「教育救國是否不論何種教育，都可救國，平民千字課，小學國語教科書，便可以救國嗎，六年小學和中學大學都是教育，究竟那一種教育可以救國呢，依我看起來，只有高等教育可以救國，」這幾句話，似乎有點研究的價值，依我看起來，高等教育果然是要緊，就現在的國情看起來，恐怕還是小、中學要緊點，尤其是平民千字課民衆教育要緊呢，因爲我們中國認識字的人太多，沒有受過教育的人太多，不要到鄉村去看 就是號稱文化中心的北平，統計起來，識字的人有多少，受過教育的人有多少，一般在街上野遊的小孩子有多少，這宗情形，怎麼能夠與歐洲去比，歐洲有幾百個幾千萬大學，假如我們中國在這個時候，設幾百個大學，恐怕學生還不如辦事的人

1930年6月11日姜梅坞（绍祖）在华北中学演讲教育救国，图为相关报道

1932年《华北中学毕业同学录》问世

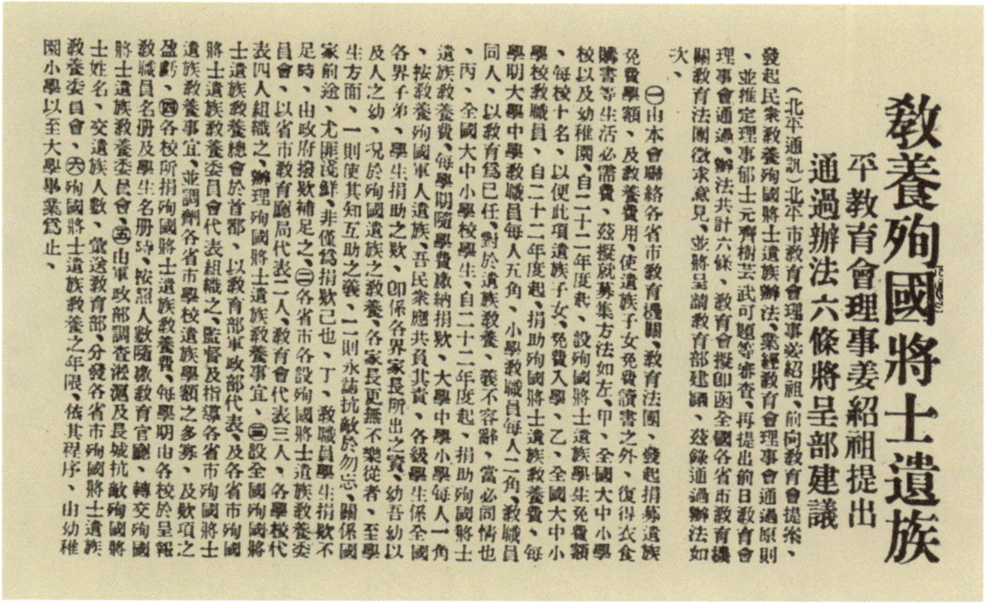

教養殉國將士遺族

平教育會理事姜紹祖提出

通過辦法六條將呈部建議

（北平通訊）北平市教育會理事姜紹祖、前向教育會提案、發起民衆教養殉國將士遺族辦法、業經教育會理事會通過原則、並推定理事郁士元齊樹芸武可題等審查、再提出前日教育會理事會通過、辦法共計六條、教育會擬即函全國各省市教育機關教育法團徵求意見、並將呈請教育部建議、玆錄通過辦法如次、

㈠由本會聯絡各省市教育機關、教育法團、發起捐募遺族免費學額、及教養費用、使遺族子女免費讀書之外、復得衣食購書等生活必需費、玆擬就募集方法如左、甲、全國大中小學校以及幼稚園、自二十二年度起、設殉國將士遺族學生免費額、每校十名、以便此項遺族子女、免費入學、乙、全國大中小學校教職員、自二十二年度起、捐助殉國將士遺族教養費、每學期大學中學教職員每人五角、小學教職員每人二角、教職員同人、以教育為已任、對於遺族教養、義不容辭、當必同情也、丙、全國大中小學校學生、自二十二年度起、捐助殉國將士遺族教養費、每學期隨學費繳納捐款、大學中學小學每人一角、按教養殉國軍人遺族、吾民衆應共負其責、各級學生係全國各界子弟、學生捐助之款、即係各界家長所出之資、幼吾幼以及人之幼、況於殉國遺族之教養、各家長更無不樂從者、至學生方面、一則使其知互助之義、一則永誌抗敵於勿忘、關係國家前途、尤匪淺鮮、非僅為捐款已也、丁、教職員學生捐款不足時、由政府撥款補足之、㈡各省市各設殉國將士遺族教養委員會、以省市教育廳局代表二人、教育會代表三人、各學校代表四人組織之、辦理殉國將士遺族教養事宜、㈢設全國殉國將士遺族教養總會於首都、以教育部軍政部代表、及各省市殉國將士遺族教養委員會代表組織之、監督及指導各省市殉國將士遺族教養事宜、並調劑各省市學校遺族學額之多寡、及款項之盈虧、㈣各校所捐殉國將士遺族教養費、每學期由各校於呈報教職員名册及學生名册時、按照人數隨繳教育官廳、轉交殉國將士遺族教養委員會、㈤由軍政部調查淞滬及長城抗敵殉國將士姓名、交遺族人數、彙送教育部、分發各省市殉國將士遺族教養委員會、㈥殉國將士遺族教養之年限、依其程序、由幼稚園小學以至大學畢業為止、

1933年6月姜绍祖在北平教育会上提出国家应教养为抗日牺牲的将士后人，图为相关报道

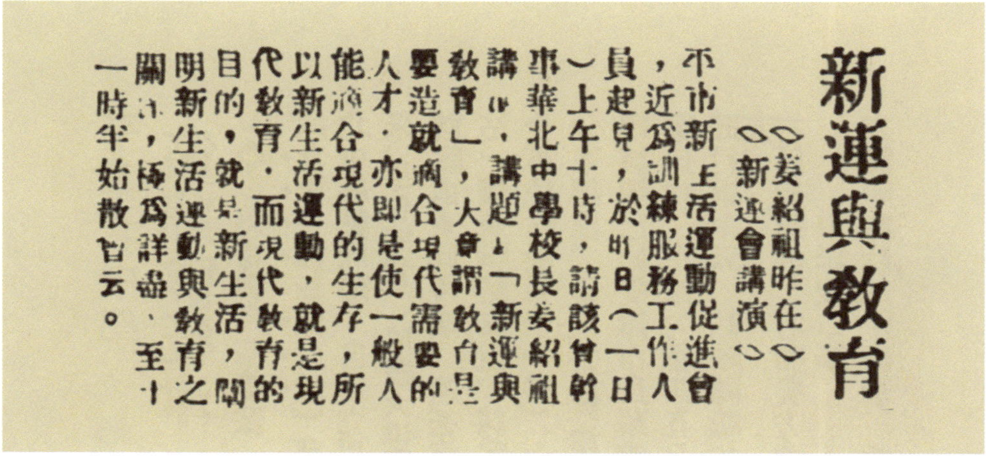

新運與教育

◎姜紹祖昨在新運會講演◎

平市新生活運動促進會，近為訓練服務工作人員起見，於昨日（一日）上午十時，請該會幹事華北中學校長姜紹祖講演，講題「新運與教育」，大意謂教育是要造就適合現代需要的人才，亦即是使一般人能適合現代的生存，所以新生活運動，就是現代教育，而現代教育的目的，就是新生活，闡明新生活運動與教育之關係，極為詳盡、至十一時半始散會云。

1935年2月1日姜绍祖在北平新生活运动促进会上作《新运与教育》的演讲

在1935年举办的北平中小学自然科成绩观摩会上，华北中学学生王贻猷所造之滑行机（飞行速度百五公里）轰动一时

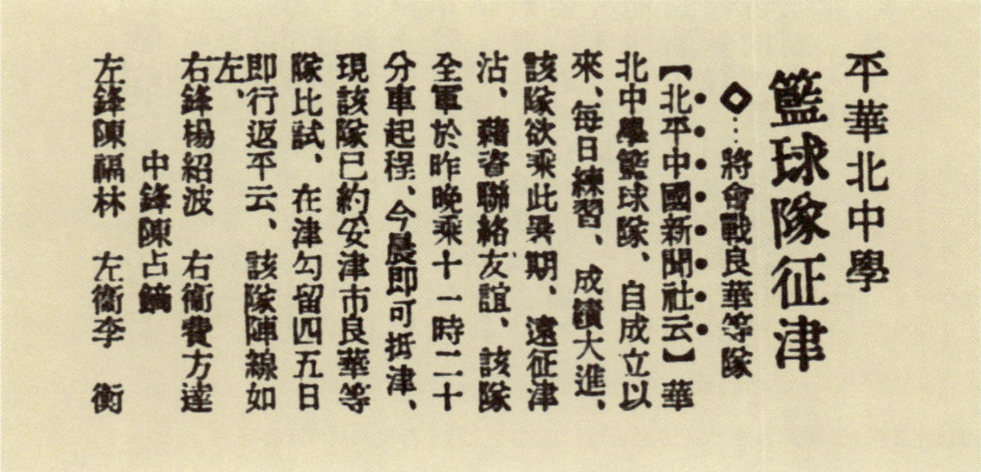

平華北中學
籃球隊征津
◇…將會戰良華等隊

【北平中國新聞社云】華北中學籃球隊、自成立以來、每日練習、成績大進、該隊欲乘此暑期、遠征津沽、藉資聯絡友誼、該隊全軍於昨晚乘十一時二十分車起程、今晨即可抵津、現該隊已約安津市良華等隊比試、在津勾留四五日即行返平云、該隊陣線如左、

右鋒楊紹波　右衛費方達
中鋒陳占鏑
左鋒陳禍林　左衛李　衡

20世纪30年代的华北中学素以体育名闻北京中等教育界，尤其是学校篮球队征战华北各地名噪一时，图为相关报道

华北中学篮球队平日练习场景

1936年华北中学学生在全市中小学春运会上表演武术双刀破花枪

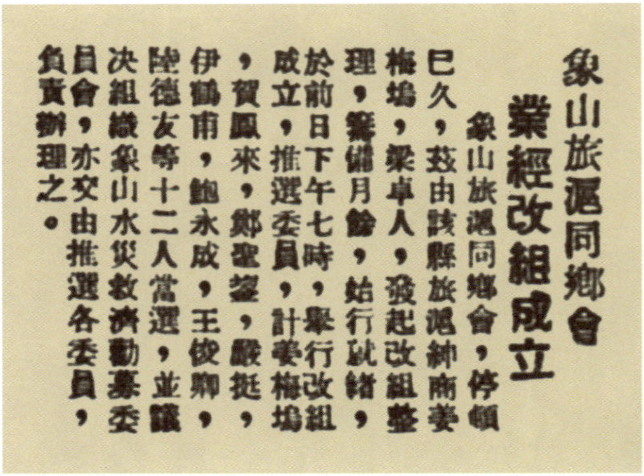

象山旅滬同鄉會
業經改組成立

象山旅滬同鄉會，停頓已久，茲由該縣旅滬紳商姜梅塢，梁卓人，發起改組整理，籌備月餘，始行就緒，於前日下午七時，舉行改組成立，推選委員，計姜梅塢，賀鳳來，鄭豐鋆，嚴挺，伊鶴甫，鮑永成，王俊卿，陸德友等十二人當選，並議決組織象山水災救濟勸募委員會，亦交由推選各委員，負責辦理之。

1940年初姜绍祖发起重组象山旅沪同乡会，图为相关报道

2000年姜光平先生主持修订的《写心集》由扬州广陵古籍刻印社出版

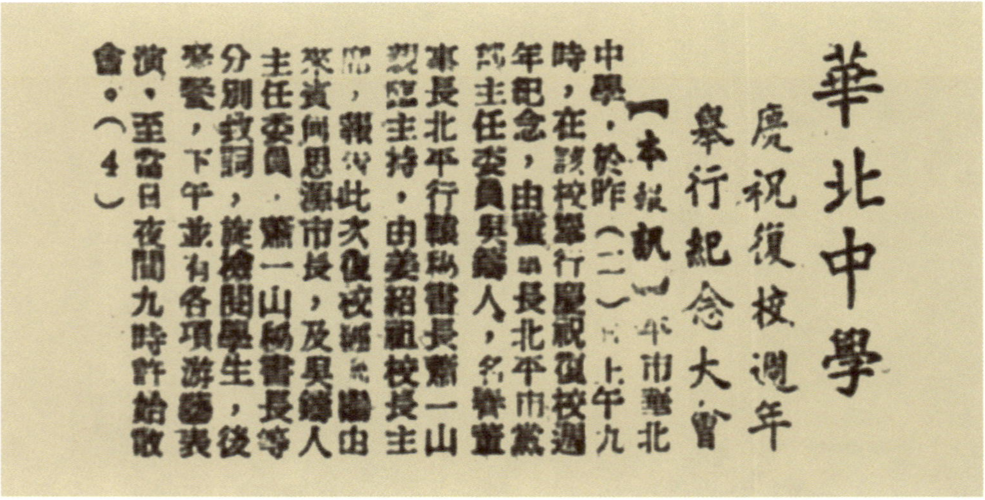

華北中學
慶祝復校週年
舉行紀念大會

【本報訊】北平市華北中學，於昨（二）日上午九時，在該校舉行慶祝復校週年紀念，由董事長北平市黨部主任委員吳鑄人，名譽董事長北平行轅秘書長鄭一山蒞臨主持，由姜紹祖校長主席，報告此次復校經過，由來賓何思源市長，及吳鑄人主任委員，鄭一山秘書長等分別致詞，旋檢閱學生，後聚餐，下午並有各項游藝表演，至當日夜間九時許始散會。（4）

1947年1月2日姜绍祖主持华北中学复校周年纪念大会，图为相关报道

本书编写组

顾　问：王庆祥

主　编：姜光平　孙善根

编　委：张振亚　姜　剑

代　序

一个绵延不绝的文化家族

我的同乡、同学、同事孙善根教授发来他与姜光平先生整理完成的《教育救国——姜绍祖先生史料辑存》一书，嘱我写个序。这本收罗完备、资料翔实的史料集，真切地展示了姜绍祖先生曲折而丰富的人生经历，以及他浓烈的家国情怀。不过，由于主题的限制，这本史料集在介绍姜绍祖先生的先祖时，仅提到清朝中期的姜炳璋（1707—1784），未能涉及其他人物。实际上，在浙江象山历史上，像姜氏那样绵延不绝的文化家族是不多的。或者说，姜氏家族的源流，在相当程度上代表了象山的文脉。所以借此机会，根据我以前的研究成果，对姜绍祖先生的家族源流略作介绍，也算是对这本史料集的一个小小补充。

象山姜家的始祖姜晟，本来是唐末广州的地方官员。在黄巢起义军攻打广州的动荡岁月中，姜晟带领家人乘船来到象山，最后选定在丹城居住。姜家不仅是象邑的一个古老家族，而且还是一个书香门第，出过不少文化名人。姜炳璋就是姜晟的第十四代孙。姜炳璋的曾祖父姜昌周，是明朝的秀才，善于作诗。在明清鼎革之际，姜昌周积极援助抗清斗争。抗清斗争失败后，姜昌周怀着满腔的悲愤和无奈，回到家中。他常与朋友们在自家园子里写诗吟唱，以发泄内心的痛苦。用他自己的话来说，就是“壮怀怒举，逸兴飚飞”。他们情绪激动时，就敲打种在园子里的竹子。所以，姜昌周将自己的诗集命名为《敲竹诗集》。我们从他的《酒后吟》中，可以感受到其强烈的激愤之情：“酒后耳偏热，惊看剑亦奇。文章招鬼哭，意气感人思。孤愤怜同调，幽忧苦自知。寒芒如可跃，绝少不平时。”

姜昌周的第二个儿子姜沄（也就是姜炳璋的祖父），喜欢作诗，游历过燕、赵、闽、越等地，朋友甚多，见识很广。他将自己在各地旅行时所写的诗歌汇总起来，取名为《行飘集》。可惜的是，姜沄的诗作多数已佚失，保留下来的仅不到十首。他在《草萍驿》中表达了对家乡的深厚情怀：“游子辞家日，行行泪湿衣。草坪驱马过，渐觉故乡违。”

姜沄的儿子姜桂萼（也就是姜炳璋的父亲）一生比较曲折。他出生后不久，生母就去世了，所以他是由其祖母抚养长大的。他的父亲姜沄长期患病，姜桂萼精心照顾长达十四年。尤其难得的是，姜桂萼的后母也是一个多病之人，且因生病而暴躁易怒，但姜桂萼和他的夫人何氏却任劳任怨，“得其欢心”，他们夫妇因此被誉为“双孝”。姜桂萼本人也是个读书人，在私塾里做过教书先生。同时，他非常重视对儿子的教育，写过《碧梧斋示儿语》一书。

明末清初，象山县不仅饱尝了战争的痛苦，而且还经历了迁界的劫难，社会经济及文化教育受到了严重摧残。清朝初年，象山县共有三个人考取进士，分别是顺治九年（1652）考中的周明新和钱捷，康熙三年（1664）考中的陈所知。但他们实际上是在明朝所受的教育。在此后的多个多世纪中，象山一直没有出过进士。直到乾隆十九年（1754），姜炳璋才打破这个局面，考中进士。当时的阅卷官员对姜炳璋的考卷评价很高，写下了“酝酿闳深，吐属超诣”“包涵雅致，一荡俗气”“精深古宕，正始之音”等评语。这一年，共录取进士241名，其中第一甲3人，第二甲70人，第三甲168人。姜炳璋的最终成绩是第二甲第十名，可以说名列前茅。与姜炳璋同时考中进士的，还有钱大昕、王鸣盛、纪昀、王昶等杰出的学者。

姜炳璋考中进士后，由于貌不出众，表现平淡而未能受到重视，更没有被朝廷安排官职。最终姜炳璋决定离开北京，返回象山。离京之前，纪昀为了安慰姜炳璋，写了一首题为《送姜白岩南归》的长诗。在这首诗中，纪昀高度肯定姜炳璋在贫困生活中所取得的学术成就：“姜子嗜古文，穷年坐环堵。默默抱陈篇，圣贤相对语。注疏罗百家，沉吟思去取。”同时，对姜炳璋的无奈离京深表同情：“负笈出都门，越吟心自苦。惜哉董贾俦，怀才莫一抒。”这里的“董”是指董仲舒，“贾”是指贾谊，他们都是汉代的著名学者。最后，纪昀鼓励说，对于学者来说，人生的价值并不在于做官，而是在于能够流传下去的精品。纪昀还表示，在此文化堕落的时代里，愿与姜炳璋一起来共同振兴：“人生在不朽，一官宁足数？漆室久昏昏，千年待一炬。古圣与古贤，灵爽实凭汝。名山亦可藏，何必图书府。况乃穷经士，一一登华膴。圣代方崇儒，汝岂终贫窭？逝矣东行縢，无为多凄楚。抗志希古人，相期力共努！”这首长诗中，充分体现了纪昀与姜炳璋之间的友谊。

姜炳璋回到象山后，为了全家的生活，不仅远赴鄞县（今鄞州区）等地教书，而且还承揽了作序、修家谱等多项工作。用他自己的话来说，就是“饥驱四方”。他在这一时期写下的《重修伊氏宗谱序》《张氏宗谱序》《应氏宗谱序》等，成为象山珍贵的文化遗产。乾隆二十二年（1757）春，姜炳璋获得本族的旧宗谱，于是重修了《姜氏宗谱》。在这部宗谱中，收录了他本人所做的《尊乡集》《石岩文集》《竹东唱和集》《鸣榔纪胜》等著作，以及他本人参加会试的试卷。

同年，象山知县史鸣皋聘请姜炳璋负责《象山县志》的编纂。姜炳璋广泛搜集文献，严谨考证史实，出色地完成了编纂任务。乾隆二十四年，这部新编《象山县志》刊刻出版，这就是《乾隆象山县志》。这部县志，体例新颖，文献丰富，考证翔实，文笔优雅，堪称地方志中的佳作，对后来象山县志的编纂产生了重要影响。

乾隆二十八年，浙江兰溪知县曾一贯获知姜炳璋是学问渊博、情操高尚的“东海名儒”，所以聘请他担任兰溪云山书院的山长(院长)。姜炳璋来到云山书院后，认真负责，尽心培育人才，受到了当地民众的好评，《兰溪县志》说他“课士有方”。姜炳璋在兰溪期间，还撰写了《五先生祠》《告天台》《思亲桥》等诗作，并将其汇编成《兰江晤语》一书。

乾隆二十九年，姜炳璋被朝廷任命为四川石泉县(今北川羌族自治县)知县。从二十九年至三十三年上半年，姜炳璋一直在石泉县担任知县。虽然时间不长，但姜炳璋怀着一颗爱民之心，整顿吏治，革除弊政，修筑道路，努力造福民众，取得了突出的政绩。他组织农民开垦水田，推广水稻种植；鼓励农民种植花椒、桐树(桐籽可以榨油)、棉花等经济作物，指导农民种桑养蚕。根据古代传说，大禹就出生在石泉县的石纽村。姜炳璋不仅修建了早已颓败破落的夏禹庙，而且撰写了《重建夏禹庙记》。石泉县本来没有书院，姜炳璋捐出自己的薪俸，建造了第一座书院，为石泉县的教育事业作出了重要贡献。由于这座书院是建在西山脚下的，所以取名为“西山书院”。

姜炳璋对石泉县文化的另一个重要贡献，就是编纂了《石泉县志》，并于乾隆三十三年刊刻出版。这部《石泉县志》虽然只有四卷，但它却是石泉县历史上第一部定稿出版的县志，也是现存最早的县志。在这部县志中，姜炳璋利用自己渊博的文献知识，进行了许多精彩的考证。例如，一些关于四川地理的著作说，石泉县有条名为“沔水”的河流，但实际上，石泉县及四川西部并无此河。姜炳璋经过考证，发现在石泉县古文献中有条名为“江水”的河流，是长江的源头之一，但后人误将“江”字抄成“沔”字，于是出现了“沔水”这条不存在的河流。更加珍贵的是，这部县志对四川羌族的经济社会及文化习俗进行了翔实记载，为研究羌族及清政府的少数民族政策提供了珍贵史料。

乾隆三十二年，清政府让石泉县知县姜炳璋同时兼任四川江油知县。姜炳璋到江油上任后，处理了一些久拖不决的疑难案件，整顿了官吏队伍，改革了书院学田租金，很快获得了民众的赞誉。他还主持修建了一条堤堰，使300多亩农田得以灌溉，当地人将此堤堰称为“姜公堰”。半年后，姜炳璋离开江油，返回石泉，民众闻讯，纷纷前来送别。姜炳璋在临别时，写下了《返石泉别江油父老》一诗，对江油人进行勉励：“我吏此邦才六月，临岐事事费沉吟。锄翻积棘知难尽，露浥芝兰愧未深。课读课耕三寸舌，忧晴忧雨一腔心。江城父老何相忆，好把吾言仔细寻。”

姜炳璋回到石泉后不久，于乾隆三十三年上半年以身体不佳为理由，辞去知县之职，返回象山。回到老家后，姜炳璋访友论学，读书写作，一直过着学者的生活。四十九年，姜炳璋在象山去世，享年77岁。姜炳璋的墓地，位于象山县城东面的梅溪金钟山巅。

姜炳璋一生酷爱读书，勤奋写作，著有《诗序补义》《读左补义》《选玉溪生诗补说》《周易通旨》《尊乡集》等20多种著作。其中两部著作被收入《四库全书》中。一部是《诗序补义》，全文收录在《四库全书·经部·诗类》中。另一部是《读左补义》，书名收录在《四库全书·经部·春秋类存目》中。《四库全书》全文收录了3 461种图书，此外，还收录了6 793种图书的书名（即列入存目）。《四库全书》所收录的著作，绝大多数作者早已去世，只有少数几部是由当时在世的作者撰写的。浙江海宁人周春曾经说过，在《四库全书》中，当代作者的著作很少，加起来也不过十来人，其中三位都是乾隆十九年考中进士，分别是常熟人顾镇、象山人姜炳璋、绍兴人范家相。周春认为，这主要是由于《四库全书》的总编纪昀（纪晓岚）就是这一年的进士，所以对自己的同科进士有所偏爱。而周春本人，也是乾隆十九年的进士。我们不知道周春的说法是否有根据，但从纪昀所写的《送姜白岩南归》中可以看出，他对姜炳璋的为人及学问是非常欣赏的。《四库全书》为姜炳璋《诗序补义》所写的介绍，同样肯定了姜炳璋的学识。

我们知道，中国最早的诗歌总集是《诗经》，它也是儒家经典之一。《诗经》所收录的300多首诗歌，是在不同的地区、不同的时间，由不同的人创作出来的，后来，被学者们收集在一起，汇编成书。两千多年以来，众多学者对《诗经》进行了大量的研究，形成了许多学派，并且争论不休。姜炳璋的《诗序补义》，也是研究《诗经》的。姜炳璋认为，《诗经》中的每首诗歌，实际上包含着两种不同的思想。一种是这首诗作者所表达的思想，姜炳璋称其为“诗人之意”。另一种是把这首诗收录进《诗经》的那个编辑者的思想，姜炳璋称其为“编诗之意”。姜炳璋认为，诗歌作者的思想，与《诗经》编辑者的思想并不相同，或者说“诗人之意”不同于“编诗之意”。例如，《诗经》中有一首题为《雄雉》的诗，在姜炳璋看来，这首诗的作者所表达的是一个女子对自己丈夫的思念，而收录此诗的那个编辑者则想用此诗来谴责当时的统治者卫宣公。因此，在研究《诗经》时，不能把“诗人之意”与“编诗之意”混为一谈，而是要将两者区分开来。《四库全书》在介绍《诗序补义》时，把姜炳璋关于区分“诗人之意”与“编诗之意”观点称为“解结之论”，用现代语言来说，就是认为姜炳璋的这个观点是解读《诗经》的一把钥匙。

姜炳璋的学术成就，标志着象山文化已经在清初战火的废墟上开始复兴。姜炳璋的后代姜人宽、姜人烈、姜鸿纶等，在文化上都有成就，被载入后来的《象山县志》。姜炳璋还培养出了倪象占等学者，从而为象山文化的持续繁荣打下了扎实的人才基础。

到了民国时期，象山县诞生了一位被誉为“魁儒”的学者，他就是陈汉章（1864—1938）。而姜绍祖正是陈汉章二女婿。因此，在姜氏家族的发展历史上，可以看到象山文脉的演变过程，这也是姜氏家族在象山文化史上的地位所在。姜绍祖先生1948年底去台湾考察而留居宝岛，1967年在台北去世。今天，姜绍祖先生的公子姜光平先生虽然远在美国，但克绍箕裘，和孙善根教授一起编辑完成了这本《教育救国——姜绍祖先生史料辑存》。这本书表明，无论天地如何变换，江山如何变易，都无法摧毁象山的文脉。显然，这也是中华文明之所以生生不息、绵延不绝的奥秘所在。

祈愿象山的文脉能够世代延续，薪火赓续。

姑为序。

龚缨晏

（宁波大学教授、浙江省文史馆馆员）

2024年6月

引　言

大动荡时代的建设者

姜绍祖（1892—1967），谱名颖荧，学名绍祖，字梅坞，浙江象山丹城人。姜氏为当地望族，先祖清中期的姜炳璋为乾隆进士，与纪晓岚、钱大昕等并称“八彦”。姜绍祖出生于本地乡绅家庭，父姜本镛，为清末秀才，1911年辛亥革命时任县城“城中自治总董”，母郎氏。

姜绍祖早年在家乡完成初级教育后，相继就读于宁波师范学堂、宁波四明专科学校。后北上就学，1917年6月毕业于北京大学哲学门。后一度从政，当年初，他参加文官考试，名列优等第一，不久进入北洋政府审计院。1920年曾任西北筹边使公署佥事兼商务委员，驻守外蒙古库伦（今蒙古首都乌兰巴托），促外蒙回归中国版图，留五月，著《蒙疆战事谈》上下篇。其间“又任外交部咨议，驻北平情报主任、劝业银行储蓄部主任等职，然终辞去”。此后“绝意仕进，专心办学”。

1922年，鉴于有创办私立大学之必要，姜绍祖偕北大同学发起创办华北大学，推蔡元培为校长，“自任总务长，总管学校诸事”，继增办华北中学，提倡读书救国。1925年五卅运动爆发，北京教育界成立后援会，被推为代表，赴沪声援。1928年后，姜绍祖倾全力于华北中学之建设，“以校务主任及副校长名义（1931年后任校长），实际负责，但求校务进步，学校发达，不计个人名位，此余自十一年发起办学以来，一贯主张”。为之兢兢业业，事无巨细，均亲力亲为，努力不懈，使之成为私立中学之模范，乃至“华北中等教育之中心”，享誉北平教育界。时人称：“君所办校为北平最，君用是有声当世。”他同时努力推动教育事业的发展与进步，1930年赴日本考察中等教育，深信强国之道，以振兴中等教育为要，遂组织北平市中等学校联合会，任主席；又设中等教育研究会，为常务理事，并主持北平教育学会10余年。其间，在北平中等教育界，“凡教育所有事，人必请君，君亦耆为赞画，成者闳之，废者举之，且尝资焉以拯国”。以致“各校有所兴革，多商决于氏，故全市中学靡不与氏有深切关系，而以氏之马首是瞻，号称领袖校长焉”。

1937年11月初，华北全面沦陷，姜绍祖携家人南下归里，服务乡梓，集资2万余元，创办象山县公立医院和中医学会，并担任县抗日委员会副主任委员。1939年秋，姜绍祖在沪求医养病期间，另组象山旅沪同乡会，被推为主席委员，并积极为家乡灾民募款。其间还在家乡进行办学活动，莘莘学子受益匪浅。1945年8月抗战胜利后，姜绍祖返北平（今北京市）复校，为之奔走呼号，“仆仆道途，四处呼请，心瘁容癯，声嘶力竭”。在其不懈努力下，华北中学很快恢复到战前规模，“学生三千，规模宏大”。1946年11月，姜绍祖当选为“制宪国民大会”代表；1947年被选为北平市参议会参议员。其间，姜绍祖为改善北平一地教职员生活条件而多方奔走，“人皆德之”。1948年底，姜绍祖应邀赴台考察博物馆，遂滞留台湾。其间，一生献身教育的姜绍祖曾参与发起重建育英中学，后因种种变故而壮志难酬，于1967年终老于台北。

清末以来，从滨海小县象山走向外面世界的姜绍祖，“一生辗转南北，以从事教育、为民造福为己任”，是民国时期的教育家、社会活动家。他生活在一个新旧矛盾与中外冲突都十分尖锐的大动荡时代，却谨慎而又坚定地走出了一条属于自己的路——教育救国。姜绍祖具有强烈的济世情结与家国情怀，又脚踏实地，苦干实干，屡仆屡起，不断求索与实践救国救民的道路与方法。他励精图治，奋发有为，卒底于成，在教育与社会公益事业上尤多建树，成为战乱年代的建设者。姜绍祖系银行科毕业，却甘于清贫，毕生致力于教育事业，这在以商著称于世的近代宁波人中是极为罕见的。正如时人所言：“如姜君之热心教育文化等事业者，在我甬人中，不数觏也。”他以过人的作为与担当，在人才济济、大师云集的北京教育界崭露头角，特别是进入20世纪30年代后，姜绍祖身处中日矛盾日趋尖锐的北平一地，强敌的步步紧逼激发起他强烈的使命感和家国担当，并内化为建设国家、振兴中华的强大力量。他克勤克俭，持之以恒，多方奔走，苦心经营，为国家培育英才而殚尽心力，特别是为北京中等教育事业的发展与进步做出了重要贡献。

“传家钦旧德，讲学论新知。”姜绍祖为人至孝，待人至诚，在为人处世方面固守传统道德，但在事业方面并不故步自封，而是奋力开拓，励精图治。时人称其：“宅于内者，为克己复礼；发于外者，为济世惠人。宜其上绍祖德，下荫子孙，为儒学之光也。”信然！民国时期是传统社会向现代社会转型的重要阶段，人们的言行乃至价值观的矛盾与冲突十分严重。置身其间的姜绍祖秉持其为国为民的理念，立足本土与传统，又放眼世界，更崇尚实干，向时代与社会贡献了自己的力量，由此赢得了人们的普遍尊敬。

慎终追远，温故而知新。有记录才有记忆，有记忆才能传承。记录是纪念先人、保存历史的最好方式。本书在广泛收集第一手文献史料的基础上，分类加以编纂，旨在比较全面地保存姜绍祖的言行及其相关文献史料，以便为深入了解其思想与生平事迹及其所处的时代提供原始资料，并为进一步的研究奠定基础。

凡 例

一、本书旨在比较全面系统地收录与保存民国时期教育家、社会活动家姜绍祖的有关文献史料,以便为了解其思想与生平事迹及其时代提供原始资料,并为进一步的研究奠定基础。其内容主要采集自当年的报刊、图书、档案史料及本人著述等。

二、全书分文存、亲友记述、报刊史料、档案史料和其他五编,末附录中的姜绍祖大事年表,可知其生平事迹之大略。报刊、档案等史料按先名称后时间先后为序编排。

三、所引资料力求采用原件、原书或报刊最初文本,原件无标点者,按照常用标点符号用法标点。对原文中的繁、异体字,一般以现行简化字处理,有些古体字,则保留原字。

四、原始资料中的明显错误在整理时由编者予以改正,以“(　)”标注在原文后;个别缺失的字词,以“[　]”标注在相应位置;对原文中因字迹模糊而辨别不清的字用“□”表示。

五、所引资料都注明出处,以便为进一步的研究提供线索。

六、一些需要说明的概念、人物或补充材料,略作注释,便于参考。

七、引文内日期及其他数字,按原件汉字书写,叙文、注释中有关日期、数字,一般用阿拉伯数字记述。

目 录

第三编 报刊史料

第四编 档案史料

第五编 其他

附 录

第一编

文存

蒙疆战事谈[①]

姜梅坞述

蒙古为北部屏藩，其民逐水草移居，而不土著，体质强健，性情粗暴，长于骑射，好为战斗。故昔时山戎、獯鬻、猃狁、匈奴、鲜卑、突厥、回纥、契丹，每为中国患。成吉思汗以轻骑健儿，威跨欧亚，雄视一世，为东洋史上第一伟人，近则其人强健不如其先，知识则依然未开，特以毗连俄境，常为俄人煽惑，以背叛中央。故吾人未可轻易视之，对其地之经营开拓，宜主急进，对其人民待遇，宜以宽猛相济，斯为得矣。客岁至库伦，调查商业，略识其地情形。此次战事，多所目见，并特录其战事概况，及地势风俗情形，并附臆说，分上下两篇。上篇在未失败以前所述，下篇则述其失败以后事耳。

上篇（本篇系未失败以前所述）

京报记载库事，或略而不详，或详而失实，诚以远隔数千里，交通不便，欲得真相，确非易事。鄙人春间出塞，调查商务，此次战事，身历其境，日后结果，虽难妄断，然自战事发生以至近日，各种情形，略有见闻，特录其事实，并附以臆说，都凡十一节：（一）起因。（二）探敌。（三）作战。（四）攻守。（五）维序。（六）招募。（七）接佛。（八）犒劳。（九）迎使。（十）剽掠。（十一）论略。留心边事者，庶几採择焉。

（一）起因。此次库乱，原因复杂，大抵蒙人知识简单，利禄萦心，从前自治之际，建设政府，分配部院，所有职员，皆蒙人为之，捐税款项，皆蒙人收之，一经撤治内附，公署职务，惟少数明理之蒙人，仍旧办理，一切捐款，皆归公署征收。于是游食无赖之徒，生计因之艰难，况哲佛滥颁赏爵，虽妇人小子亦有王公、贝子、贝勒之位，红蓝宝石顶带，遍于境内。或有爵无土，或有土无产，名为王公，实则流氓。既无恒产，奚有恒心。故当皖直战时，中央无暇北顾，驻库公署，更改官制。正当新旧交替之际，遂有少数王公喇嘛，乘机煽惑，要求哲佛开御前会议，希图独立。当时公

① 亦作《蒙疆丛谈》《蒙疆游记》。

署，派人探查，将略带嫌疑之莽赖王、哈巴图尔王等，带署看视。寻于阴历七月晦夕十一时，佛宫（哲布尊丹巴所驻广教寺俗名）附近忽有人鸣炮放枪，约二十分钟之久，一时居民惶惑，以为独立。询之则曰诵经鸣炮，向属惯例，遂亦不加深究，但人言啧啧，咸谓独立预备，并已有王公联喇嘛出引俄人，以每人四千之酬金，攻破库伦云云。由今视之，其言或亦可信。

（二）探敌。阴历九月初，闻车臣汗旗，有招募蒙兵之说。公署派白君云峰往查，并令解散。白君去两月未返，至九月杪有俄国溃兵一百十三人，乘马荷枪，潜入库境，行至东营子，被防军察获，解除武装暂行看守，并检出炸弹、马刀等件，后以其马匹价变卖，所得资皆作为彼等旅费，押逆出恰克图（亦名甲他城，自库伦至其地，华里九百二十，设十二军台，或八百里者误[①]）。十月二十一日，有商人自东路来库报告，离库三台地有俄兵二三千，向库进行，所过商店，勒索物件，稍明理者，或出金钱若干，闻后队尚有二千云云。当时未知详情，代使桑君宝，邀混成旅旅长褚君其祥、骑兵团长高君在田，共商对付之策。阅二日，闻俄人消息于离库百里地，公署派军事委员陈君峻岭、外交佥事何君增达、秘书宁君荣锦、蒙人公爵车德谕四人，前往探访，车行八十里，势难前进。阅二日未回，哲佛遂派喇嘛二人来署，要求派员，同往诘问，公署即派外交主任王君祖培前去。至一喇嘛庙询诸该庙喇嘛，则云俄人离不远，公等稍前，即能望见，后车稍进，则俄人开放排枪，回车射击。一时汽车上弹落如雨，一弹由车壁穿过，射中司机者后胁，车人相顾失色，王君即命驶回，司机者，谓已中弹，幸车机灵活，旋转返奔，其后敌骑追击，纷至迭来，汽车飞驰，得返回署，视司机者之右胁，则其衣袋带有现银三元，弹中银元，为银元所阻，银元已坏，而体得不伤，其不死亦云幸矣。察其情形，确系盗匪，旅长褚君，为慎重起见，特派蒙差赍书诘问，当由蒙差转来复函，略谓库伦商人为何组织商团，显系欺侮蒙人。驻库军队，为何援助红党，该党无异盗贼，如能觉悟，解散商团，与我携手，合攻红党，则贵旅长及公署职员位置，均可仍旧，否则以兵力相见云云。褚君自接到复函后，观其辞意矛盾，即与团长高君，布置防线，决计作战矣。

（三）作战。防军闻俄人逼近库境，于是二十五混成旅骑四团，分防库伦东境山上小毛头沁、大毛头沁各处。十月二十五夜半，闻俄人拟来犯，我军互相报告，东营子无线电局，距其驻兵处甚近，局员即潜伏山沟，时有骑四团一营，先一日派出击贼，适逢大股匪人，即整列备战。内一新兵，未谙战法，误为溃散，奔回团部，向其团

① 有误，原文如此。

长报告，谓俄匪逼近。我军为所击散，团长高君，闻此噩耗，即派队迎击，至东营子山麓，则匪已逾山而来。当时有匪人大炮二尊，运入山内，一时炮声隆隆，火光冲天。余等在住宿公寓洋楼，离战线不过七八里，房舍为之震动，幸匪人炮弹皆落东南隅汗山一带，以事紧急，遂赴公署。忽闻枪声自南而来，子弹飞越顶上，初以为内应，派兵探查，见一俄人独行河套间，遂带署审究，供称本国内乱，上月来库避难，以嫌疑被押于南河套第六连，闻前方炮声甚烈，欲求公署保护，并无放枪云云。公署工人夫役，多有久旅俄境者，受俄人虐待，恨之切骨。闻捕俄犯来署，无不欲一击罢为快。至午刻得报告，知所闻炮声，均系匪人所放，骑四团连长马君，率队冲锋，击毙匪人无算，夺来大炮二尊，子弹二三百枚，炮机未损，均可利用，而马君以奋勇不顾，竟致阵亡，呜呼，惜哉。马君久列戎行，常谓人曰：余生平遇战争紧急，每以冲锋一术，致胜敌人，其危险姑不待言，如能奋身不顾，一鼓作气，无不所向披靡，然以冲锋败敌，恐亦以冲锋丧身耳。噫，马君知其险而故为之，其视死如归，可谓勇矣。吾谓库伦防线之大，当时兵力之薄，匪人出其全力以猛攻，微马君吾库生灵其涂炭矣。

案库伦蒙古语“城圈”也，哲布尊丹巴呼图克图汗所驻之喇嘛木栏如城，故名。昔图理琛《异域录》，名枯尔布里度地方。又龚之钥《前后出塞录》云，至图拉必喇（河之称）逾一岭，往北数十里，即“苦另山”，山上有番僧奉大佛寺，及诸商贾所谓“枯尔苦另”，皆即“库伦”初名。库伦又由《元史·太祖本纪》“古兰”音转，其地为喀尔喀四路蒙古八十六旗适中之处，犹匈奴之龙庭，突厥回纥之建牙地也。

（四）攻守。俄人自攻东营子失炮挫败之后，仍继续猛进两日，见我军防御綦严，遂窜向北方攻击，盘踞于库伦北山之阴乌里雅苏台沟及后庙沟一带，所有粮炮子弹，皆储于前后庙（后庙本名庆宁寺，土人呼寺为庙，犹西藏呼寺为昭）。该庙离库伦北有约十余里，夜运子弹至战线，黎明则攻击，晨战夜休，殊苦防卫。至二十八日，复来猛攻，又经挫折，俄人欲退，蒙人之在匪队者，均恳乞坚持，向之跪求，俄人不获已，复继续攻击。十一月三日攻击最烈，北方阿坦噶音岭为匪所占，上架大炮，可射库伦四面，一时炮弹落于东西营子（东西营子亦称东西库伦）公署左右者，不知凡几。哲佛住第一公寓，虽瞽目不见，然炮声振耳，心怯胆寒，时遣蒙人至署访问，并请设法组织，但炮弹均系匪人所放，除击退匪贼，绝无他法。旅长褚君，见前敌危岌，置大令于山下，令军士往前迎击，宁死勿退，违者枪决。时一新兵畏怯退奔，面涂鲜血，参谋某君，询之，则曰中弹，验之知系假托，遂枪毙示众。后以警长杨君掌炮，向匪山射击，其先四炮，一无效力，量后两炮均中匪炮，匪力不支，携炮向东北窜逃。寻由高团派两营向后地追剿，以疏通北路，而联恰克图，由察哈尔援军派张营向东出发，巡行于毛头沁、通明（叨）林之路，以保张库交通。褚旅则仍守库防，其初各蒙民居户，均悬缀红蓝白三色小旗，人谓其欢迎匪人，庆贺独立，及俄匪败退，则小旗不知去向。当三日下午炮声停息之际，闻有日本江副大尉欲出任调停云。

（五）维序。库伦防军，为一混成旅、一骑兵团，行政机关，为一公署，其巡警承审二局，向隶于公署，战事发生，旅长褚君、团长高君调度有方，军有纪律，市面秩序则巡监张君书铭负责维持，各商号虽未启户，然交易仍未罢。公署为行政总枢，一动一静，尤关大局，由总务厅司理李君增尧竭力维持，秩序井然。李君出生行伍，熟谙军务，兼任副官长，与副官陈君峻岭，编组工程队，协助卫队，担任侦查，各工人久旅边塞，均能骑射，荷枪乘马，出入战线，传送消息，厥功尤伟。佥事李君家盛，于炮声猛烈之际，计算款项综核出入，处若泰然。机要主任王君兆鋆，以电线断绝，赴京乞师，冒险出库，气亦勇壮，其余各职员亦奋勉从公，不分昼夜云。

（六）招募。库伦原有混成旅骑兵团，以数营拨驻恰克图等处，至战事发生，防兵不过千人。于是旅团各添募新兵，高团三百余人，派赴前敌，颇勇敢，能死战，且熟于枪法，所发无不中的。一时库地车人马夫及小本营业者，皆弃业从戎，军心为之一振。闻以兵单匪悍之故，阵亡者十之六七，殊可悯也。

（七）接佛。此次库乱，说者皆谓与哲佛有关，但哲佛性情温良，即上次独立时，蒙民欲虐汉人，赖活佛之力，得免浩劫。然王公喇嘛，良莠不齐，密谋招兵，奔走勾引，莫不假活佛之名以号召蒙人，故战事之起，即有主张迎接哲佛来署，以杜流弊者。当时犹豫不决，及猛战一日，库伦栅内，子弹雨下，公署职员力主迎佛以便保护，代使桑君，偕兵卫厅司理杨君兴奇带队前赴佛宫。桑君系内蒙人，爵辅国公，向佛跪请，略云俄匪猖獗，库地不靖，子弹横飞，危险万分。公署附近有公寓可作行宫，俾资保护，佛初不允，请之再三，始乘汽车来第一公寓楼上居住，随员为御前侍卫一人、喇嘛二人，一切供应，均由署备，每日除膳食外，并需牛乳、烟酒、果品。第一公寓系洋楼，设备完美，哲佛到寓，要求蒙古包，以其惯居也。其妇女佛，因病仍在佛宫，佛有汽车及机关枪连、珠枪大炮等甚多，由公署借用，一以新兵增添，军械缺乏，二亦足以妨（防）弊也。一日女佛召商人送货入宫，以战争近况询商人，商人答称俄匪已退，女佛曰，果退乎？商人曰：果退。问之再三，货物一无所购，说者谓其有用意也。自佛来署，库伦蒙人，遥向公署跪拜，时军队缺乏马匹粮草，佛下令饬供，则各盟旗送来马匹、牛羊、草料不可胜用，其威信有如此者（哲布尊丹巴在蒙之势力几如达赖喇嘛之在拉萨)。佛在公署,其御前王公喇嘛,如朝王加翰僧等六七人,每日至署为佛办公。如下谕禁止蒙人招兵,饬供马匹粮草诸事,晨入晚出,颇行忙碌。时哲佛嘱公署,问匪议和,订以条件,拟派尔商务委员某,持书赴匪营商议,俄委员要求二十万,作生命保金,佛议以公署、商家、佛共担其款,如无生命危险,则免出金。议将行,以军士职员各方反对作罢。

(八)犒劳。此次战役,我军扼守山沟,栉风沐雪,昼夜勿息,其辛苦勤劳,诚足令人钦佩。公署庶务司理李君增尧,邀集全署职员,捐薪犒劳,其仍守前线者,则分送爱国香烟,俾其顾名思义,唤起精神,其受伤在医院者,则每名给以四元、十元不等,一时将士莫不感激。寻俄匪败退,公署出二万金,活佛出一万金,日本居留民会,亦送一千元之犒金云。

(九)迎使。陈使自任命之后,因对中央有所接洽,未得莅库,及战讯紧急,单身出塞,行至叨林,公署派职员李君仁怀、陈君峻岭及霍君三人,叩边迎接。其毛头沁一路,为平日汽车必经之道,自战事发生之后,匪人出没其间,遂改由汗山西南绕行。陈使则偕副官二王君、秘书张君及李君等仍由毛头沁入库,抵库后即于当晚十时,各王公及文武职员,在署欢迎。翌日慰劳军士,接见职员,第三日召集各军官,开军事会议讨论方策云。

(十)剽掠。汉人之在库伦者,约十万,其财产在外蒙境内者,约计三万万,其蒙人之户口财产,更不知凡几。俄匪性情残忍,举动野蛮,凡库伦居民出外刍荛畜牧者,无不被其杀戮,金矿小工八九十人,悉被枪毙,并有挖心剥皮之举,惨不可闻。后为我军击退,奔窜库伦附近,以抢掠为事,库伦粮食,全赖后地种植。今年夏秋雨水适宜,麦穗颇秀,正可收获之际,为匪盘踞,农人不敢往收,被其毁烧者甚多。有商号天德厚,向在后地种麦,并设有磨坊一处,一日与他店,同由后地装运麦粉豆料等粮食,二百余牛车来库。途遇匪人,仅劫其牛,而遗其麦豆。阅二日,由骑四团,派兵赴该地,而车仍在,始将粮食运回,援库察军,至叨林乏粮,公署装运麦粉二万十六斤接济,至毛头沁遇匪被劫,当由在库察军营长张君士品率队追击,匪散其麦粉而逃窜,一时来告被劫者,络绎不绝。

(十一)略论。予曩年在库伦,闻之蒙人曰,库伦二百余年无战事,居民未有闻炮声者,此次之战事,非特为蒙人向所未见,抑亦梦想不到,其言信然。考库伦兵事,元太祖微时为同姓蔑儿乞部人所困,避难不儿罕山,蔑儿乞人绕山三匝,搜之不获。见元秘史,不儿罕山,即今罕山,山出长城三千里,岭上有明太宗勒铭纪功碑,则永乐十二年,亲征瓦剌马哈木,追至土剌河也。土剌河,即今图拉河,亦即元丞相伯颜北征叛王所至之脱剌河、秃兀剌河，河东有东库伦，亦名昭莫多。清康熙三十五年，西路大将争费扬古、提督欧化行，大败准噶尔噶尔丹处。自康治三十五年，准噶尔部众不能越阿尔泰山而东牧，漠北安谧，已二百余年矣。元年亲俄独立，客岁撤治来归，均未有战争之举。此次之乱，实出于少数王公喇嘛之鼓动，其意谓前次独立，举如反掌，驻库防军，不值一击，遂勾引俄人，希冀自治，以图目前之爵禄，不计将来之利害。盖其人民知识未开、懒惰成性，故易于引诱，好为妄动。予尝谓政府欲立外蒙屏藩，亟宜竭力进行，毋稍疏忽。如徒设公署，派少数防兵，以因循塞责，非特不能保守领土，裨益国家，恐亦空劳兵力，虚掷金钱耳。

至订条约，议优待，或笼络或羁縻，乃腐败政府之下策，非共和时代之政治也。观库伦战事，将届三月，匪人出没无常，交通时或断绝，诚以土地广大，防线过长，虽派援军，增厚兵力，如欲肃清，恐非旦夕之事。倘得酌派飞机，协助探剿，当可事半功倍。但经此次战后，蒙人虽觉畏惧，然其仇视汉人之心，亦必加甚，欲为长治久安之计，莫若开其知识，裕其生计，如此，虽无防兵，乱亦不作矣。故教育实业，为治蒙之急务，而犹以便利交通为其先导也。兹以管见所及，略述一二，或足以供善后之采择。其一曰，奖励入学，以兴教育，注重汉文，以便同化。蒙人崇信黄教，主张灵魂不灭、轮回因果之说。其民除习蒙文经典之外，别无其他学问，故其人愚暗懒惰，风俗败坏，虽交际礼节，略存古风，近亦渐渐退步矣。即以骑射而论，向为胡人擅长之艺。观今年七月库伦骑射贯跤大会，皆平庸无足可称，至卫生之不讲，性情之淫乱，犹为罕见。视其赴医院诊治者，大半皆花柳梅毒，生育既难，户口渐少，吾恐其有绝种之患也，然蒙人仍不知所以挽救。现在库伦全境，只一小学校，学生则不见一人。如欲振兴教育，惟有以利诱主义，奖励入学，凡子弟入学者，其学膳费用，皆由公备，并如明制，岁时赐布帛文绮、袭巾衣靴，令节赏节钱，有司给鱼肉之类（蒙人最喜受人赏物，如赏赐不及者，无异大辱）。其有中学程度者，令其游学京师，学校教科，则以汉文为主。如英国人以纳氏文法教印度，专编简易之汉文法以教之，其能诵习汉文书籍者，则援汉代士通一经得被选举之制，厚给廪饩，蒙人见此优待，未有不愿入学者，如此则蒙人识汉文，皆能汉语，其本地文字，渐渐淘汰，以期汉蒙人文言一致，则其知识亦渐与汉人相等，感情自然融洽，吏治当亦易易矣。其二曰，推广垦牧，移民植边，提倡林矿，开拓利源。夫外蒙地大民稀，货弃于地，逐水草转居，而不土著，生植之地尽未垦，山泽之利尽未出。若能移内地之穷民，给以旅费，护送出塞，一夫授地百亩，使其掘井造屋，建设村落，则蒙古土地逐渐开垦，其利无穷，如张家口至库伦，及库伦附近一带，未有不可种植者，至瓜茄薯菔葱韭蒜各种菜蔬，以及麦小米之类，尤其宜者也。其麦之收成，常在一与七之比例。昔清康熙五十四年，屯田图拉及鄂尔坤河（图拉河发源库伦东北向南流，又折西流，又向北会鄂尔坤河），以裕军食。雍正六年，收获青稞麦粒二千八百四十石有奇，七年收获大小麦糜子七千五百五十石有奇，九年至一万六百三十石有奇，可见其地，均宜屯田。倘汉人以种植之术教蒙人，蒙人以畜牧之法教汉人，化无用之荒土，为肥沃之良田。民尽归农，不致游食，汉蒙人民，混合一处，携二之心自不生矣。

蒙古矿产之富，尽人知之，盐金之类，遍地皆是，路过二岭，满地白屑，不下数百里。夏秋浮涨，任人采食，不须制造，乌梁海之岩盐，形如水晶，色兼红黄，烧而食之，功能清火。阿尔泰以金得名，其产之富，更不待言，即如图拉河上流之砂金，土人取砂淘洗，足以度日。库伦附近之森林，广袤数百里，汗山为哲佛禁林，即元秘史所云，王罕卓帐之土元剌河边黑林子，迄今犹如东省窝稽，松木之茂盛，实内地罕见。库伦全境，燃料用松木，造屋建栅，亦用松木，其松木每根长六七尺，直径尺余者，价仅二角，至秋冬最贵不过七八角，皆可为铁道枕木之用，采取有人工，有捐费，而获利仍厚者。盖因木皆无主，无价取得也。此皆天产之物，取之不尽，用之无穷。若能移民提倡，讲以培植之法，则林矿之利，不特足以裕边，亦且可以富国矣。其三曰，推广台站，以便交通，既利商运，亦资防守。蒙古民智之不开化，实业之不发达，防守之不容易，无不以交通不便，为其原因。今其商业，仍多物物交换，借贷利率，则在七八分以上（如英美各文明国，交通便利，借贷利率甚微，至银行活期存款，则大半不给利息）。经商者非汉人即俄侨，未见有蒙人者，亦未始不阻于交通也。现阁议缓办张恰铁路，则目前之交通，惟有赖汽车之运转，但张库汽车，量数不多，运价昂贵，一人乘车，需百五十元左右，行旅不易，于此可见。予谓宜扩充交通部车处，由部添购车辆，减少运费，自张家口至库伦约二千三百余里，现有大小车站十处，但此车站距离约三百里，或四百里不等，仅足备汽车之停息。行旅者未必皆能出重价，乘坐汽车，须于此二千三百余里之汽车道，每距百里，设一台站，置一兵营，建一货栈，驻骑兵一连，则往来行人，一日一站，朝发暮达，虽负载徒步，亦足行旅于张库之间，无事则令沿站兵士，出而耕植，有事则彼此联络，应接甚易，可进可守，既利商运，复便防护，实于边防有莫大利益也。噫，内地有人满之虞，蒙疆则遍地荒芜。倘移民以植边，不特可以开拓土地，而亦足以融洽民情。政府岁费有限，国家利益无穷。现时镇抚使公署编制，以教育、实业、交通、台站诸大端，包括于内务一司，不啻以外蒙行政全权委诸该司，而主其事者，其亦知责任之綦重乎。

下编(本篇系失败以后所述)

鄙人对于蒙事得失，留心考察，近则土地相继失陷，风云变幻，瞬息千里。兹特参酌异同，录其当时失败情形，并附以蒙地风俗地势，及逃难者之苦况，援蒙之议论，都凡八节，与关心边事者共研究焉。

匪入汗山。库伦四面环山，南为汗山，山颇高峻，松木甚茂，为活佛禁林，平日绝无人迹，惟西南一路，可通山南，并可由东南以通毛头沁。其山口约七十有二处，其山阴即库伦，山北麓为图拉河所经过，其山为元太祖微时避蔑儿乞部人难处。图拉河源出肯特山西麓，经昭莫多，折而西北，沿汗山北麓而西行，活佛宫殿三处，均在库伦西南隅。当汗山之麓、图拉河畔，由汗山西南，可绕道出库伦。北过图拉河，通西营子，图拉河上有木桥，长里许，名谓活佛大桥。夏秋之际，绿树成荫，长流掩映，风景既佳，形势亦险要。佛宫有洋房、汉屋、蒙古包，甚华丽，有卫队，并有枪械。记者在库伦时，闻一商人云，活佛有枪弹，藏房间地窟内，上设一铁床，我军队曾向之借枪械，随查其地窟，终以秘密，未得发现。佛宫驻汉兵一连，佛宫之东约三里许，如河套，亦驻汉兵一连，战事发生时，旅长褚君，即召佛来署保护，及十二月中旬，陈使派军队军乐，送佛回宫。至二月一日，遂有匪人自汗山之阳，潜入汗山，山内本派有侦探，以其地大树密，不易察觉。昔元太祖藏此山，蔑儿乞人绕之三匝，搜之不获，故守库者，于此山尤为注意。盖匪人一登此山，居高临下，形势险要，现于各山口均派有兵士二三十不等，以为扼守，但匪党逾山，高揭我国五色国旗，由山下来，约四百余人，进行徐徐，库内人民，以为前方军队，取道他去，或且疑援军新到，不悉路径，跋山而来，未有疑及匪队者，防军亦不敢开击，各自散避。该匪队即进围佛宫，守宫之汉兵，悉被枪杀，匪党遂分其半数，护佛南去。守山口之兵士，各口各负其责，彼此不相接应，匪过一口，即毙其口之守兵，沿途杀掠，以至七十余处守兵，无一存者，而佛则安居匪营，大召蒙匪，匪队益加扩大，其留佛宫之半数匪队，我军以小炮环攻，以形势不敌，死者甚众，而匪则仍居宫内。公署大门，适面汗山，原设大炮二尊、机关枪二架。此时见佛宫危急，汗山发现匪人，欲开炮射击，子弹存储机械库。同时毛头沁亦危急，发弹忽迫，仓皇失措，竟不得炮弹，以机关枪射击。自一日至二日，战争一昼夜之久，而库伦秩序已乱矣。

失毛头沁。库伦东出二十里，为小毛头沁，再出二十里，为大毛头沁。地当汗山之东端，为拉图河经流，有大桥长二三里，名俄国大桥，前系俄人所建，因以为名。

地势崎岖多水泉，山多灌木，错杂丛生，非复如汗山松木之茂盛。由叨林入库者，必经其地（由汗山西南，绕至叨林，多二百里），实库伦东路之咽喉也。此次俄党来库，自车臣汗直达其地，潜伏林内，我则搜剿不利，彼可乘我不备，据山水之便利，断库叨之交通。故俄匪于去年九、十月，屡次攻库，迭经败北，而于毛头沁一地，仍恋恋不舍，即无大队来攻，亦必潜伏少数匪徒，出没无常，劫掠时闻，仿如人患喉症，足致死命。由南而逾汗山，足击库伦之面，由北而潜入后庙沟，可拊库伦之背。去年十月始攻毛头沁，挫折而北，以乌里雅苏台沟为根据地，后复扰后地，毁我粮源，分我兵力，窜奔陀螺盖（即“托罗盖”，在库南二百里地），以阻南路交通，绝我援军。而其重要地点则在毛头沁，故该地驻有褚旅翟营一营，掘沟驾炮，昼夜防卫。不意二月一日，当佛宫危急之时，突来匪党千余人，将该营完全包围，一时机关枪齐发，全营覆没，而营长翟君，胸腹中弹二处，旅长褚君闻报，即派一营援助，至则翟营已没。又为匪人猛扑，死伤殆尽，于是毛头沁完全失守。匪人进逼东营子，褚旅长又竭力抵御，匪党不敢前进，高团兵士甚勇壮，去年败匪于毛头沁，威望颇著，此次调任后地，闻警派兵一营入援。该营于三日早四五钟，尚未至东营子，正当褚旅烈战之际，该营即折回不进，还抵公署后身，至褚旅之旧旅部地方，为岗兵所阻，谓前方正战斗，胜负未分，如等何可无敌退却，该营不顾，即向西库伦岗塘赴后地而去，沿途放枪，于是蒙人住户，及侨居俄人，亦开枪相应，喇嘛圈喇嘛均持梃出击，凡遇汉人，无一幸免，由是杀机大开，枪声四起，军械库焚烧，外交司署（即“前财计厅”）为炮弹击燃，褚旅内外受敌，又无援救，死伤二三千之众，于是秩序大乱，褚旅虽未退出，然存者无几，库伦已非吾所有矣。营长翟君兵败枪伤之后，送入医院，胸背流血，不省人事，然一息犹存，尚能言语。人有视其伤者，则曰我系军人，死属应当，其惨状不忍卒睹，武将不惜死，其翟君之谓乎。

焚烧书簿。库伦金融颇流通，境内有中国、边业两银行，公私通用，皆以两行纸币为主。俄国羌帖，市价低落不便应用，非特中国人不用，即俄人亦未有用之者。中国、边业两行，在库伦不兑现，而所发纸币，可至张家口兑现，其副币有一角、二角、五角等票，角以下则用圆眼铜元，十枚谓一角，十角为一元，皆以十进，币制划一，故市面流通，除铜元外，无有现款。其纸币信用甚著，不特行之库伦，行之恰克图、科布多、乌梁海、乌里雅苏台等处，即俄属西伯利亚一带，俄人受授，亦有用之者，故西北金融之势力，全在两行掌握之中。边行设于西营子，中行设于东营子，又设分所于西营子。自匪人攻入毛头沁，与褚旅交战于东营子时，东营子秩序大乱。中国银行行员，将行内书簿，并未发行之纸币，付之一炬，乘汽车及驼马向西营子逃避，匪人在后追击，驼马驱散，汽车疾驰，得免于难，旋亦向北赴恰克图去矣。该两行储现款不多，纸币又经焚烧，其损失当不至过巨云。

岗塘演说。李君增尧，字笠岑，天津人，出身行伍，夙在热河毅军，膺陆军上校卫，前为筹边使署司理，现作镇抚使署兵站处处长，办事老练。前编工程队，维持秩序，成绩卓著。此次匪人东入东营子，抵二里半滩，南入汗山，直扑公署，库伦已完全陷落，兵士纷纷向西北退却。李君见大势已去，佩刀带枪，只身乘马，行至库伦西隅，离公署十里地之岗塘。该地为库伦西出赴恰克图所经之路，驻有褚旅兵一连，以资扼守。李君在岗塘，向退却之兵士，开诚布公，以大义相劝勉。职员中有过此者，李君则谓之曰：吾辈不可脱身逃避，需向各兵士演说，使其奋勉，以挽此狂澜，虽处岌岌之秋，仍侃侃而谈，从容自若，士气为之稍振，若非平日自修得力，临事奚能有此。

汉人逃难。蒙人智识简单，性情悍桀。民国元年，勾引俄人，图谋独立，驱逐官吏，虐待汉人，曾有主张逐汉人于汗山，付之一炬，以实行其一网打尽之毒手者，赖活佛之否决始罢，其凶恶路人皆知。自独立之后，见汉人即加鞭扑，大有以奴隶等视之慨。至八年撤治内归，政府加意整顿，行政司法之权，均归筹边公署，开拓蒙地事业，启发蒙人智识，于是虐待汉人之行动亦稍减。然图治未久，感情未其融洽，观其视汉人之心，无异昔时汉人之视西人。及九年夏秋，官制改革，蒙人有会议谋叛之消息，汉人之旅外蒙者，莫不惊慌，恐昔时拳匪仇西人之恶剧，将演于外蒙矣。迨十月，引俄匪来攻，惨杀汉人，绝无人道，如小工商贾之被杀戮，刍荛畜牧者之被枪毙，甚至挖心剥皮，种种野蛮，惨不忍闻。故旅居库伦者，目接情形，无不相率而谋自卫，如协助粮饷，出外侦探，运送军需，犒劳将士，商店每铺日出馒首百斤，车人马夫，弃业从戎，诸如此类，无非藉冀保全，以免涂炭。不意匪党乘其疲乏，出其不备，自二月一日，潜入汗山，掠去活佛，同时又攻入毛头沁，着着进逼。至三日，俄匪入库，我军尚未完全退出，喇嘛圈内喇嘛，蠢蠢蠕动，侨居俄人，及境内蒙民，或荷枪射击，或持梃敲扑，一时库伦境内，枪声齐发，血肉横飞，杀机大开，而旅库汉人观祸患已至，惟持百死一生之心，冒险出走，其东则东营子，方在激战，南则汗山，佛宫为匪所据，北则后庙，亦在匪手，惟西出岗塘，过西大梁卡伦，为通恰克图大道，由西大梁西北，行至恰克图之间，广袤数百里，可种植，以在库伦之北，总称后地，驻有高团三四百人、轻骑队陈君峻岭一营，为向日保守粮道者。其地既有官军保护，复有粮食可觅。此去三百里为莽哈台，有电报局，过莽哈台六百里，则恰克图矣。于是一般可怜之汉人，均纷纷向北逃避，或汽车，或马车，乘马者有之，骑骆驼者亦有之，徒步者则十居八九，以致十室九空，遗物于地，无拾之者。出西大梁，在西北道上之难民，前后相继，约百里之长，二万余人之多，其地雪厚数尺，寒风刺人，老弱者跋涉过劳，以致精力疲竭，气塞汗流，甚有倒卧雪中，或悬木自尽者，有手足冻僵者，有结伴同行者，则互相扶持，常以一壮者扶一弱者，二稍壮者扶一弱者，老幼者负载以行，饥渴则食以雪，其情形之狼狈可怜，大如戏剧中演南天门之概。及至莽哈台附近，难民分两路以去，向北者赴恰克图，向西南者由乌里雅苏台通绥远一道，输（逾）大青山而至包头。其赴恰克图者本有十二站，去年俄蒙匪在后地抢掠之后，台站已坏。一月杪，恰克图民政员路邦道到库，陈述修复台站，路君奉命出理其事，北发不数日，而库伦已陷，台站尚未修复，路君乘马车，途遇逃难者，始知其事。各难民昼夜奔驰，其马力速者，六七日抵恰，稍弱者十余日始到，徒步者不能计程，陈使趁汽车，三日出库，四日到恰，而十余日到恰者，皆疲于奔走，面无人色云。

骑车出境。汉人旅库伦者，约十万，均系男子，女子不过数十人，而以山西人民为最众，因北省经商者，首推晋人。汉人在库伦，无非商贾及工人，商工两界之低等职务者，月入薪工不丰，兼以库伦生活程度之高，甲于全国，当然不能携眷同去。至大商号之经理，入款虽富，大半更番输值，或二年一回内地，故携眷者亦绝少。至军政界职员，则携眷者更无闻矣。此数十之汉妇女，大都以妓女居多，从前汽车未通，山西大同、绥远包头、察哈尔张北一带妓女，或乘马车，或乘驼轿，赴库营业。去年夏间，筹边公署以殖民主义，关于妇女出塞者，汽车特别减价，始有南方妓女至库，商务亦从此发达。妓女整理营业诸规则，一照内地成例，非复如蒙古可可之制矣。先是可可如内地私娼，蒙语可可，姑娘之义也。去年十月，战事发生，商业萧条，而娼妓几致息业，各妓女亦避居他商店，或居户。此次失守，匪人大起杀戮，赁雇车辆，大非易事，即觅马匹，亦属难得。况内地妇女，素性孱弱，乘马亦觉难能，当坚急时，见一南方妓女，乘一黄牛，由西库伦出岗塘而去。牛虽能负重，特行路迟绥（缓），该妓女心急欲速，牛则徐徐而行，若加以鞭，则蹶跳不行，其情状之难堪，殊难形容。又某君长于骑术，竟偕其素识之妓女，合乘一马以去。现某君与该妓早已至恰，而骑牛者不知去向，观此亦知当时汉人之苦况，不独泛记趣闻事也。

难民南归。库伦失守，除少数难民向绥远逃归外，大半由恰克图逃避，故到恰克［图］难民不可胜计。恰克图当清雍正时，设为中俄互市之处，汉名为买卖城，地当中俄交界，中立界碑。界碑之北，即恰克图前后营子，多俄国人，汉人在此经商，约二三千人，以栏栅为城，有东南西北四门，面积甚少，周围不过二四里。现民政员公署，即前佐理员衙门，房屋狭小。库伦公署职员到恰，皆席地而睡，拥挤不堪，其余难民，无处投宿，均露天度日，粮食亦缺。难民由西伯利亚铁道归国，须远东政府发护照购车票，所过地方，必须[经]其长官签字，然后放行。铁路车站，在上乌金斯克，由恰克图旱道至上乌金斯克，约六百里，须六七日可到。至乌金斯克，须经其检查，然后准入。闻检查时，至危险船品，当然禁止，即银钱纸币，亦被其搜去。其地有汉人朱相模者，旅俄三十余年，现任俄官署翻译，而其在俄势力则甚大，远东政府未成立以前，伊本主张共产，为社会主义之党魁，曾组织大同会，以实行其主义，与商会竭力反对。现远东政府成立，大同会亦散，又新组一共和党，而其心意，仍不忘社会主义，对于此次逃难之汉人，表面虽许援助，其内容则多作难，俄地方官，对于难民护照签字，悉承朱之意志。闻此次归国之难民，曾集五百金馈朱，朱稍不为难，后朱被人告发，始入狱。近来远东政府新发行之羌帖票，三万六千只值吾国现银一元。近日以防疫关系，乌金斯克火车隔五日一开，赤塔隔二日一开，由乌金斯克一日至赤塔，由赤塔二日至满洲里，由满洲里过海拉尔至哈尔滨，又须二日，由哈尔滨至长春、奉天，以达天津、北京，先后共须八日。此次难民在乌金斯克、赤塔候车数日，均须出钱购票，至满洲里中东路以及京奉路，均免费，现留寓乌金斯克者甚多云。

援蒙议论。库伦失陷，继之以叨林、乌得，再继之以恰克图，边事不可问矣，而议者皆曰守备无方，致失领土，咎有应得。吾则曰当去年驻蒙官署改组，蒙人即有会议之举，旅蒙者莫不蹙额相告，引为危惧。陈使奉命，以经济之故，留京多日，迟迟莅库，以代拆代行之权，委诸桑宝，及俄党深入库境，告急之电，日以数起，京中各报，亦时有记载，当局非不见也。俄党攻库十余日，大小战争十余次，兵士阵亡数千人，商家填款数十万。库伦之危险，千钧一发，乞援乞饷，力竭声嘶，当局非不闻也。库伦为外蒙都会，库伦一失，则全蒙摇动。其乱事萌芽于去年七八月，实现于九十月，失守于今年二月三日。叨、乌相继陷落，今则恰克图亦不保，先后计算，有八九月之久，而当局依然无若何举动，竟知之而不为，为之而不力，一若风马牛之不相及，以致边陲北虏之患，重见于今日，其过岂不重在当局哉？将谓边荒无足取欤，则外蒙为北部屏藩，库伦实外蒙机枢，有唇齿相依之势，失库伦则弃外蒙，无外蒙则北部失屏藩，影响所及，足以摇动京师，奚可轻易弃之？将谓蒙匪无足轻重欤，则活佛虽瞽目，其王公、喇嘛、俄党，筹谋者大有人在，蒙人智识虽愚，其强健善斗，胜于汉人。前战事发生，褚高力主迎佛，即使我军败绩，亦必挟佛退去，以抵制蒙俄，此最谙蒙情，实战略上之善策也。及活佛释放，蒙民果出其忠主之心，制梃鞭挞，乐于效死，我军不敢撄其锋，此其服从效忠之心亦优于汉人。况元代入主中华，威震欧亚者，宁与人以轻视哉？鄙人前述库伦战事，曾言如欲肃清，恐非旦夕之事，亦虑匪党狡悍，当局保救不力，以引起国人之注意耳。后言库伦防线之大，我军单薄，匪人出没无常，交通时或断绝，若派飞机，协助探剿，则事半功倍。盖以外蒙地大，飞机汽车，实战事上必须之件，冀得军事当局加意预备也。况匪党生长漠北，惯于寒苦，我军出自关内，积习暖和，故其在库防守者，日夜冒雪，每致手足麻木，不克举枪，向的射击，无有把握，实战事上无穷之苦痛。至援军向北进发，雪厚数尺，步履维艰，虽以马队，徐徐而去，日行不远五六十里，自张家口北发至滂江，约十日，由滂江至乌得，又约十日，由乌得至叨林又须十余日，仆仆风雪之中，行此数十日之路程，而兵士疲劳已极，尚堪战斗乎？故援者力疲，守者气衰，匪党则挟活佛，声势重振，攻库则库伦破，击叨则叨林失，围恰则恰克图下，我有瓦解之象，彼成破竹之势，守备者，纷纷北退，进援者，仆仆南回。北退者，由库伦而后地，由后地而恰克图，至恰克图非溃散为流寇，即解装至乌金斯克，听人遣送。南回者由叨林而乌得，而滂江，至滂江已无战斗能力。考其失败情形，实非匪党之猛烈，确系历时过久，彼逸我劳，总之则由当局不迅速筹策耳。倘集大队汽车，运载援兵，限日到库，则不数日，而大军集库伦左右，守者见有后援，胆壮气振，援者便于出发，声势勇张，既免跋涉疲劳之害，而得振作士气之利，再加以飞机，蒙地旷芜，自上察下，丝毫不爽，匪东则向东，匪西则西向，免分兵散力之弊，致匪无藏身之地，如此则俄党胆寒，蒙匪心怯，我则耀武扬威，彼必鼠窜鸟散，虽不击贼，而贼自退，何至有全日之失败哉？孰知京城中多备汽车，终日征逐，以作娱乐之具，学校设航空，逢典庆祝，则出而飞翔，以作观览之品。各军官招募兵士，以为自卫之计，以种种有用之件，投诸无用之地，欲地不削，何异缘木求鱼哉？人以援军不战自退，多所疑虑，而援军当局，谓无险可守，此亦诚然，如叨林、乌得等处，除叨林附近略有小山，余均一片平坦，驻兵数营，实不足以资战守。况天寒地雪，食粮既乏，饮水亦少，燃料惟赖牛粪，无怪伐电杆以焚烧，但滂江地势，亦与乌得相似，若再不设法，势必由滂江退至加布施、兴化城而后已。嗟乎，费许久光阴，仍无办法，致兵士仆仆北去，仆仆南回，是诚古今所罕见也。今则时已危急，势将奈何，惟有速图恢复矣。恢复之道惟何？曰绝源，曰进攻而已。查去年俄党，自东北入蒙，以车臣汗为根据地，由车臣汗西向攻库，其粮饷储于车臣汗，枪械亦由东北运来，以其有绝大后援，故枪炮子弹，取之不尽，用之无穷。且闻活佛向某国借款，以昭莫多金矿作抵。倘于东北中东路一带，严为防堵，以断其接济，则源自绝，源绝则处置较易。且蒙人平日无有存储，一经战事发生，兵士增加，畜牧者减少，外则交通阻塞、货物不入，内则消耗之路广，而生植之力缩，即欲自保，恐亦难以维持，此绝源之不可不注意也。进攻则分三路，曰西南，曰东南，曰东北，西南又分两路，一由绥远之归绥包头出兵，逾大青山，向土谢图汗三音诺颜汗交界北进，以攻库伦之西，复分兵西向，以入乌里亚（雅）苏台，此路惟大青山一段，崎岖难行，余皆平坦，可行汽车。一由新疆出阿尔泰直抵科布多，以保西蒙。东南由张北派大队汽车，出兴化城，而至滂江二岭、乌得、塞尔乌苏、叨林、驼骡盖、毛头沁，以达库伦，按站接近，着着进逼。东北由黑龙江之海拉尔满洲里出兵，直抵车臣汗之克鲁伦一带，以扫其巢穴，并由满洲里分兵，假道赤塔，经乌金斯克，以攻恰克图，而拊其背。其绥远、新疆、黑龙江之军队，久戍边疆，耐寒善骑，可用马队。张北出发之军队，载以汽车，略用步兵，特外蒙地大，须以骑兵为宜。况蒙地马群颇多，得马亦易，以东南路为中坚，东北、西南为两翼，取包攻之势，加之以飞机，空中探察，则边事尚可有为，否则不堪设想矣。

吾国人于山东、于福建诸问题，则大声疾呼，力争挽救，而于外蒙，则置之不顾，岂以鲁闽之地，优于外蒙，而以外蒙为无足重轻欤？不然，何其寂然无闻也！噫！

按：右文系姜君投赠本会者，上篇曾披露于都中《益世报》，下篇则未。此文姜君撰于今年春，以今视昔，情势又略有变更矣，然其述失陷情形及扰乱状况，则固可资考证也。编者识。

（《地学杂志》1921年第5期）

在华北大学第二学年开学时之演说辞

1923年9月10日

我们这个学校，创办于去年，去年所办的只是大学，今年又添上中学，所以今天行开学礼，既可以算是平常始业式，亦可以算是我们学校的周年纪念会，而又为中学部开了一个新纪元。今天一堂之中，有校董、职教员、理事和大学、中学学生，不可谓不热闹，但是我有一种感想，觉得是热闹还不如去年的热闹，气象倒不如今年的新颖呢？因为去年是我们学校举行第一年开校典礼，请了几位来宾与政府的代表和新闻记者，而且蔡校长亦在校，今年蔡校长离京，又没有请来宾，自然是比不上去年的热闹了，那末气象有什么新呢！难道是今年添了几间房子，就算是新颖吗？这种外表，我们是并不在意的，比较新颖的，确是今年添了一批大学预科新同学，而又加上许多可亲可爱、很有希望的青年中学学生，可惜今天开学的一天，没有蔡校长在校给我们一番训诲，是不免有些缺憾的，幸亏还有各校董理事职教员，给我们学生诸君许多殷情的训辞，这是我们非常喜欢的事。不过我有一句话要说，诸位要晓得，我们这个学校与别的学校是不同的。我不妨将我们以前的经过，与希望于将来的，来说一说。

去年我们学校开校的一天，蔡校长不是有一句话吗？这句话，新来的学生，不晓得去年有在报上看见过没有？旧班的学生，是应记得的。什么话呢？不是别的，就是要大家遵守校规，好好的用功，取别的学校长处，去别的学校弊窦。蔡校长说："我们学校的校章虽是我们议定的，但是诸位既到这里来读书，那末这个章程，一定是经过诸位的认可了。既然经过诸位的认可，就是与宪法一般，自然要大家遵守的。"蔡校长这句话，我们认为非常的公允，但是当初开课的几天，也有学起一般坏毛病，不遵钟点上课的，我们于是想出一个办法，每逢教员点名之后，即将点名簿送到教务处注册，凡迟到或早退者，与不到同。一时有许多学生反对，谓迟到几分钟有什么，何必待我们这么苛刻呢？我对他说，因为恐怕是你们迟到，要将功课差过去，所以叫大家加些注意。若说点名赶不上，是决不会的，你没有看见开火车么！他开行的时候，有一定的，一到时候，就开车，我倒没有看见有多少拉下的，这不是很明白的吗？才始把这个上课的问题，渐渐的改好了。这是我们一种的经过。还有一种呢？是我们学校，每月不拘什么时候，有一次临时考试，最初要举行考试的时候，蔡校长就说，我们这种考试毋须预先通知的，就在上课的时候，教员随便出一题目，叫大家就晓得的写出来。初次举行的时候，有许多人来要求免考，谓预先没有通知，我们没有预备过，就要我们考，真真是与我们为难了。这时候我就与大家说，考试要预先指范围，倒是现在一般的通例。从前我们做学生也是这样，不论这科能考不能考，总要预先有个通知，可以预备预备，这个习惯，遂养成平日不看书，到了考时连夜不睡地看看，第二天来对付一下，出了讲堂门，什么也忘记了。你想想这个毛病，好不好？我们过来人，晓得是实在不好呢！况且平时考试，是推测学生必得如何？假如一定要预备，倒是做成一种假面局了，以后出去做事，不会干□□界，教育界大小事体，要预先翻一遍书，预备一下，这岂不糟么？我谓这种不好的通例，千万不要通行到我们这里来，经过几次的说，才渐渐的弄惯，也没有人来说了。所以到今年暑假年考的时候，没有来要求范围的，这个好风气，不是我说，确实别的学校所难能的。这两件经过的事体，是我们一年来的成绩。所以人家说校风这么好，我可不敢说，要说什么坏，我可不承认的。这是已经过去的事，将来什么样，我可不敢保，所以我今天又说希望于将来的，所希望的，是什么呢？就是希望大家比从前还要好，要多用功，少管闲事，我看现在学生，往往拿顾亭林先生"天下兴亡，匹夫有责”两句话来说，我以为就学的时候，肯努力用功，将来在社会上做事，必定是做得很好。假如把现在的好光阴抛弃，一到出校之后，仍旧没有知识能力，如何能替国家做事呢？孔子说：“学而优则仕。”孟子说：“幼而学之，壮而欲行之。”都是教我们先要求得实学。假如此时不肯用功，去管闲事，就失了求学的机会，永无进步的希望了。那末一般人的知识能力就不能提高，国家亦永远不能进步了，我所以说，学生肯用功，就是爱国。若在就学时代，天天出去管事，今天打电报，明天发宣言，弄得一天也没有念书，那就差了。所以莫怪人家给学生一个头衔，叫做官僚式的学生、政客式的学生、新闻记者式的学生。你想，学生哪里可以加这宗头衔呢？要是要做政客和新闻记者，就不应该做学生了。况且现在的时候，我们拿笔干（杆）的人，如何可与拿枪的比呢？所以只要现在肯认真用功，大家都学的很好，将来总有时候，可替国家做许多的事体的。但是现在读书的时候，第一是要吃苦的，今日多下一番苦功，就是多得一个好处，学问上多得好处，就是可以造成一个人才。从前陆稼书先生说：“读书如斗草，见一件，采一件，自家受用。”这是我们要晓得的。况且肯专心用功，就不去做别的闲事了。从前程伊川先生教人也是这样，他说，人之进德，“不出涵养须用敬，敬只是主一。主一则既不之东，又不之西”。他又说：“天下有一个善、一个恶，去善即是恶，去恶即是善。”所以我们若专心去读书，就不做别的坏事了。至于进学呢？他说则在致知格物，格物须是今日格一件，明日又格一件，积习既多，然后自然有贯通处。这宗话，我们现在读书的人，是要格外记得的。也是我们办学的人，所希望大家应得如此做去的。我所说希望大家□□□□，就是这些意思。

（《华北大学旬刊》1923年第16期，北京市档案馆藏，档案号J111—14）

姜绍祖开辟三门湾之主张

北京各部总次长、各省督办督理省长厅长、各团体、各报馆暨全国同胞钧鉴：惨案发生，举国愤激。绍祖来沪目击情形，肝胆俱裂，顷上执政巧电文，曰北京段执政钧鉴：此次惨案，群情愤慨。绍祖受北京各校教职员沪案后援联合会之托来沪慰问，调查见闻所及，令人心伤。各界罢业损失浩大，彼方横暴，毫未悔悟。绍祖个人推测，渠必故事迁延，馁我民气。现在接济失业工人日需巨万，各处捐款杯水车薪，倘无巨额款项。远大计划他且不论，即为二十余万工人之生活计，亦不可不早为筹划也。窃思英日人挟资本来华设工厂、办交通，假我同胞之劳力，以吸收我国之膏血。倘我工人与海员永拒雇佣，则渠无立足之地。制胜之道，固无过此，但工人众多，不为早图，即非为屈服亦必生意外。伏查三门湾为东南天然商港，可容巨舰，离沪最近。其陆地象山、南田、宁海、临海等县，产棉颇丰，与甬杭接线不过百里。倘将英日工厂、轮船罢工之工人海员尽数迁至该处，各尽才能，分任工作，则大好港湾不日告成。既对彼破坏，复与我以建设，制彼死命，长我实力，他日彼欲乞和，犹恐不得，外交胜利当无疑义。惟经费无着，有碍进行，似为问题。第此次人心举国一致，拟请速下命令，劝告国人增收全年度各项岁入十之一二，以一年为限，作迁移工人开港之用，则人民负担有限，国家收效无穷，想亦无反对者，倘以此数为不足，可发实业债券，以补充之。如以人民有怀疑，则支配款项之权可悉归人民团体掌管之，似此一举两得，当属可行。万一以三门湾为不便，亦必须迁至吴淞开展。绍祖总觉经此惨案之后，不论交涉如何，双方感情已难融洽，如强为牵合，难免不生破裂。古语有云：毋与祸邻，祸乃不存，是尤不可不注意者也。区区之意伏乞采纳施行，不胜待命之至等语。诸公爱国百倍绍祖，尚乞一致主张，歼彼凶暴，全国幸甚。姜绍祖叩皓。

（《申报》1925年6月20日）

《乡村自治》序

孟子谓乡田同井，出入相友，守望相助，疾病相扶持，则百姓亲睦，此皆先民自治之矩矱也。吾国以农立国，人心淳朴，农村组织，莫不一本自治精神，所以平治天下，造端乎正心修身。法令滋彰，则盗贼多有，欲为世界大同者，其必自乡村自治始。前清末年，各省有自治研究所之设；民国以来，自治之说，洋洋盈耳，然求一真正自治之规模，迄不可得。绍祖服务教育，自治之学，未遑研究，往往感于青年常缺纪律，深觉自治之不可斯须离焉。吾友杨君太空积学笃行，研究自治之学，历有年所。观其编撰村治月刊，及为各大学讲授自治学，俨若有前哲之典型，今更依据吾国民族精神，上述历代地方行政沿革，旁及欧美自治趋势，著为乡村自治一书，不仅为事势所需要，亦人类生存所不可或缺者也。撰著既竟，因书为数语以归之。若云为序，则吾岂敢。

（杨天竞著《乡村自治》，姜绍祖序，大东书局1931年版）

《宁波公报》二周年纪念

“举头望明月，低头思故乡。”大凡一个人，对于家乡的关系，是非常密切的，所以游子怀乡，是人所同感的。

我们宁波旅沪的同乡是很多的，在这个大时代之下，同乡们对本乡的一切，比较平常的时候，自然格外关切。上海《宁波公报》，应时势的需要，当两周年的今日，在这孤岛上诞生，以沟通乡情、服务桑梓为宗旨，每天供给我们故乡消息不少，增加我们精神上的食粮很多，我们旅沪同乡，是何等的幸运！

我们旅沪同乡的团结力，是很厚的，乡谊是很好的，办的宁波集团（婚礼）更是特别有精神。现在有了《宁波公报》，是无形中又添了许多帮助，如联络同乡感情，发挥同乡自治和互助的精神，是这份公报所特别注意的。我说，专为旅外同乡服务和谋福利办一地方性的报纸，在别处是很少看见的。说到他的持论公正，记载翔实，不但为同乡所欢迎，凡是留心时事、注意内地的，没有不看这份报纸的。两年以来，大有洛阳纸贵、不胫而走的趋势。

不论在战时在平时，我认为像这样一种报纸，是非常需要的。希望这位无冕之王，向前迈进，同我们四明山和甬江一样，山高水长，万寿无疆！

（上海《宁波公报》二周纪念特刊，1940年4月27日）

纪念与期望——《宁波公报》三周年纪念

客中无事，日惟爱读新闻纸，而晨起首先批阅者，厥为《宁波公报》。盖自航行阻塞，家信鲜至，公报宣达乡情，阅此，如读万金家书也。

予读公报，两载于兹，去年曾为文祝其二周纪念。今则倏忽又是一年，三周又届矣。夫处事若梦，人生为时几何，而新闻事业，则日新月异，其生命往往垂千百年，益发扬而广大。矧公报创刊才三年，成绩已显者，此其希望之大与责任之重，诚堪为公报前途贺，而尤为公报执事诸公勉焉。

吾甬近日饥荒严重，实为最大问题。公报于报道乡情之余，募款救荒，施粥赈济，其精神之伟大，尤足称尚。抑予又有进者，吾甬粮食恐慌，不仅见诸乱离之今日，即往昔靖平之时，亦每感威胁。先祖白岩先生，乾隆时尝馆于鄞县江东毛氏、后仓王氏，其尊行日记，载当时饥荒情形，至为惨剧，因摘数则，以告留心桑梓者：

辛未涂月四日，岁歉。无赖潜至富户放火，自十月以来无夜不有被火者，焚则群凶突至其室，一抢而散。

十五日，鄞人每夜放火，无地不有郁攸之变，中产之家遂至破落，居停守至天明，四处寻缉，举家为之不宁。

壬申陬月五日，客有言饿殍之多，无如今岁，只就江东滨江庙前，以草裹身寝地者，男妇四五十人，每日必有四五人饿毙。今且至百人矣，其童子尤众，里人孙子相煮粥饲之，有气殆尽，虽与之粥，身手不能持行者，可哀之甚也！鄞令黄公汝德以看尸一日不知凡几，因命如无包袱雨伞者，地保不必来报。嗟乎！鄞邑如此，吾乡不知何似？

七日，客言鄞人至食树皮，而田柳树无不光净。有一家寻得田柳树一株，其树独大，剥其皮，得数斤，喜甚，磨食之，一家七口俱死。鄞人异之，乃用锯断其树，则树空腹，其中毒蛇盘踞，出之得数十条。鄞邑十四乡，无乡不日饿死二三人，又无乡不夜烧二三家，盖饿不可忍、偷不能得，至于放火抢火其事可恶，其情可矜。

十六日，救荒之策，惟有挨里设厂煮粥，然后可以救生灵之命，其给米给钱，皆非策也。州县好逸恶劳，而里长富户亦畏其累，往往不愿煮粥，此何足以救荒哉！闻十四日滨江前一夜死十人。

廿一日，居停主人云：江东每日夜必有十余人或七八人饿冻死。彼所目击，即一处而一邑可知矣，即鄞邑而一郡可知矣。接得埭儿书，知象山尤公勤于荒政，故饿死者差少，则亦吾乡之幸也。

如月廿二日，余从南门归后仓（时公自杭归甬），见义塚上新棺千余，余骇问之，指南曰，皆饿死人也，且一棺有二三人，非止一人也，呜呼！至此极哉！余在杭，其求乞者，皆我宁波人也。故乡之感，愧无以周之，此心惆怅，真无以安！

廿九日，闻有父食其子，祖母食其孙女者。

乾隆一朝，在近代史中，号称郅治，而饥荒情形，又如此严重，推溯因果，与其归咎天时，毋宁责诸地利。甬属田少，生产不足，实有致之耳，惟吾甬沿海多滩涂，筑堤修塘，增加农产，未始无救。报载奉、镇二县，今已先后筑海塘，象山则三面环海，可筑之塘尤夥。近接邑侯盛公桂珊信云：本县为增加农产，拟于本年修筑海塘，靖南一乡门前渡，土质肥沃，交通便捷，可筑良田三千余亩。一二两年可种棉花杂粮，三年即可种稻，所需石方土方，一切经费，约计四十万，希望官民合作云云。查该地离城十里,有河道直达,海运南至石浦南田,北通奉定镇鄞各县,朝发夕至。普通田亩,现值三四百不等。如以百余元筑新塘一亩,一二年价增数倍,投资置产,最为机会。复按其生产数量,在寻常收成每亩年获六百斤,三千余亩,年获二百万斤,其裨益甬属民食者,当匪浅鲜。吾甬人经商外埠,资力未尝不厚,转移若干资金,投诸家乡,使沧海为良田,诚子孙亿万年生计所系也。吾深望公报多方倡导,一如其施粥精神,俾旅外同乡,引起注意,庶几标本兼施,则他年纪念公报者,岂仅吾一部读者已耶!

(上海《宁波公报》三周纪念特刊,1941年4月27日)

梅坞回忆录

太史公司马迁自序说的,西伯演绎周易,孔子作春秋,是叙述往事,追思来者。我年逾六十,一无成就,说不到述往事思来者的话。惟自三十七年十二月,由北平来到台湾,翌年四月就患高血压症,竟达二百五十公厘(毫米汞柱)。因在北投东山奇岩路山上静养,倏经三年。近来身体虽略见好转,然仍不能出外做事。山居无聊,爰述我自己的经过,留作我子孙的观览。

1952年4月14日梅坞记

我父亲讳本镛,字振初,清秀才,母亲郎氏东乡汤岙人,生我兄弟六人、妹一人。长兄颖芳,字晓兰。二兄颖芬,字圃香。三兄颖荃,字雅荪。四兄颖华。余名颖茭,字梅坞,后入北京大学改名绍祖。妹蕙兰,约四五岁即亡去。弟一人,生甫数月即夭亡。我母亲就在生弟时,以难产逝世。这时我年七岁。在春天清明时候,过一年,我父亲续娶城中羊行新街周氏为继母,生弟三人、妹三人。长弟颖藻,乳名元旬,二弟颖莱,字蓬仙,三弟颖葆,长妹梅卿,二妹杏卿,学名衡,三妹荷卿。颖藻年十五岁,县立高小读书时就去世,颖葆九岁去世,荷卿上海体育专科学校毕业,未出阁逝世。梅卿适屠家园,妹夫屠鸿逵。杏卿适东溪,妹夫励乃骥,字德人。

我出生有知识以后,就晓得我母亲最是慈祥的。她的性情,非常温良,态度极为和蔼,从没有听她骂过人。我家男女工人和一般族人邻居,没有一个不说她好的。我的四兄颖华,我没有看到过,他是很早就故世,我只听我母亲常常痛念他。母亲对我和我妹蕙兰,特别爱护。我的先天很弱,我妹的身体更差,常常生病,所以我母亲养育我们，格外劳苦。有一天下午很凉爽的天气，母亲替我妹蕙兰更换衣服，妹仅穿一件单衣，往室外奔跑。我追着到阶上，二人同坐一小圆桌的架上，桌架翻倒。兄妹二人均被压在架子下，我碰掉门牙二枚，妹当时无恙，不料伤及内部，终至患病不起。我母仅此一女，悲痛非常。

清光绪二十四年戊戌，我七岁，于是年二月上学，在城中林氏宗祠冯卓生老师处读书，母亲为我做粽、蒸糕，分送同学。上学不久，有一天早晨，我睡在母亲的脚后，梦寐中忽听到家人惊慌的声音，叫我赶快穿起衣服，知母已临产，就是生那最后的一个弟弟。只闻家人都唤母亲醒醒，不料母亲竟于那时逝世。父亲还请来一位世交儒医林月槎先生诊治。林先生按母亲的脉搏说已停止。这个时候我还糊糊涂涂不知道母亲已经不可救。到了吃早饭，我随父亲一同吃饭，看父亲只是流泪。唉！我真糊涂，我是已经没有母亲的孩子，还不知道痛哭啊！到了晚上，我睡在外间的房内，只望见母亲卧在临窗的板床上。我的三位哥哥，每人都跪着，为母亲梳一梳发。第二天来一位画师，为母亲画像。还来到许多厨子，在厨房做菜，因为那天是为母亲开吊。我还跑到厨房，拿许多筷子，和一邻居孩子扎着草绳，作舞龙的游戏。有一位厨子说我！今天你母亲开吊，你还舞龙吗？唉！幼年无知，思之潸然。

清光绪廿五年己亥，我八岁，从方墨仙老师，在城中青龙桥丹山书院读书，时与三兄雅荪同学。九岁庚子年，十岁辛丑年，从方曾宸少庵老师，在城中尊经阁读书。余兄弟四人，均在一处同学。十一岁壬寅年，在城中青草巷李宅楼上，从胡长松子乔老师读书。十二岁癸卯年，从周琛隆允中老师在后周楼上读书。十三岁至十六岁四年，在本县官学堂（即象山县立小学之前身）读书，教员为绍兴冯少庐老师，本县林放卿老师曾安，鄞县贺锡冕舒梅老师，绍兴赵治君艾老师，杭州江远南长老师。清代初设学校，规模草创，其名官学堂，即县立学校之意，设在西门丹山书院，系科举时代县考考场。由县学学官曹宝骏（石门人）训导任监督。初分大班、小班两级。大班者二兄圃香等二十左右之学生入之，间有已经科举考中之秀才。小班为余等十余岁之小学生，授以初级英文及算术、《孟子》、《左传》等科。至赵江二师时，科目稍完备，有史地、博物、体操等科，因其均系杭州安定中学毕业。余在家时，父亲曾教我《尔雅》，并一度随父亲住宿北门外园峰庙后殿。父亲教我兄弟四人，时族兄颖欢、蕙斋在前殿戏楼上读书，为时约数月。

余谱名颖葵，乳名熙穆，是父亲所取。因余系清光绪十八年阴历壬辰年二月十五日戌时生。是日为岳武穆诞辰，故名。何锡冕老师以余行五，取字梅五，嗣由曹宝骏老师改名梅坞。

光绪卅三年丁未，余年十六岁。是年冬，赴宁波投考宁波师范学校完全科。此系余初次出远门，父亲临行叮嘱诸事谨慎，一切俭约，到甬可住友人余象龄先生之同华店，该店在城中海神庙根，希望我考入师范学校。因宁波中学用费较大，家中经济所不许。余遵命前去，初到宁波府城，人地生疏，临考一天，在同华店早餐后，往湖西月湖书院旧址师范学校，以不识路径，盘旋许久，未能到达。正在焦急之际，遇同考之爵溪同学傅九皋，始同伴到校。进考场，人已到齐，见主试教员正在黑板写题目，题为《教育与地方自治之关系》。余即草拟，约两小时，缮毕交卷。主试出题者为鄞人张传葆申之先生①。彼系举人，在师范学校任国文教员。是日余所作文约三四百字，引孟子所说逸居而无教则近于禽兽，所以要地方自治，必须人民都要有教育。教育普及，人民有知识、有道德，方能达到地方自治。统篇说的尚圆到，文字亦觉通顺，侥幸录取。叔父慕西公令我默出此文，以示伯喈弟，蒙叔父赏赞，谓此文颇佳云。

光绪卅四年戊甲，为余十七岁，正月二十日束装赴甬，入宁波师范学校，学校免学费，只付操衣费二元余，每月饭费二元四角。时同班同学约四十人，全校只两班，共计八十人左右。监督即校长慈溪孙绍康莘墅先生②，学监兼我班国文教员鄞县李国盘先生，地理鄞县施襄孟先生，英文鄞县马季明先生，数学慈溪费先生（忘其名，似为明达二字）。余于象山县官学堂时，曾将慈溪叶懋宣先生所编算术上下两厚册习完，所有例题一一演草完毕，且于官学堂最后一年，经教员允许免习算术，年轻无知，认为自得。殊不知以后数学之不能进步，即中病于此。在师范学校，上学期所习算术很少经心，考试得分特多。至暑假后九月间，为第二学期开始，即患寒热病，回家疗养，先后请假缺课二三月之久，病愈返校，数学已改授代数几何。余中途插入听讲，未能明了。时病初痊，体力孱弱，而各科缺课又多。昔日以数学自傲者，今则视数学为畏途，从此数学不能进步，于一生学业，影响至巨。

宣统二年庚戌十二月，师范学校完全科三年毕业。象山同班毕业者，为金祖模子明、俞德振子屏、周宗浩莲仙、傅尔昌九皋、邓风谱南及余六人。毕业文凭印有上谕盘龙。毕业典礼参加者，有宁绍台道及宁波府知府等官员，颇为隆重。

宣统三年辛亥正月初六日，余偕金君祖模由城中动身，赴杭州会考。当时全省

---

① 今宁波海曙区栎社人，后任中华民国国会议员，20世纪20年代中期后返乡服务桑梓，为近代宁波著名乡贤。

② 今宁波江北区洪塘人，系留日学生，长期担任宁波师范学堂校长，后在宁波城区开设生生医院。

中等学校毕业生，均须经提学使会考。旧历新年，象甬轮船停驶，余等由黄溪过渡，至奉化翔鹤潭，经鄞县横溪，趁航船至宁波江北岸，时上海轮船已开班，搭轮赴沪，由沪杭铁路至杭州，住城隍山脚望仙桥一旅馆。我校同学多住该处，约二十余人，监督孙莘墅先生为照料学生，亦同住该旅馆。余于正月初十到杭垣，旧历正月，城隍山极为热闹，有拜佛的，有游玩的，人山人海。由望仙桥过城隍山为布政使衙门及提学使衙门。余为报名等事，常往来于城隍山提学使署，无事则在城隍山游玩。每日奔走，因之疲劳。第一天上午考国文，须于八时到场，九时点名。提学使云南袁嘉谷主试，试场设在使署大堂之东西两旁，每间为矮垣分隔，并无墙壁，寒风袭入，至以为苦。桌凳系长条木板和石柱制成，不能移动，完全为旧时科举形式。十时名点毕，国文两题，首题为《敬义夹持》，次题为《王安石诋春秋为断烂朝报论》。余先作首题完毕，及做次题，时间不多，匆匆草了二百余字交卷，已是正午十二时。平日在校作文，起稿连缮正，一文二小时，此次二小时须作二文，颇感局促，出场回旅馆午饭。之后仍入场应试，时身体已感不适，入晚发热，但尚有四五天考试，每日分上下午。凡以前所学各科，均须一一考试。记得图画一科考题为《晓风杨柳》，余勉力支持，而病势日增，喉咙肿痛，身上见有红点，又值天寒下雪，余披大衣写作，风雪飘入场内，寒冷不堪，勉强考毕，而病体益感不支。幸旅馆工友名杏生者，人极忠厚，每晚为余削荸荠。有铁线巷理发店主任，专长喉科，为余开刀医治，而病渐痊愈，遂偕金君子明趁车由沪返里，到家病已霍然。及见父亲，不觉眼泪直下，盖自病愈归来，真是悲喜交集。二则余原拟会考完毕，想在省城升学。当时高等学校及优级师范，春季均不招生，我竟废然而返，不由一阵心酸。在杭时有一事不可遗忘者，当余带病应试，一日午刻，出场午膳，遍找附近之饭铺不得。至一裱画店，问其何处有饭铺，该店主人见我有病容，问我：你想吃点心吗，我为你做一碗点心。不多时，拿出一碗白糖年糕汤，年糕切得极薄，极为可口，吃完付钱，主人坚决不受，困苦中得此厚惠，真是难得。

辛亥二月，余应本县东陈陈学圃堂之聘，担任教课。学圃堂系东陈陈氏堂名，学校就设在其家中，先系私塾，由城中周雨辰先生震隆教其子陈得英国文。是年改为小学，添聘余为教员，除国文仍由周先生教授，其余各科，均由余担任。学生三人，一为本家陈得英，时年十五岁，一其侄陈庆粹志纯，一雨辰先生女婿，大溪蒋人蒋发珍。余与得英、发珍二生住楼上，庆粹则走读。教室在楼下中堂，自修室则在楼上。余每日上课约五小时，相处极善。东陈陈氏为象山望族，文风最盛，得英有异母兄二人，长兄陈汉章先生伯弢，次兄陈畬先生宇襄。伯弢先生为清举人，北京大学文科毕业，任北京大学教授，擅长经史，尤工考据之学，为海内著名国学家。宇襄先生为清进士，工辞章。得英年龄最幼，颇能用功，惜其不幸短命，于是年八月病逝。时余正在城中针灸瘰疬，家居养病。学校以本家学生去世，随即解散。同年六月，伯弢先生以次女婉荪字余，由城中周环隆先生允中介绍，父亲认为适宜，即于当时订婚。是年婉荪年十七岁，系光绪二十一年乙未六月二十五日辰时生，少余三岁。

辛亥十一月，本县响应革命，地方动荡，人心不安。县长周传义，懦弱无能，全县处在无政府状态。时父亲任城中自治总董，负责维持秩序，组织民团，昼夜出巡，极为辛劳。余为针灸瘰疬，卧病家中，未能为父亲分劳，心实不安。嗣由宁波旧知府江畲经（江为原任宁波知府，革命改组后，与常统领同负宁波治安之责）、鄞绅张美翊让三先生①，来信宣慰，人心始安。时余病已痊，随父亲至县署见江、张二位。让三先生谓：白岩公道德学问之崇高，青年学子不可不熟读其遗著，并劝我剪去发辫。张先生系清副贡，擅长文学，曾随薛福成出使英法意比，任随员。

余自幼觉颈部有小核，疑为瘰疬，闻梅溪相近之紫云庵带发尼姑，能灸治疗，由长嫂袁氏之介绍，于是年（辛亥年）八月在家施灸，父亲于二三月前备好陈艾，女尼把弹丸之艾球置余背上，大约一二分钟，火才熄灭，如此七次，痛楚不堪。经此灸后，体力不支，兼受感冒，竟病二三个月。针灸一法，相传久远，究非普通人随便可为人治病。余经此一灸，抱病多日，颇悔多此一举。至今年逾六十，颈部如故，是否得力于灸治，余实无以自信。

民国元年二月，余至宁波入四明专门学校银行科肄业。此校系前宁波府政法学堂改组，本年新成立者。校址在旧府署相近之孝廉堂，为旧府六邑公立，法政科三年毕业，银行科二年毕业。校长沈祚延芑芳先生慈溪人。教员为慈溪秦稧卿先生等，大多是日本留学者，教银行学者，为日人守田藤之助。学校毗邻有屠氏义庄，附设屠氏竞进小学，在竹林庵，有同乡溪里方人方英三君在该校任教员，余因英三之介绍，承该校主任屠芝泉先生与校董屠用锡康侯先生之邀，在该校任体操教员。每星期教课一二小时，间或为彼等代课，余食宿该校，在求学期间得此补助，受益颇多。

民国二年十二月，余在四明专门学校银行科毕业，同伴毕业者约四十人，除甬人外，有来自杭州绍兴温台及苏皖者，象山则为余与张君绍良文若二人。余于是年

① 后张氏曾任上海南洋公学监督（校长）、宁波旅沪同乡会会长，在旅沪宁波人中享有威望。

阴历癸丑十二月初三日结婚，完全依照旧式婚礼。是日天未明，约二三点钟，由父亲率领祭天地、祭祖先，下午四、五点钟，花轿到来，仍由父亲率领拜天地、祖先，自初二起至初四日，一连宾客三天，极为热闹。初五日，内兄陈庆麒子良[①]来我家，俗例谓叫过门。在余家午餐，当日午后偕子良到东陈，拜见岳父母及其亲房诸长辈，翌日初六午后回城。余妻陈娩荪嫁妆为四大四小，这是本地乡风。凡稍富有之家，嫁女四大厨、四小厨，谓之四大四小。此外有四口厨、顶箱并中堂用之大座八把、茶几四把、大方桌两张、大圆桌一张、房内红桌一张、大方桌二张和其他衣箱、被褥、椅子、桶盘、烛台、锡器等等多种，并有被褥、绣花枕头、手巾等，分送亲友之长辈和男女贺郎（男女傧相），及结婚时一切帮忙之亲友。所以，父母于子女婚嫁筹备多年，极为辛劳。

民国三年甲寅二月，娩荪往东陈归宁，余赴宁波，仍寓屠氏义庄竞进小学。小湾塘黄礼房黄老太太，是义弟方宗之伯母，来甬邀我陪其至北京访余岳父。余即偕行，由甬至沪，趁夜车至南京下关，改搭小驳船渡江。适是日，江上风浪极大，一浪打来，水由头顶直下，幸船未离岸，遂返回岸上，至下关中西旅馆休息。翌日过江，渡船为一千吨左右之轮船，风平浪静，十五分钟到达浦口，趁车至北京。此系余首次至北京，岳父在北大任教授，住马神庙沙滩天德祥木厂内。时银行科同学有在北京中国银行实习任助理员者，在银行实习三个月，派至分支行任会计主任，因民国初年，银行人才缺乏，而银行业务正在推进，故入银行比较容易。余承沈芑芳先生之介绍，可入中国银行，惟岳父之意，应入北大求学为好，仍偕黄老太太返回宁波。阴历三月廿七日为象山城中迎神赛会之期，各乡来城看会者甚众，极为热闹。余在甬无职务，因先即日回象，在家预备功课，投考北京大学，但父亲年老，家境困难，商之二兄圃香、三兄雅荪，做认会十集，总额六百元，而实际筹到仅三百余元，于是年暑假前偕内兄子良暨同学王君思贤（皖人）由海道北上。在沪趁英商怡和公司景升轮船，官舱船价九元，风平浪静，四天到天津，转车到北京，住岳父处。余在银行科毕业，本拟入商科，彼时北大未设商科，投考法科未取，极为怏怏，遂入殖边银行讲习所。殖边银行为当时徐绍祯诸人所创办，教员秦禊卿先生在该讲习班任簿记教员，所址设在太仆寺街法政专门学校。三月结业，入该行做事。余一面仍预备再考北大。时北大法科四年毕业，其余文理工科三年毕业，而文科并可以同等学力报

---

① 陈庆麒，陈汉章长子，毕业于北京大学史学门，后任职于北洋政府教育部，曾参与发起华北大学，先后担任华北大学、中央大学、厦门大学等校教授，著有《中国大事年表》等多种史学著作。

考（时中学四年毕业，大学预科二年毕业）。余改名报考文科中国哲学系（其实改名与报考无关系，第一次未取者，仍可报考），侥幸录取，向殖边银行讲习所告退，专心入北大读书。四明银行科同学大都入中国、交通及殖边等银行，多为各分行之会计主任，后来如洪君兆熊任实业银行经理，张君佩绅任上海交通银行经理，金君克强任宁波交通银行经理，严夔（慧峰）君任江西农民银行经理，潘企璋君任青岛、上海等交通银行副经理，殷履恒君任上海金城银行副理，王君思贤中英文均佳，在银行界未任要职，住其夫人家（江苏金坛），闻其早已逝世，殊为可惜。余则入北大读书，以前所学银行，完全荒废。时北大校长为胡仁源次珊先生，文科学长为镇海夏锡祺先生。教授为岳父伯弢先生，教经学及中国哲学史，江苏吴县胡玉缙绥之先生教群经要略，温州陈黼宸介石先生教周秦诸子，杭县马叙伦夷初先生教宋元理学，海盐陈大齐百年先生教西洋哲学概论、心理学、伦理学。余住马神庙（后门内，后改景山东街）西斋寒字二十六号，与永嘉杨君其苏同一寝室。每月饭资五元四角，早膳为大米稀饭、酱菜及黄豆，午膳大米饭馒头，菜六大碗，晚膳与午膳同，仅无馒头，八人一桌。学费每学期三十元，宿费免收，宿舍未装电灯，自备油烛，冬天自备炉火。

余家为象山望族，先祖白岩公，乾隆十九年进士，与纪晓岚、钱大昕、朱竹君诸先生同科，乾隆帝称为八彦（见钱大昕先生年谱）。白岩公著作二十余种，在姜氏宗谱载有目录，其已刊者，如《读左补义》《诗序广义》《诗经提纲》《周礼提纲》等书。《读左补义》《诗序广义》均入四库全书，未刊散轶者颇多。余于民国二十三年在北平华北中学，曾为刊印《古诗亿》(《古诗十九首解》)，有岳父陈伯弢先生跋文，出版后分寄全国各省市图书馆。白岩公任四川石泉、江油二县知县，极有政绩，当地民众建有生祠，以留纪念。其学问兼长词章考据义理，清唐甄先生著清儒学案小识，有清一代二百余人，列象山姜石贞先生（白岩公讳炳璋，一字石贞）于经学门，清史列入儒林传（清史馆纂修马其昶通伯先生说，白岩公儒林传之文系当时缪筱山先生所撰，颇简略云）。大清一统志列入名儒名宦，在本县孔庙入乡贤祠。《读左补义》一书，版本最多，在广东亦有出版，而甬属士子，无不人手一编。余少时常闻老辈说白岩公种种故事和神话，足见乡人敬仰之深。有《尊行日记》多卷，系乾隆十九年未成进士以前，在宁波江东毛家、后仓王家教书时及乡会试时所记，均系亲笔。余家原有一本，为父亲所保存，传给于余。另有六本，于洪杨时散佚，后为本县西周蒋氏所得。民国二十四、五年间，堂弟颖凤伯喈在甬办《宁波大报》，向蒋氏索回，并节刊于该报，民国二十六年春，励君德人向伯喈借阅，携至北平，七七事变，德人转交于余，后余离平南下将此七本藏于东交民巷中法工商银行之保险箱。民国三十年由婉荪带至上海，以屠康侯先生之介绍，面商张詠霓先生（寿镛，鄞人，前清举人，民国初年任浙江省财政厅厅长，后任财政部次长、上海光华学校校长，博采宁波先辈之未刊遗著刊为《四明丛书》，岳父撰有序文）刊入《四明丛书》。时张先生所刊印《四明丛书》已至第九集，先生当即选抄有关学术之记载，预定刊入第十集，名《尊行日记抄》。不意该集尚未付印，而张先生病逝沪上，值此国家多难，续刊不易，殊为可惜，嗣由二女树干向张家取回原本七册，时伯喈弟已故，此六本亦留在余处，收藏于象山家中。三十七年复回象山，带二本至北平，余五本仍留家。……现留台湾者二本，同乡冯君一心、何君志浩借阅。志浩能诗文，尤特别重视，谓此系国宝，1955年春商诸教育部张部长其昀将所存二册由中华丛书委员会刊入中华丛书行世，吾人应妥为珍藏。余于先人手泽，既无力刊行，而又不能保存，实为疚心。白岩公从政清廉，家产仅及温饱，但家学渊源，书香相承，举人、贡生、秀才等等科名颇盛。南林东里二公，兄弟登科，南林公出仕冀省大兴、通州、霸县、献县等知县，政绩卓著。东里公兴建水利，在下南乡小湾塘，联络当地胡薛二姓，合筑田三千余亩，为地方增产，而家业亦因之兴盛。故姜东房，本县称为富户，当时与城中邓吴汤三姓齐名，称为邓吴姜汤。至父亲时，东房四户各有塘田二百亩，父亲全年家产收入约二三百元。我兄弟姊妹众多，家用较大，颇为拮据。余自师范毕业后，不忍父亲负担过重，故在四明专门学校时，一面在屠氏竞进小学教课，为半工半读，嗣入北京大学，实感经济为难，承二兄圃香、三兄雅荪之助，筹得认会，实收三百余元，后得干头鸿略叔公之允许，在义庄先后领取一二百元。象山县科举时所遗留之宾兴[①]百余元，浙江省津贴自民国四年起每年六十四元，赖以维持。

余入北大不久，时奉父亲手谕，似觉父亲身体欠安，颇为悬念。时寒假将近，忽接家中电报，谓父亲病危速归云云，余即向学校请假，偕内兄子良南归，过上海，访屠唐侯先生，商请沪医至象，为父亲诊病。经屠先生再三斟酌，沪医有名者，诊费昂贵，路远亦不允出行，不如到甬商诸张荷芳先生。张先生系象山东乡人，为宁波著名中医，人极诚恳朴素，余到甬邀请，竟获慨允。当日起身，同至江北岸，适象山轮船已开行，改趁航船，由横山过渡至西泽。时值阴历十一月，一路风雪，张先生并不言苦，其精神真堪敬佩，将近家乡，忧心益忡。唐诗“近乡情更怯，不敢问来人”，可代表余当时的情景。及至东门，遇一熟人，问父亲如何，其人答谓无恙，余始稍安，遂送张先生下榻于二兄家。余一人到家，见父亲卧床上，面容枯瘦，病甚危笃，旋请

① 宾兴是一种官府拨款与民间捐款设立的社会公益助考基金，始于明代，盛于清代。

张先生诊治，服药数剂，毫无转机，张先生住二三日即返宁波，余家送诊金，坚不收受，其义气更为可感。父亲病症系痢疾，自六七月间起病，直至冬令，缠磨数月，肠已溃破出血。父亲以野术可治痢疾，嘱余至蔡家岙沈家，向当地采买，遍觅只得一小粒，如豆大，服之并不见效。余到家侍奉汤药二十天，冬至后父亲病益剧，双目失明，一日夜半（日期时刻均未记得，实不孝之至），病势突紧，竟离我们长逝矣。余七岁丧母，二十三岁父亲弃养，悲痛曷极。余等为父亲开吊祭奠之后，恭送父母二柩，葬于梅溪青湾之竹山上。此墓系父亲于母亲逝世后不久所营造者，由粗石块砌成，极简陋，无墓碑。余在民国二十年请江西朱益藩先生题写墓碑及墓联各一。朱先生系清帝师傅，翰林出身，曾任浙江主考，工书法，其道德学问，为人敬仰，时年七十有零，精神矍铄，同时并为大伯公鸿筹公书墓碑联各一，胡陈姨婆方太孺人暨长兄畹兰各书墓碑一方，均经一一建立，所惜石匠刻工欠佳耳。

父亲丧葬完毕，时已阴历十二月初，余拟偕娩荪北上，与岳母商议，雇山头王女工一人随行，子良并同路到上海。余以行李较多，为节省计，听上海客栈人之说，搭开滦煤矿公司华平轮船统舱，船价四元至秦皇岛，由上海趁小驳船至浦东。该船为运煤装货船，在浦东卸煤后，改装煤油运秦皇岛。船舶浦东多日不开，由码头往来船上之人，大半为流氓，子良不耐等候，放弃船价，改由津浦铁路赴京，余则仍偕娩荪及女工留船。时值隆冬，风浪澎湃，气候严寒，船过烟台，距秦皇岛百里处，素称不冻港之秦皇岛，竟冰厚数尺，船被冰阻，不能前进，经数日，船上粮食饮水告罄，返回烟台配粮食饮水，再向前行驶，冰坚如故，派水手下船击冰，并以船向前冲撞，每日只行数里。船上旅客百余人，每日每天只发烧饼二三枚充饥，余幸遇甬人汪吉荣者兄弟两人，在该船任大舱间工头，人极豪侠仗义，以我为宁波同乡，每日邀余至彼处吃饭，此人好饮酒，时与我对酌，娩荪与女工之饭，亦由彼馈送。在此十余天困苦环境，承彼接济，得免于厄，诚不幸中之大幸。眺望海洋一片冰雪，海狗、海猪出现冰上，水手多人至冰上追逐，颇为壮观。当捕获海狗一只，击毙海猪一只。十二月十二日由上海趁船，至翌年正月初一日清晨，始由该公司开平轮船前来迎接。开平船身为双层钢板，极为坚固，且快速，在冰中前进，形如破竹，开平前导，华平随后，当日下午即到达秦皇岛。余与娩荪上岸散步，路遇汪君吉荣买酒菜归来，是夜，在船上大吃一餐。据闻秦皇岛鸡极便宜，一元银元可买三斤以上之鸡六七只云。初二日趁车至北京，夜宿西河沿旅馆，翌日至沙滩四子营岳父家。余此行在船中十八天，未与家中通信，岳父与家中极为焦虑，急得二兄圃香、三兄雅荪到象山丹山陶真人神前，扶乩问卜，足见手足情深。余以父亲丧葬心身惨痛，复经此困厄，影响健康至深。文科学长夏锡祺先生说我太无经验，不应省此路费，致蹈危险，年轻人出门，自不可不谨慎也。

余偕娩荪到北京，最先住沙滩汉花园北房四间，月租四元，后迁至四子营与岳父同住。民国五年暑假后，娩荪入宣武门外下斜街尚义女子师范读书。是年阴历丙辰九月，岳母吴氏在象病剧，娩荪偕内弟志纯回象省视。岳母为人勤俭，而又诚恳，不幸于是年逝世，仅四十四岁。娩荪于岳母丧事后回北京，因辍学，余赁屋于马神庙西老胡同，东房三间，月租三元。

民国六年丁巳四月，余应普遍文官考试，系用四明专门学校毕业证书，报名颖荚，国文试题为“上天下泽，履，君子以辨上下，定民志义”，系易经之义。典试官为安徽马其昶通伯先生，襄校官为湖北沈泽生润乾先生等。发榜后余名列优等第一名，后拜见马沈诸师，知余国文分数为九十二分，由沈师所评阅，马师曾选刊国文之较佳者十余篇，为丁巳校士录，余国文亦刊列其中。同考者有前清举人多人，并有进士一人，余分发审计院。民国六年，余年二十六岁。六月，余在北京大学三年修业期满，论文题目为《儒道墨三家学说异同考》，只摘抄三家学说，很少读书心得，深自惭愧，承批分数八十分，实为侥幸。校长更换为绍兴蔡元培孑民先生，文科学长为陈独秀先生。同班毕业者为黄君建中离明、陈君钟凡觉圆、陆君焕匡文等约四十人。毕业后，适逢张勋复辟，北京城内，密布辫子兵，龙旗飘扬，出入北上门（故宫北门，景山南面）者，均是红顶花翎，人心不安。余与娩荪，偕岳父全家自天津搭轮船南下。时娩荪怀孕已九阅月，余与娩荪趁官舱，岳父及姨娘钱氏（岳父之姨太太，能文字，极聪慧，时年约四十岁），子良、志纯昆仲及小姨听荪、增芳、杏荪诸人趁房舱。船过青岛以南，风浪极大，娩荪呕吐甚剧，余仅躺床上不能起立。茶房久在船上者亦不敢行动。余以娩荪产期迫近，恐为呕吐流产，极为忧虑，官舱与房舱相距很远，岳父不时送来饼干茶水，步履如恒。余谓如此大风浪，何能步行，得无太劳乎？岳父笑答：只要脚踏实地，放胆走去，绝不困难。岳父精神健旺，脑力充足，数十年手不释卷，为海内最渊博之国学家。所谓学问事业，出自精神，其言信然。时象山习俗，凡高等小学毕业者，即有人用红纸写报单，向其族中及至亲报喜。时本县在大学毕业者，除岳父外，只余与子良二人，且余又考取普通文官优等第一名，因亦照例向亲族开报，且宴客开贺。至今回忆，不应有此一举，惊动亲友。

是年阴历丁巳六月十九日下午九时，长女诞生，乳名燕生，谱名树桢，产生于城中十字巷东首大房。余俟燕生弥月后，只身赴北京，住太仆寺街公寓，以与审计院附近。时张勋复辟已失败，逃入东交民巷荷兰使馆，段祺瑞组阁。余路过东华门，见城墙上弹痕累累，因张勋寓所在东华门内南河沿，双方兵士在此以步枪、机枪互击，张宅完全焚毁，幸未开炮，故死伤甚少。余在审计院名义与待遇为候补，而实际工作，与一般正式实缺者无异，核算各机关决算。余当时所分担核算者，为湖北、浙江等省教育厅及交涉员公署之支出决算。同考分发该院者，为张君廷珍维城、杨君鸿勋素伯、莫君开瑶次琨（莫君广东南雄人，前清举人，工文学）。余承缪承金先生之介绍，任新华商业专门学校教课，担任商业簿记等科。

民国七年，余兼任民国大学教课，担任心理学伦理学等科。该校在宣武门外储库营，余住宿该校时，象山同乡在北京者，除岳父及子良、志纯和女眷外，有华君肤青、倪君子斌、顾君坚仪、金君瀚霞曙、林君晓觉辰、顾君鹏程、顾君一天、欧君昌龄诸人。是年暑假余回象山，住两月，返北京，寓西单牌楼大磨盘院鸿雪缘公寓。年底婉荪率燕生随岳父等来北京。余赁屋西单牌楼东斜街二十三号审计院同事黄君震东亚伯（湖北人）处。

民国九年二月，余承岳父之介绍，由西北筹边使徐树铮先生呈请总统指令，由审计院调至该署，任商业委员。四月，余奉派赴外蒙古库伦，时西北筹边使公署设在库伦，办事处设在北京西城锦什坊街顺承王府。徐氏同时兼西北边防军总司令，直辖四个混成旅，驻库伦者，为褚其祥一旅，及另一骑兵团，团长为高在田。余以远行，因将家眷迁至后门的钟鼓寺胡同，以与岳父家横栅栏相近，得便照顾。当时同赴库伦者，约四十人，由余与何君家驹千里领队。何君系西北边防总司令部参谋，保定军校出身。由北京搭火车至张家口，翌日改乘小汽车，余与何君同乘汽车一辆，第一天出万全县至张北，不过百里，多系山坡，崎岖难行。第二天由张北出发，北上经过滂江、乌得、叨林，以达库伦，计四天。每天上午八时开车前进，午刻十二时至一车站，为蒙古包，用点心，休息一小时，再趁车前进，下午五六点钟又至一车站。余等即宿于车站蒙古包内。此四天路程，一片草地，极为平坦，并无汽车道，只依指南针向北前进，沿途绝无居户，除车站一二所蒙古包之外，见不到一处房屋。只于叨林相近，见到少数天产灌木，车行草坪之间，仿佛轮船在大海中行驶，一望无涯，气象万千。汽车停时，有如深夜，寂然无声。筹边使公署与西北边防司令部同在一处办公，其房屋均系木板构成，屋顶亦系木片，惟二所公寓均为洋楼，一为筹边使官舍，一为余等职员所住。三四人一间，楼下为副使李桓住宅。职员膳食，由公署供给，每日三餐，饭菜颇佳，蒙人均吃牛羊肉，库伦猪肉二元一斤，鸡二三元一只，较之北京猪肉二三角一斤，鸡三角一只，相差甚多。筹边使署编制设八厅，为总务、财政、军事、商运等，每厅设厅长，每科科长者司理，并设詹事、佥事、主事等级。余为商运厅佥事,该厅尚未正式成立,仅余一人,余在总务厅办事。

余到库伦,时已初夏,地面冰冻方解,夏季多雨,一日间,忽雨忽晴。余于夏天最热时,只有一天穿过两小时的纺绸单衫,平时均着夹衣。库伦以山为城,南面为汗山,松木茂盛,向传为成吉思汗曾避难该山,故名汗山(汗为君王之意),系禁林,不准采伐。山之北麓,为图拉河,河水颇清,有三四寸长之小鱼。活佛宫殿即在库伦西南角(汗山山脚),与库伦市区有一桥相通。库伦分东营子、西营子两区,商业市场即在西营子,商店颇多,汉人在该处经商者,首推山西人,俄国人在库伦经商者亦多,并有日本及美国一二家洋行,规模均小。蒙人专业畜牧,很少经商。汉人在库伦营高利贷,有月息至十五分、二十分者。蒙人喜烟酒糖果,汉人以之交换羊皮,获利最厚。有山西人所开人和厚商号,总号在库伦,分号遍设外蒙各地,有七十余处,在汉人商业中最为殷富。库伦为喇嘛与王宫荟萃之处,满街往来的,都是顶帽花翎,穿红色与黄色的绸缎马蹄袖长袍,其靴子为皮革制成,与内地缎靴不同,女子亦多着绸缎制长袍,但衣服油腻满身,极不清洁。

外蒙无一所学校,即如库伦,亦只一处极简陋之小学,仅有教师一人,每月至西北筹边使署领薪水数十元(据闻二十银元,是有名无实的教员),学生不过二十余人。一般学龄儿童,终日游玩,不受教育。其蒙文,系喇嘛个别传授,至医药卫生,更不注意,人有疾病,则请喇嘛诵经,大小便都在街头路上,往往男子大便、女子小便时,蹬在地上,以长袍盖在膝下,便溺多浇衣服,肮脏不堪。马路上,人畜粪屎,厚积数尺,幸其气候严寒,与沙土冻结一起,尚少臭气。闻前驻库伦办事长官鄂人陈毅,出示禁止在街路便溺。蒙人曾群起反对,谓大小便尚不能自由,则将来一切更不知受到如何束缚。此皆不受教育、知识落后之故,言之令人发噱。

外蒙古男女风化不很注意,花柳病盛行。西北筹边使署办有库伦医院一所,来求诊者,多系花柳病,六〇六供不应求,一般传说,蒙人对于男女间,如何苟且行为颇多,但余未曾目见,惟有二事为余所亲眼看到的。一为活佛之弟妇,名索龙花(蒙古语译音),为外蒙贵族,年三十余岁,寡居,颇有姿色,时着汉装,常以交际为名,出入于筹边使官舍。时筹边使署总务厅长代拆代行王荫泰先生孟群,年少英俊,索多方要求,丑态百出,王则畏如猛虎,每逢索来,必唤余等多人至彼处,借以护卫,当时引为笑话。及王氏离库伦后,索来公寓,据闻与同事中往来苟且者,为数颇多,而活佛哲布尊丹巴呼图克图汗之太太,亦荒淫无度,活佛双目失明,说系为太太梅毒传染所致。一为余同事陈君秀峰,河北人,在库伦军界多年,一日约余至蒙人青毕勒公爵家,其住宅颇大,周围以木料构成,房屋以木板建造,另有亭阁,颇为雅致。是日适其女儿归宁在家，年约二十余岁，系出嫁与土谢图汗的，是外蒙的贵族妇女。主人以香烟糖果享客，陈君对此女态度轻佻，如妓院打茶会一般，余甚不以为然，面诘陈君，我们作客来此，何可如此无礼貌。陈君答谓，你初到外蒙，少见多怪，我们对彼等，习以为常，习惯如此，她决不会怪我，请你少安毋躁。就此两点，足见蒙人风化较差，其原因实为文教低落耳。

蒙人吃的是牛羊肉和乳酪，人死之后，即为狗葬，所谓食牲还牲。凡人死亡后，由喇嘛念经，把尸体载之车上，用人或马推拉，向山谷间狂奔，尸由车上落下，过三日往看，如被野犬吃掉，则葬事已完毕，倘未被吃掉，认为此人，狗且不吃，其生前行为必不好，乃请喇嘛诵经，仍载车上拉奔，必以吃掉为止。故外蒙野狗最多，眼睛碧绿，望之可畏。每逢路中烧纸，则群犬猬集，以为有尸体可食矣，风俗如此，良为可叹。

蒙古虽多沙漠，但自张北至库伦一带，均是一片沃土，阴历四月起至八月之间，以节气计算，大约谷雨至处暑、白露，绿草遍地，均为种植，惟地旷人稀，蒙人不事耕耘，以致农业不兴，为可惜耳。汉人在后地（库伦北面一带地方）种麦，收获颇丰，我军队士兵在库伦种白菜、冬瓜等菜蔬，比内地特别肥大，因其土地初次开辟，地力向未用过，且到处有粪肥，而夏季雨水又充沛，故产品更见丰盛。蒙人只食牛羊肉，间或以小米（与南方粟相似，但不如粟之有糯性）和奶油、茶叶冲在一起，作为点心，其用植物食品之时甚少。彼种小米，向不耕耘，系骑一马，把种子向地上播散，待成熟时，随便采取几粒，就是一年的收获。

外蒙矿物极多，惜蒙人不会开采，筹边使徐树铮氏曾邀北大教授德人巴尔台到外蒙调查。蒙人在图拉河淘取沙金，每人每日可得当时二元所值之黄金，惟成色不佳。盐碱极重，盐则成块如岩石。煤炭亦多，但蒙人燃料大都用牛粪或松木木柴。松木在夏季极廉，长七八尺、直径七八寸一根木须约二角，此种松木都出自天产森林，极为便宜，到冬天则值七八角，汉人常囤积松柴图利。牛粪晒干后燃烧，气味并不太恶，余在途中蒙古包内，烧牛粪煮挂面，围炉谈天，不觉有臭气。

蒙人骑射之风，至今犹行，七八月之间，天高气晴，在库伦有一骑射集会，由各地前来参加者颇多，女子亦精于骑马，马不配鞍，常以左腿跨在马上，人则弯向右侧，直飞而去。每天亲友间，串一门子（北方人说到亲友之家访问谈天谓“串门子”）总在数十里，因其快速不觉路远耳。其骑马姿势以左腿跨马上，人弯向右侧者，为右手射箭方便也。

蒙人财富，以牛羊马匹为计算单位，其数量之多，常有不可胜数者。外蒙大喇嘛嘉汉僧（时嘉汉僧为大喇嘛，其权力为活佛之总理大臣，先是为活佛之弟任大喇嘛，活佛弟死后由嘉继任）人约古稀之年，白胡须，颇清秀。据闻其马匹之多，为同一口齿、同一颜色者，可选出千匹以上云云。余所闻如此，未审确否。蒙人以畜牧为正业，每于夏秋之间，在旷野草地放羊，一面唱歌吸烟，逍遥自在，间从远地传来胡笳之声，更饶兴趣。有一晚在筹边使官舍，见活佛弟妇索龙花姐妹二人，身着红缎渊花宫装，弹琵琶，唱蒙古歌曲，清脆可听。

徐树铮氏只身赴库伦，取消外蒙独立，其勇敢精神，实堪钦佩。民国九年五月间，徐氏在库伦召集各盟旗王公及喇嘛等开会，告以五旗共和，应当团结互助等等意思。被邀各王公喇嘛，无一人不到，到会者亦无一人反对。在库伦联欢三天，饮酒观剧（时有平剧在库伦演出），欢乐逾恒，自此汉、蒙两方皆为融洽。不幸于是年夏间，直皖战争，皖军失败，徐氏所部宋子扬等三个混成旅均被吴佩孚击溃，徐氏本人避入东交民巷日本军营，留库伦之褚其祥一旅，兵力单薄。俄人乘机勾结蒙人，谣言蜂起，库伦人心动摇。中秋前后有一夜，余在公寓楼上（楼房玻璃窗均为双层，天气温和，如夏秋时开一层，或两扇全开，冷天则两层均关闭，以防寒气传入，因玻璃能传冷，故设双层，以保温度），闻活佛桥上，有猛烈爆炸声和枪声，极为惊奇。后据调查，传说不一，总之时局不稳，有图谋暴动之势。时筹边使总务厅厅长王荫泰氏已离库伦回北京，由旅长褚其祥代拆代行，一切公事，在停顿状态。惟军事略有部署，已在各山头布防。一日拂晓，余于梦中闻库伦东部枪炮声极密，署中同事皆于梦中惊醒，知系俄人由东营子山上进攻，我军正在抵抗。余等自公寓集中于公署，见山上火光烛天，枪炮声极密。当余等至公署路中，闻近处有人放枪，派人往查，见一俄人，彼系早日潜伏市内者，将其逮捕，及天明，战事稍停，知我方之马连长为保卫山头，身先士卒，不幸殉职，同人至为悲愤，旋将活佛迁至筹边使官舍楼上居住，名为保护，实则软禁监视。蒙人对活佛敬仰至深，每日有向官舍遥拜者，我公署用活佛印信，行文至各盟旗，令献马匹牛羊等等，文到即如数送齐，其威信有如此。旅长褚其祥、团长高在田，率领部队抗战，至为忠勇，而士气亦高。时在九月初，雪已厚积数尺，士兵昼夜守卫山沟，极为劳苦，良以库伦远离内地，而中央又无力接济，名义上增派一师援库，而实际无一兵一卒到达。当此冰天雪地，吾汉人如离库伦，即无生路，故军民合作，努力保卫。嗣中央任命鄂人陈毅为库乌科唐镇抚使（陈系前驻库伦办事长官）管辖库伦、乌里雅苏台、科布多、唐布多、唐奴乌梁海等外蒙地方。时战争稍息，陈氏莅库接任。余以同事李君家盛勋臣、李君增尧笠岑之关照，偕财政厅职员，趁汽车离库伦回北京。时库伦汽车至张家口，每一座位需银元七百元。余等系官车，不出费。当库伦开出时，原为四辆，车至东营子，据司机报告，有二辆机器损坏，不能行驶，余等只得合并座位，余把皮箱及被包着人送回公署，惟朋友所托带之皮袍三件，不便弃置，一一带至北京，亲自送交其家，盖以信义为重，宁损失自身之衣服耳。余于四月间，自北京动身之前，曾托北大同学奉化周君希贤价民，在杭购集丝绵，由婉荪制成被服一条，到库伦尚未用过，亦为朋友代带皮袍，而抛去矣。记带皮袍之朋友，系同事何增达益三，北平人，俄文译员。余汽车离库伦南下，一路平静。财政厅同事所携蔬菜颇丰，余受惠不少，惟一路积雪甚厚，车轮常坠入沟中，余等不时下车推拉。为行车方便，揭开车篷，余头戴帽子三顶，里层为缎瓜皮帽，中为蒙古毡帽，外用绒线帽，把整个头面罩上，身穿老羊皮袄丝绵长袍，外罩皮大衣，脚穿蒙古厚毡靴，数人挤坐一起，不觉过冷。沿途所见，惟一片白雪，间有野兽黄羊，在雪中跑得甚快，但最痛心者，见路中有一二骑兵，向北踏雪前进，天气严寒，人马疲乏，视其一日所行，至多不过五十里，如此为援库军队，宁不笑死。车过乌得以南才不见雪，到张家口则大见温暖，余把所有帽子、大衣、毡靴等，一概脱去。财政厅同事邀余至酒楼大吃一餐，内有一人喝得大醉，拿出手枪，玩弄吓人，几乎闹出事体。张家口蘑菇极便宜，上等口蘑每斤一元至二元，余买数斤携京送人，又狐皮每只十元左右，余买二只。翌日趁火车回北京，当日晚间到达，时为九月下旬，北京天气温和，均穿棉夹衣。岳父暨家中诸人见余回来，皆甚欣慰。

余在库伦，约计六个月。是年庚申七月二十日上午三时，婉荪产长男庚生，谱名树极，庚生是其外祖父所取，时余在库伦，婉荪当晚产时，暂寓岳父家得便照顾也。

三兄雅荪于庚申八月中旬，自杀逝世，仅三十四岁，余在库伦，接获噩耗，悲痛至深。彼于是年三月，在象山城中开设商店，经营煤油等业，以非内行，竟致失败，至八月间，店铺倒闭，一时心窄，出此下策，痛惜之至！余回北京后，积有薪水数百元，不时接济其家，以尽手足之谊。三兄有子三人，其长子树琳，尚在小学读书。是年冬，北大同学周君希贤，有事来北京，彼系浙江衢州师范学校教员，余以树琳相托。翌年春，承周君转嘱其同事奉化毛思诚先生，携树琳至衢入学，余心稍安。

余回北京，仍住后门钟鼓寺胡同，闻库伦情形日非，而援库军队，又是有名无实。褚旅高团兵力薄弱，经此数月抗战，精疲力竭，库伦遂为俄人攻陷，在库同事随军队向北溃退，狼狈不堪。其体力强健能骑马者，由库伦北走，经买卖城恰克图至乌丁斯克，趁西伯利亚铁路回国。不善骑马者，则冻死途中。闻有电报局职员王君，偕其如夫人，一马双鞍，得脱于难，亦属幸事。据闻有广东同事二人，在库伦司法科任事，其一人当俄人入侵时，据守司法科门首，击毙俄人数名，身亦殉职；另一人则不善骑马，死于路中，至为可惜。余写蒙疆战争谈上下二篇，刊于北京《益世报》及《地学杂志》，约数千字。

筹边使公署既已改组，余呈请回审计院，亦经总统指令照准，仍回审计院在第一厅第二股办事，兼任新华商业专门学校及平民大学教课教商业簿记。民国十一年夏，余鉴于北京有添办私立大学之需要，因约同张君维城（廷珍，江苏青浦）、陈君孑民、林君觉辰（晓）、屠君伊荪（新林，宁海）、刘君益吾（志谦，天津）、潘君企莘（润，绍兴）、李君仲镇（宗裕，绍兴）、姚君从吾（士鳌，河南）、张君膺中（庸，北京）、范君仲云（绍兴）等北大同学，及日本留学之宋君崎青（绍英，绍兴）、张君芝轩（丞化，山东）与樊君信初（守忠，北京）发起筹办，临时开会地址，即在张君维城旧刑部街寓所先后开会，筹办三个月，租得西四牌楼马市大街民房为校舍，以发起人为理事。余又约王荫泰先生孟群，及其尊翁书衡先生（式通）为校董。孟群先生约其国务院法制局同事冯农稷家（绍兴）、金保康九如（杭州）、李傥君（湖南）、岳诵先仲芬（四川）、钟赓言（子扬，浙江）。金泰诸先生，张君维城约英贯因树隅先生（广东澄海）、邵瑞彭次公先生（浙江淳安），潘君企莘约许寿棠季黼先生（绍兴）等为校董。理事实际负责校务，校董则处于指导和顾问地位，有重要事件，则开校董理事联席会议解决之。王书衡先生对校务极为热心，邀蔡元培先生孑民为校董并推选为校长，定名为华北大学，于是年九月二十一日开学，计招收学生二班：一为大学预科，一为银行专修科，共收学生八十余名。余为总务长，子良为教务长，同事热心教课，学生极守规矩，学校规模自此粗具。

同年十月间，娩荪率燕生、庚生回象山。余一人住宿校内，凡理事所任事务及教课，均为义务职，余以审计院津贴维持生活。年底放寒假，余回象山，阴历壬戌十二月二十七日上午四时三十分，次女树干诞生，乳名阿阿，此女诞生，由足部先出来，极顺利快速，余于翌年正月下旬返北京，仍住校中。

民国十二年癸亥暑假，华北大学校舍不敷，租得毗邻西安门大街路北徐姓民房一所。该屋有三十余间，庭院八九处，系前新华商业专门学校旧址，与本校为南北一墙之隔。新华商业专门（学校），系湖南杨震华云卿所办，因办理不善，于是年停办，其校址由华北租得后并为一起，因此稍觉宽大，即于是年暑假添办中学一班，定名为华北大学附设中学。

民国十三年甲子二月，余以娩荪等留住象山，家庭间不甚相合，因托襟弟孔君宪良本初在墙头丁家地方，租得房屋数间，娩荪等由城内迁往该处居住。余于三月初回象，将婉荪嫁妆器具等自十字巷迁至东门汤家门内周允中先生楼上暂存。嗣由二兄圃香邀集亲戚屠士标亲翁（妹夫屠鸿逵之父）、城中周梦溪兄，商议分居事，征得母亲之同意，遵照父亲遗嘱，兄弟各自分居。余分得下南乡小湾塘之田四十亩、上洋活契田十四亩（已经押出之田）、十字巷东首平瓦屋半座、青草巷活契瓦屋六间、十字巷活契小屋二间、姜殿弄口店屋二间、山跟俞竹山一处，此山土质很好，但山场很小，因管理不好，留竹甚少。长兄畹兰素患精神失常之病，长嫂袁氏于民国六年夏逝世，生有一男一女，男树谷乳名相生，年二十，患骨痨疯癫症。余于十二年癸亥正月北上时，雇工人负至慈溪保黎医院治疗，余出医药之费，疗养年余，稍见痊可，医院嘱其回象，然终以痼疾不治亡去。女金彩由其姨母石浦陈吉甫之夫人抚养，嫁与西周蒋迪萃元，长兄生活艰苦，寄食于二兄圃香家。

同年五月，余偕婉荪、燕生、庚生、树干及女工一人，由墙头动身赴北京，同行者尚有子良夫人及其子维昆与城中王祖仁，王系纸店工人，能装订书本，由余介绍至华北大学，做装订印刷工作，自上海趁轮船至天津。时值春夏之间，风平浪静，一路顺利。到北京，住西华门大街良相胡同，嗣以房屋漏雨，迁至西四牌楼北太平仓平安里十二号楼房居住。北京往昔，甚少楼房，凡内城以内，不许人民建筑楼屋，恐其窥视宫殿也。平安里系旧庄王府，由前江苏督军李纯家人所买，全府地址九十余亩，上海里坊办法，建楼屋数十所，出租收息，内有李之祠堂一所，系由庄王旧殿改修者，供奉李纯。

民国十四年五月三十日，上海发生五卅惨案，北京教育界成立五卅惨案后援会，推余与民国大学校长雷殷（惠南，广西）二人为代表，赴沪慰问。余等于六月初到上海，出席江苏省教育会所开欢迎会。时张嘉森君劢、张东荪、袁希洛诸人，均出席招待。袁希洛于开会演说时，当场语责雷惠南，误认惠南为曹锟贿选国会议员，余颇为惊奇，惟惠南心有把握，登堂答复，以事实证明其未参加贿选，神情镇定，言辞清晰，一场风波，始告平息。当日晚间张君劢、张东荪诸人在鸿运楼宴惠南与余，余以同乡石浦叶端甫、董定猷（董君名一时记不清，其别号似为董大梅，系小湾塘黄君方宗之姊丈，惜其不久去世）二君，适于是日晚招饮，因早退席，赴叶弟之宴（叶君瑞甫系南洋商船学校毕业，在上海澄衷中学任学监，该校校长为曹慕管）。象山海墩贺威圣，当时在沪读书，彼年青，有革命思想，参加工作，告余言五卅惨案经过甚详，其人头脑清楚，说来极有条理，洵一革命青年，其母蔡家岙沈守华表姊，仅此一遗腹子，恐其在沪发生意外，特由象山赶至上海，母子同住一旅馆，便于监护，然威圣终为革命，翌年在杭州牺牲，殊为可惜。五卅惨案发生之后，上海商界如虞洽卿、宋汉章、方椒伯、李征五、乌子豪[①]，新闻界陈布雷、邵力子等，颇为活跃。时有倡议将沪市迁至吴淞者，余亦发表意见，提议开辟三门湾，此不过一时鼓吹，然报上竟大登特登，广为宣传。

余与惠南又至杭州，出席杭州各界招待会，在浙江省教育会开会，访问浙省督军孙传芳及省长夏超。余等住西湖边清泰第二旅馆，此为余初次到杭州。驻杭州第一师师长陈仪公侠，系华北中学学生陈公亮（铮）、公培、公达之兄，其尊翁静斋先生，与余颇善，因之访公侠于梅花碑师部，留我在师部午饭，畅谈甚欢。时同乡徐培根君在彼处任参谋，华北大学校董童杭时（□甫，绍兴人）任浙省实业厅厅长，聘余为实业厅评议，系一名誉职，纯为义务，不支薪水。奉化庄崧甫先生、北大同学冯君莼琯（忠珣，鄞县人）、象山周君贵和诸人在杭，出席浙省约法会议（与临时省议会相似），同住清泰第二旅馆。莼琯之意，宁波学界为五卅事意见纷歧，邀余至甬，藉便调和，余于离杭后至甬，出席宁波学界欢迎会，发表意见，希望学界众人团结一致，对付帝国主义云云。时伯喈任宁波《时事公报》编辑，余顺便至象山，寓二兄圃香家，小住数日，即回北京。

当时参加北京教育界五卅后援会者，为大学教职员，如马君武、冯稷家、朱我农等。民国十四年乙丑秋，段祺瑞执政举办国民会议选举，浙江议员名额为廿六名，每县选出初选当选人一名，至省城复选。余于七月间回象，承全县各乡镇票选，得二万余票，当选为象山初选当选人。西周谢德奎星翘得数千票，为次多数。于中秋前赴杭，路过石浦，约南田初选当选人何谟（字苇渡，系南田县之议会议长）同行。余住石浦三官堂尼庵，系陈吉甫兄所介绍，该庵在石浦山上，颇清静，余住数日，偕何君趁宝华轮船赴沪。时值阴历八月初，风浪澎湃，船出铜瓦门，浪高如山，舟行极险，至舟山停泊，翌日开船往沪，则风浪平静，到杭寓清泰第二旅馆。时为县初选当选人均已到杭矣，余旅中无聊，常访省长夏超、实业厅长童杭时、第一师师长陈仪、第三师师长周凤岐诸人。周于初见时，即谓复选势将流产云云。夏超字定侯，青田人，个性刚愎，惟余每往访彼必出见，谈话直率，对孙传芳极为不满，夏以久掌全省警务，升任省长，自以有相当实力。孙则身为督军，握有兵权，独揽全省实权，故二人不能相容。北伐时，夏投革命军为军长，反抗孙传芳，兵败为孙捕杀。孙反对国民会议选举，夏亦无法举办复选，但报纸刊载复选消息颇多，并推测可能当选之人名单，余亦竟列其间。仲阳后，杭州颇紧张，谣言亦多。一日下午，陈师长公侠电话

① 应为邬志豪，奉化人，在20世纪二三十年代的上海商界极为活跃。

约我谈话，余至其寓所，彼劝我回北京，不必再候复选。余问其有战争乎？彼笑而不答，继谓即有事故，亦不过在边界小冲突耳！余即辞归，整理行李，翌日乘沪杭车至上海。余对沪友言及时局将变，不久有战争，人皆不之信。时江山毛酉峰及金汤侯诸人在上海办国民会议华侨选举（屈映光文六为国民会议华侨选举监督），选各华侨代表至北京，有专车，余即随之北上。津浦火车自我等一班火车过后，即告停开，因孙传芳军队已与奉军杨宇霆部队开火矣。后孙传芳胜利，驱逐杨宇霆，兼江苏督军，陈师长公侠为徐州镇守使，段政府所办国民会议选举就此停办。国民会议是中山先生最所主张者，惜为军阀把持，不能实行民主，殊为可叹耳！

农历乙丑年十二月二十日子时，三女树梧生，时住居北京太平仓平安里十二号，由邻居钱医生庄秋之夫人振华接生。此女性温和，家人均称其为阿妹。后来四女树桐生，称阿妹为大阿妹，四女为小阿妹，嗣为简称，省去妹字，则呼大阿小阿，成为彼姊妹二人之别号矣。树梧乳名民生，彼亦喜人呼其民生，但人多以其和蔼可亲，仍呼其大阿耳。

民国十五年三月，屈映光文六先生，浙江临海人，任内务部总长，派余清理裕丰银号。该银号系内务部所办，发行钞票，凡北京警察方面所收税捐及警饷，均由税号代理，信用素著。当民国五六年北京中国、交通二行纸币跌价至五六角作一元，该银号钞票尚十足兑现。嗣为政局不稳，内务部经费恐慌，警饷拖欠（时京师警察厅所属警察薪饷，由该部发放），历任总长又向该号挪借款项，因之倒闭。时停业多年，尚有一部钞票及存款，未予兑付，账项未曾清理。余招待各存户商议办法，而多年无人过问之钞票，在市上竟因此有人收卖，行市在六七角以上一元。余建议部中将该行作为民营，或官督商办，使其复业。办法粗定，屈总长出职，汤尔和（杭州人）继任，余亦将办法建议于汤，请其完成此事，余则就此辞职。嗣后该号终照民营办法复业，钞票及存款如数兑付，各存户及持钞票者，皆大欢喜。

民国十六年，张作霖为大元帅，王孟群先生任外交部总长，邀余为外交部咨议。因余办学多年，向不支取学校分文薪水，有时还替学校垫补若干，所赖维持生活者，仅审计院些微津贴，所以给我咨议名义，聊以补助生活费用耳。

民国十七年春，华北大学因校舍不敷，余与校长胡汝麟石青先生共同设法，租得前门内化石桥中国大学校址，于是大学迁至该处，中学仍留在西安门大街，余兼顾二校，颇为忙碌。

同年暑假，大学法科学生王绍年、文科学生夏尔康等毕业，彼等于十一年秋季入学，计预科二年、本科四年，由教育部颁给毕业证书。是时北伐完成，政府建都南京，改北京为北平。胡校长汝麟辞职，大学、中学二校交余一人负责，此为两校最困难最危险之时期。学校经济向极艰窘，所赖各理事全尽义务，及一部校董协助，得以维持。至是，同人星散，且均主张停办大学，保留中学，我再三考虑，不忍已立案之大学，任其消灭，一面竭力支持，一面邀请在校教员胡己任、郑浩然、杨星川暨当年大学毕业生王绍年、夏尔康诸君，组织华北大学校务执行委员会，将校舍校具图书古物等等，悉交委员会继续办理。嗣以中学事繁，余不能兼顾，即辞大学执行委员，专责办理中学，从此二校各自独立，余于华北大学责任，告一段落。当胡己任及萧瑜（子升，湖南人）任校长时，每于暑假，邀余到大学餐叙，表示念旧之意。

同年九月，余偕华北中学学生全乃森、曲振声、王守先，向中央府院接收保管处主任周震麟先生（湖南人，中央委员）申请，将南长街西大街廿四号南府（清代宫廷演习戏剧之处）旧址，拨为校舍。承周先生允许，嗣与艺文中学平分，艺文居西部，我校得东部，约计大小房屋一百五十余间，半数系完整，半数须修理，遂将学校由西安门大街迁至该处。时在秋季开学不久，即在新校址招收学生一批，其旧有学生，因校址迁移，通学不便者，特为酌减学费，以资补助。余一面督工修理，一面扩充校务，极为忙碌。幸全、曲、王三生帮忙不少，而王鸿一先生于接收校舍时，亦有相当协助。王先生山东人，前山东省议会议长，时在北平，与当地军政有联络。余以屈文六先生之介绍而认识王先生，其人热心公益，主持正义，提倡农村教育，中央荐表为内政部次长未就，嗣以积劳病逝北平，年仅五十有零。

同年旧历戊辰八月二十三日上午九时，四女树桐生于西城太平仓平安里十二号前楼，颇顺利。此女生下，双目瞳孔周边，现出红线一圈，其母谓：数日前收藏花生于洋铁箱内，筒口周围，封有红纸条一圈，或系一般所传值着胎神之故，因将筒口红纸揭去，把筒口洗净，此女瞳边红线果然消除，俗传值着胎神之说虽不能信，但亦奇事矣，

民国十七年秋，华北中学既已迁入新校址，校务渐见扩充，深感责任重大，因请校董沈鸿昭先生担任校长名义。沈先生浙江慈溪人，曾任财政部次长及北京劝业银行行长，惟一切校务，均由余以校务主任及副校长名义，实际负责，但求校务进步，学校发达，不计个人名位，此余自十一年发起办学以来，一贯主张。

民国十八年春，余为校务辛劳，夜睡失眠，由岳君仲芬（诵先，四川人）之介绍，赴西山灵光寺休养，内子婉荪携桐女及工友王德海同去，顾三夜均能睡，其后一连五夜不睡，只得回家，服中药，亦不见效，后经岳君仲芬之劝告，请日医诊治，打补血针，始痊愈。

同年暑假后，把学校最后排七间房屋，修理完整，作为住宅，余即由平安里迁到该处居住，以免每日往返奔走。

张维城兄廷珍江苏青浦人，北大法科毕业，为丁巳普通文官考试同年、审计院同事，亦系华北大学创办人之一，与余至交。彼于十七年北伐完成后，任外交部情报司司长，邀余为北平情报主任，办公处设在外交大楼。余办华北中学经费艰窘，兼任此职，于我生活颇多帮助。

民国十九年暑假，余偕文治中学校长郁士元兄维民，以私立中学校长代表资格，由日本使馆以日本庚子赔款项下拨付旅费，赴日本参观教育，由北平出发，乘火车到秦皇岛，因大水铁路毁坏，火车不能直达沈阳，在秦皇岛改趁轮船到大连，再趁火车至沈阳，寓商埠地新旅社，该处颇热闹，尤以晚间为甚，住两天，趁火车过鸭绿江，至朝鲜汉城（即京城）。时张维城兄任朝鲜总领事，招待甚周，介绍余与郁兄下榻帝国饭店。该饭店系七层大厦，布置整洁，二人一间，极为舒适，每日房金日币七元，时日币一元，合银元二元，并由张兄之介绍，由朝鲜总督府，每日派汽车一辆、译员一人，陪我们参观，先后赴朝鲜皇宫及仁川港与各学校。朝鲜皇宫宫殿虽不大，但周围系山林，颇属宏壮，殿前仍插有品级牌，如四品五品等官品级位之牌。我国驻朝鲜总领事馆房屋颇大，院庭亦多，为清代钦差大臣袁世凯所驻之地，馆内设有华侨小学一所。余等住三天，乘火车至釜山，改趁轮船，渡日本海峡，至马关，改乘火车至东京，寓青年会，房饭费颇廉，每餐日币二角，颇可口。余与郁兄均不能日语，在汉城时，由维城兄介绍一华侨能日语者同行，路上一切为便。外交部北平档案保管处同事孙君禔（安徽人），在驻日使馆任秘书，每日伴我们参观，孙君日语最流利，并通英法文，彼在东京任事，住所在横滨，因驻日使馆无住所，大使馆是一所洋楼，楼上为大使住宅，楼下为办公室，其招待室，只置长方桌一张，别无凳椅一把，如此简陋，岂真无钱购置欤？余等由孙君伴访日本外务省，由一科长出来招待，邀余等餐叙，余坚辞作罢。连日参观东京帝国大学、早稻田大学等校及明治神宫，并在神宫前摄影留念（所有相片均留家中，当被毁灭，可惜！）。住东京七日，一夕地震甚烈，余熟睡床上，梦寐中，如秋千一般，来回摆动。翌日据郁兄说：彼等均于惊醒后奔出户外去。

由东京乘火车至大阪及西京，在大阪住铁道旅馆楼上，该地工业发达，烟囱林立。西京为日本旧都，我等住在山间旅馆，房屋设备整洁，因其在山林中，入夜蚊虫颇多。该地西京第二中学，校舍宽广，有大礼堂可容学生三千余人，有游泳池，设备完善，规模宏大，学生三千人，全校工友仅四人、职员仅五人。校内花木遍地，所有栽培花木、打扫庭院房屋等等工作，均由学生自动担任，三千学生无异三千工人，工友四人只做门房传达等事，故学校虽大，工友并不要多。其学生极守纪律，有武士道精神，校长约四五十岁，貌并不扬。当学生数十人练习技艺之时，一见校长到来，均肃然立正，鞠躬致敬。他如东京早稻田等学校，悬挂朱子、王阳明等巨幅画像，足见其尊崇吾国先贤。在大阪、西京各住三四日，仍循原路由朝鲜回北平，先后约一月。日本使馆所发旅费，除余与郁兄二人俭省开支之余，扫数拨归私立中学联合会作会费，约国币二千余元。此行虽所得不多，但精神为之振作，耳目为之一新。现在相隔二十余年，追忆往事，多所遗忘未能详备，为可惜耳！汉城华侨学校，设在我国总领事馆内，吾侄树琳字馥生（一字冰森），经余介绍于维城兄，于是年暑假后往该校任教员，月薪日币六十元。

旧历庚午十一月二十八日正午十二时，次子树楷乳名梅生（梅生别名，实彼自己所取，其四姨母扎本初夫人来我家，问其别名叫甚，他随口应答：我父亲叫梅坞，我是梅坞生的，应叫梅生，时年我家住象山进士第，约民国廿七年），生于北平市北新桥道济医院。余闻讯往视，由一女护士捧一簸箕，内卧婴孩出示，余细看此孩烂头，不似余夫妇面貌，颇疑之，该护士即谓捧错，另换一婴孩来看，面部颇红润，视之，与余面貌颇相似（彼两岁到宁波伯喈一视，即谓极像其父），极为欣慰。盖与婉荪同室一小娣，十九岁，亦于同日先数小时生一子，同置婴孩室，故为此捧错。道济医院系长老会所办，产科颇著名，医院设备颇整洁，各产妇生下婴孩，均另置一室，一孩卧一篾制之长圆形器内，状如簸箕，由女护士看管，每隔四小时送至各产妇处喂乳一次，极有条例，亦极清洁。

是时婉荪做产妇住在医院，家中有小孩五人，及此方雇妇。余于校务外，又值外交部情报处事忙，四女树桐在家出疹子，二兄圃香在甬医院，病状极严重，一时数事猬集，心身极为困苦。

家中自婉荪入医院后，四女树桐年仅三岁，忽染麻疹，症状颇烈，余日夜照顾，精神极为疲倦，所雇北方雇妇不可靠，邀校工林久堂及吾侄树琅二人，轮值看护，迭请中医汪逢春暨小儿王诊治，才获痊愈。二兄圃香于是年三月间，一日赴进士第散□（祭祖后享余，亦称吃羹饭），席间吃鹅肉一块，不能下咽，赴甬求医，迭经中西医生诊治，均不见效。余以兄家口渐增，颇感拮据，先汇银元一百元至甬，补助医药费，兄以我在外辛苦，不忍收受，竟全数退回，余以兄病危，必须多用钱，因加一百元合二百元，再汇甬。时余在平事忙，一时不能南下，而心又焦灼，每日早晚两次电堂弟伯喈探兄病状，并请伯喈电复，彼此电报联络，不下二十余通，阅时一星期。至旧历十二月初趁津浦火车经沪至甬，在平沪二地曾访著名医师，知兄所患为食道癌，系绝症，其在宁波华美医院照过X［光］，流汁至食道中间被阻塞，作噎，吐出，食物未入胃者已一二月之久，所赖注射葡萄糖维持。余在江北岸上岸访伯喈于其住宅，知兄病状虽危，但尚支持，即至象山会馆（该处为兄出医院后住居，服中药），见兄卧床上，奄奄一息。嗣堂兄也正、堂弟伯喈等均至，请医生注射强心针，勉强能说几句，所言：一为其子女年幼很可怜，二为余款须还（我下南乡田租委系托兄代收，又东陈志霖堂所拨款项七百元左右在兄处，兄均有账，丝毫不错，在兄病危中，嘱其家人须要还我云云），并出遗嘱亲笔稿一件，交我，余再三解劝，并谓此次南来，适逢外交部薪津寄到四百多元，随身约带七八百元，前账固无须计较，即目下支用，尽可由我照付，请兄勿虑，只求安心养病。言毕，见兄无力发言，所说声音亦不清楚。当日下午五时许，余等为其更换被褥，稍一转动，兄遂昏厥逝去。时其侧室周氏，女定生、至生、□生姊妹三人，子皓生、五生等在侧。余继母周氏亦于是日上午到甬，也正、伯喈、蓬仙，妹杏卿、荷卿均在甬，堂兄蕙斋亦由慈溪学校赶来。余于当日派工人至象山请二嫂胡氏来甬，时值隆冬下雪，气候严寒，每晚请尼姑诵经伴灵。及胡嫂到甬才入殓，余约堂兄也正同送灵柩趁宁象轮船返象山，由白墩码头上岸，送至梅溪，厝于桃园，雇轿十余乘将送丧回象诸人，随送兄神主牌位，一同入城中，所有衣衾棺椁及在甬开吊出丧、船费轿资等等，一切费用均由余支出，其在甬未付之医药费，亦由余补付清楚。

二兄丧葬既告一段落，其妻妾之间，因争产发生纠纷，族人中有为息事宁人计，以余曾有款项（兄前经手及此次在甬所垫付者）约二千元在兄家，特嘱胡周二嫂立一字据，谓欠我二千元，如彼妻妾各自体谅、相安无事，我这二千元准予免还，不然，必须提出二千元还我云云。余对此无意见，但求彼等谨慎齐家，教育子女成立，则余之愿望足矣。彼等既愿立字据，我姑且留着，俾其各自相勉，不意彼等器量大小，终为争产涉讼，甚为惋惜。但我为念兄弟手足之情，总不愿依约索取款项，彼等所立字据，为我抛弃，不复存留，恐贻日后徒多是非耳。

华北中学于十七年添办高级中学，本年经北平教育局暨教育部核准，为高初中两部完全中学。

民国二十年，华北中学校长沈鸿昭先生离平回南辞职，由余继任校长，按照一般中学组织，将副校长、校务主任等名义取消，校长以下设教务、事务、训育三主任，修建校舍，扩充班级，高初中两部学生共计五百余人，校务发达，校誉日隆。

民国二十一年冬，淞沪抗日战争情势颇紧，同时日人又犯热河，亦极紧张。余恐家眷在平，种种不便，于是年旧历十二月中旬，学校放年假之便，送眷南归，同行者，尚有妹杏卿、侄树琳（时在华北中学任教务主任）。时值冬令，天气严寒，树楷刚两岁，初步学走，到正阳门车站，因火车误点，立站上候车至三小时之久，楷感冒风寒，到天津大雪，改趁津浦车，过江到南京下关，楷感冒未痊，身上发热，拟在下关暂住，遍访适当旅馆，有暖气设备，或安置火炉者不得，只好趁沪宁车赴沪，在车上见楷心悸频频，到沪住三马路新惠中饭店，请余云岫医师诊治，初诊伤风，热度久不退，只得入宝隆医院，诊断为肺炎，其母同住该院头等病房，余与干、桐二人仍住惠中，树桢、树极、树梧随杏卿、树琳回象山，余则每日晨至医院，夜回旅馆，计二十天左右。至过年正月元宵，楷病始痊，树琳偕其妻、其岳母来沪，余接楷出医院，暨住新世界旅社，树琳住一日北上，余等赴甬，住江北岸东亚旅社，到甬之翌日，楷又感冒发热，盖以旅社床铺垫褥过薄受冷，兼以日间多吃糕饼之故，请孙莘墅、吴莲艇诸医师诊治，谓系肺炎复发。住旅馆数日，迁至吴医所办之天生医院，住该院东首全所小洋式房一座，计五间，有庭园，颇清洁雅净，每日房饭费共计三元，全家大小四人连佣妇二人，饭食茶水均在内，每日内医院土人擦地板一次，因吴医与伯喈颇有交谊，特别客气，楷生甫数月，发生小肠疝气颇烈，大约北方天气寒冷，其母恐其常换尿布，或易遭冷，据医生说：尿布少换，既不清洁，又很潮湿，易患此症，一经发作，肾囊膨胀，盖以小肠下坠，须待其肠子上升，方能平复，发作时腹痛呕吐，有一次发作，一日夜呕吐六十次左右，极危险。医生用温热毛巾布烫肾囊，小肠遇到热气，渐渐上升，颇有功效（倘不能上升，必须动手术，树极亦有此症，于八岁经北平日本同仁医院院长饭岛割缝治愈）。嗣佣一王妈专为看护，发时就用热布烫托，平时注意饮食，凡不易消化之物不吃，不使啼哭，始渐痊可，但其身体因之瘦弱。壬申年冬天两岁，刚刚能走而抵抗力极薄，故途中一再患病，颇以为苦，住天生医院两月半，一切饮食皆由余自己照管，每日吃牛奶加可可粉与面包，至旧历三月底才获复原，很肥胖且白嫩。

民国二十二年旧历癸酉二月二十日酉时，婉荪在宁波天生医院生一女，乳名宁生，旧历三月底满月，楷病亦痊，余率眷回象山，暂住东三房，余留象数日，即返北平，仍住校后宿舍。

同年五月下旬，中日情形渐见和缓，余接象山家信，知楷身体又不适，余趁火车南下，到象见楷很瘦，身上生疮，其母生女宁生无乳，所雇奶嫂，身不清洁，且似有毒，宁生被其传染最烈，楷则次之，梧、桐二女亦被波及，象山无好医院，佣妇难雇，夏天又热，余住月余，携眷北上。同行既无奶嫂，雇妇仅一勺溪老妪，沿途颇感困苦。到平先住北长街东洛屋(该屋系余向官产处购来,改造洋式平房六七间,是年五月树琅娶北平高姓女,住此屋,余眷到平,让余居住,后一度租与北大教授广东人余天休住数年,于卅年左右售去)。嗣将校后宿舍修整,迁往宿舍。时楷小肠疝气偶有发作,惟不严重,生疮未痊,宁生更甚,赴医院医治,久不见痊。宁生奶嫂系北方人,极粗鲁,一夜宁生于睡眠中,由床上跌至地下,哭声尖锐,翌日着树桢及其女同学带着宁生往首善医院方石珊医师诊治,方嘱转送协和医院医治。该院普通病房不许服侍家人同住,只好留宁生一人在院,约住二三星期,病不见痊,且所患究为何病,亦不见告。余自象山回平,身感不适,胸部时觉有气上冲,突致昏眩,因此对于宁生绝无照顾,彼住协和,仅仅树琳、树桢等往看,但云宁生虽病很久,偶然亦作笑容,不意医治多日,终于不治,极为痛惜,着树琳偕工人李俊山、勺溪佣妇往验。据佣妇回来说,宁生身上胁肋间,有一小洞,似为打针等语。协和医院系美国煤油大王独资创办,为中国最大医院,但该院常以病人为试验。据华北中学英文教员范慰庭君说,彼有一次生病住该院,一夜于熟睡中,将其移至试验室,惊醒后,问医生何事,所答支吾,经其抗议,始送回病房。宁生生甫六个月,系一婴孩,任其摆布,胁肋间一小洞,或许即为试验所致。余夫妇没有尽到父母之责,负罪至深。宁生生存六阅月,未留相片,葬于北平宣武门外(白纸坊相近)宁波会馆之义地,请华北大学同事绍兴冯农先生书墓碑一方。民国三十六年春,余嘱学生康文富(时任华北中学总务主任)偕工人李俊山往视墓碑仍存云。

民国二十三年六月,余创办《新生日报》,社址设在北平西城,系租民房洋式楼屋一所,租金每月三十六元,自备平板对开报纸印刷机一架、脚蹬印刷机一架及各号铅字,惟无字模,创办费约五千元,除冯君稷家出一千元外,余均由余自备。冯君任编辑,其家眷即住社内,余任经理,另请助手数人,报纸篇幅为一中张,比对开报纸小,较四开报纸大,仿照冯君所阅德文日报大小。殊不知该报报纸,出自德国,自有其大小尺寸,吾人在北平购买者,仿其大小长短,无异削足适履,报纸损耗颇多,兼以一切生疏外行,编辑、发行与广告等等,均不足与人竞争。发刊两月,冯君见于业务不振,颇表消极。余不愿朋友吃亏,将其所出一千元全数退还。冯君得款后,迁出报社,自此余一人独自苦撑,极感困难。幸树琳为我负责编辑,支持数月,终以无力维持宣告停刊,把印刷机件、铅字等等,在华北中校操场之西首□厂收藏,并曾一度举办印刷职业班,招职工学生十余人,聘技工一人为教师,办一班结业后亦停止。创立事业,非有充分人力不可,尤以办报更为不易耳!

民国二十四年春,树琳因肺病,赴西山疗养院疗养,华北中学教务长一职,由余兼任。树琳身体素弱，上年携眷在平居住，至年底余托象山同乡送其妻及子二人回象，其疗养费用及象山家用，皆按月支给。

同年暑假后，学校学生住校者骤增，余住宿舍亦拨作学生住宿，余则迁至校外西大街梁宅（梁启超任公先生之弟启勋字仲策之屋，余向其租用东院客厅一部分）居住，另在南长街织女桥西首甜水井胡同领一土堆，计地三分有零，系官产（在中南海墙外，前清在海桥外设有巡逻守卫之官厅，名为官堆子，民国以来，此项官厅废弃，房屋倒坍，被邻近居民倒置煤土，已积成如小山，登土堆观中南海风景极佳），计价一百五十余元，由包工李俊山包建楼房一所，共计十间，另建门房一小间、厨房下房等四间，计二千余元，于旧历己亥年十二月完工，余于十二月二十八日迁入该屋居住，门牌为甜水井甲三号。

同年十二月，蒋委员长在南京召集教育界人士及一部学生代表，到南京开会，平津各大学由校长或代表一人出席，北平中学由教育局推选余与志成中学校长吴鉴、第五中学校长张文波等五人为代表，赴京出席。由教育部招待，住宿中央饭店，开会前一日，由胡适之、张伯龄诸先生召集北平校长代表在教育部开会，交换意见。蒋委员长在励志社开会二天，说明中日国交情形甚详，结论则谓国力未充足之前，不可轻易开战，必须各守本位，自力更生，才能御侮云云，并听取各校长代表报告与建议。会后参观中央军官学校等等，余回平已是旧历年底矣。

民国二十五年夏，全国举办“国民大会”代表选举。按选举法，全国教育会会员可选出二十六名代表，初选由各教育会低层组织之职员干事选出三倍（七十八人）之初选当选人，再由中央圈选三分之二为复选候选人，由全国教育会会员普选之。北平市教育会底层组织为区教育会，仅十五区，每区干事五人，共计七十五人，较诸各省每县之下有区教育会，其干事全省合计多在一二千人以上，相差悬殊。余联络京沪江浙皖鲁诸省教育会，彼此合作，不意江浙皖诸省初选发表，余得票极少，惟鲁省尚未选出，因于是年中秋前亲自赴济南，以萧一山兄之介绍，往访鲁省教育厅主任秘书杨展云（鹏飞，山东城武人）君。杨系北大校友，亦竞选“国大”代表，承其帮忙，与其厅长何思源之赞助，在该省得票六百余票，萧兄亦得数百票，均初选当选。时北平教育界人士初选当选者有胡适之、蒋梦麟、梅贻琦、陶希圣诸人。民国二十六年七月七日清晨五六时，余未起床，闻及炮声，连续颇久，不似平日试炮声音。出外探问，始知日人在卢沟桥寻衅，北平情势极为紧张。时宋哲元任华北政务委员会委员长，秦德纯任北平市长，冯治安任河北省主席兼市长，张自忠以师长兼天津市长，由宋哲元负责与日人交涉。当时各界纷起声援，由北平市教育会与平津院校教授联合会发起，组织各界抗日后援会，假中南海东四所开会。余代表教育会，每日出席会议，作慰问宣传救护等工作。日人在宛平县卢沟桥纠缠不休，我军以大刀队奋勇抵抗。同月廿八日清晨，日人发动陆空两军猛袭宛平县，轰炸南苑。该处为宋哲元军营所在，副军长佟麟阁、师长赵登禹均阵亡，干部训练之学生，死伤极多（宋哲元招初中学生在南苑训练，约三千人，入学不久，尚未正式训练，即发给枪弹，令出参战，遭日机扫射，死伤极多，至为痛惜）。入夜，北平闻炮声更密，午夜十二时，校中职员倪文荃来说，有警察到校向工友借衣服，预备易服躲避，谓战争失利，宋哲元等已走，警察闻讯躲避一空（时北平警察两万人，在城内各地堆沙包布岗严防，是夜闻前线撤退，全城岗警一哄而散），北平已告陷落。余恐日人进城被迫害，俟天明率眷离家赴东交民巷暂避，该处为各国使馆所在，巷口有使馆卫兵把守，进出颇受限制，而巷内使馆皆告客满，余只得在东长安街中央饭店暂住，下午迁至东交民巷利通饭店，商诸该店经理，租得楼梯棚头地方一块，一家数口在此安置，住数日，着家眷先回家，余一人迁至法国医院，与北大教授蔡增棠（字召南，江西人）二人同住一室，每人每日房租六元。时李书华亦住该院，嗣以日人尚无捕人杀戮情事，余等各自回家。

树琳在西山疗养院养病，当卢沟桥战争之时，西山开炮声最烈，彼等病人久卧病床，有一两年或二三年以上者，一夕闻炮声惊慌，均由床上滚下，黑夜向山上爬行。树琳肺病初起，曾稍吐血，年余疗养，已见痊可，不意于黑夜爬行之间，不慎跌倒，口中吐血，自认多时疗养所得之功尽弃，极为懊伤，见余大哭，余一再劝慰，嘱其迁入校园新建客厅居住。该处设备颇佳，空气光线亦好，房前有花木，为全校最清静之处。

北平沦陷数月，蛰居家中，极为苦闷，学校虽照常开课，毫无生气，一再考虑，不宜久居，于当年十一月八日偕北大教授潘企莘兄，趁火车至天津，同行者为树干及潘君家眷、北大教授朱光潜夫人。翌日，婉荪偕诸孩及文涛（堂兄蕙斋之子，于是年春到北平，由余介绍至实报馆做事）来津。住数日，同搭顺天轮船南下，船上遇见《实报》经理管翼贤君（湖北人）之夫人邵浥芬（浙江杭州人）及其子女多人，船至青岛，送朱光潜夫人上岸，于码头遇见管君翼贤。管君为日本留学生，服务报界多年，在北平创办《实报》，系四开纸小报，发行最广，数约十万，为北方发行最多之报，日人占据北平，两度避难东交民巷，与余同住于利通饭店及法国医院，后逃至山东，在济南复刊《实报》，山东沦陷，彼一度至香港，后来终于回平，参加伪组织，至抗战胜利，被逮入狱，殊为可惜。

二十六年七月二十八日，日本以陆空两军攻击南苑，北平极度紧张。是日适为国民大会自由职业团体复选之期，北平市教育会亦如期选举，因余是会中全体支持竞选者，而教育会会员当选初选者，亦仅余一人（胡适之、梅贻琦、蒋梦麟、陶希圣四位，系大学教授团体产生者，非北平市教育会会员），故选票皆集中余一人，当选自无问题。不意当日选举完毕，未及开票，而北平沦陷。中央选举事务所以北平市选举事务所未将教育会复选票票数呈报，无案可稽，三十五年在南京开“制宪国民大会”，余未获参加，殊为可惜。

七月廿八夜，宋哲元、秦德纯、冯治安等离北平时，将华北政务委员会委员长职务交由张自忠继任，张以委员长兼北平市长，人皆目为汉奸。时余闻新闻记者说，当张自忠送宋、秦等离平时，对秦德纯说，君等去做民族英雄，我则为汉奸，言下不甚感慨。余即谓，张即有此言，绝不为汉奸，后张留平不久，逃至南京，参加抗战，以身殉国，殊甚钦佩。

同年十一月十二日，由天津趁英商顺天轮船赴沪，阅三日到达上海。时沪上情形极紧张，余等上岸，往法租界一旅馆休息，探知沪甬轮船照常开行，即于当日午饭后出旅馆搭甬轮赴甬，翌晨到达江北岸。堂弟伯喈来船上访晤，遂偕潘君企莘眷属同至远东旅社，住一日，余家全部迁至西门伯喈家。时赴象轮船已停，由陆路过渡，时遭敌船轰击。伯喈劝我暂住鄞县横溪，即在横溪乡长王君家租屋居住。一日晚饭，余喜吃稀饭加白糖，佣妇向水沟淘米不清洁，是夜腹痛并泻，每隔一小时一泻，泻必腹痛甚烈，翌晨由同乡姜鸿西君（同姓不同谱，住象山城中南门，宁波工校毕业，时在横溪正始中学任教员，人极诚恳）送余至甲村医院。该村距横溪十里，余坐轿子，鸿西君步行，余心甚感。该医院系新建洋房，颇清洁，医生范君为我注射药针一枚，似为麻醉性止痛剂，睡三小时，醒后痛止、泻亦渐痊，住院休息数日，堂兄蕙斋由慈溪学校来横溪看我，以我在甲村，转至甲村医院，相叙一日，蕙兄回校，就亦出院回横溪，乘轿偕婉荪携楷儿赴咸祥，在饭店住一宿，翌日再乘轿，约五里至横山，搭渡船，海程十八里，至对港白墩，乘公共汽车到象山城中，暂住东三房（计住横溪一月）。到象数日，接树琅自北平来信，谓树琳于十一月十二夜在校病故，是晚彼犹一人赴东安市场购药水，翌日午时，仍不见其起床，叫唤不应，破门进视，知已气绝，见桌上置有药水瓶一个，当由校中安葬于宣武门外白纸坊相近宁波同乡会义地云云。余接信后，极为悲伤！仅告知内子婉荪，暂不向彼家发表，因其上有祖母，下有妻子，倘闻此信，必全家不安，余心亦良苦耳！

余以东三房暂住近月，不欲久居，应蕙斋兄之建议，商诸鸿湘叔公，迁入进士弟西大房及西厢房居住。西大房两间,光线欠佳,加配玻璃窗,为之改善。

民国二十七年一月,象山县县长盛世馨(字桂珊,辽宁人)于余虽为初交,但极友善,邀余协助抗日自卫会事务。经各民众团体联合选举,余得票最多,为抗日会副主任委员,正主任照章由县长兼任,自此为本乡服务,终日忙碌,真无片刻暇晷,多半时间在参加各种会议耳。

象山人口二十余万,医药卫生极为落后,尤以西医西药更感缺乏,有病求医极为困难,比较富有者,往往渡海至甬,其痛苦可知。自抗战军兴,医药更为急需,余于二十七年三月发起创办象山县公立医院,县长盛世馨极为赞成,邀集全县士绅为董事,盛为董事长,余先自出百元,捐作筹备费用。借城中西门信泰当店为院址,该店停业已久,房屋损坏,余雇工购料,亲自督修,计修竣候诊室、医疗室、药房及病房等等,并亲至各乡募捐。当时计募得岳父陈伯弢先生二千元、王松轩先生二千元、周大烈先生二千元、萧伯元先生一千元,及其他数十元、数百元者,共计一万余元。推商界人士隆润店经理桑宝章、通泰店经理贺启鹤二君,掌管款项,余则专责募款及医院一切建设事宜,不经手钱财,以立财政公开之良好制度。最为困难者,为聘请医生及院长,象山地方偏僻,待遇不厚,向各地访问,颇难得到适当人选。最后向甬上聘得杨传华医师为院长,并聘本县徐步霄、翁赞庭诸人为医师,招收女学生高小初中者十余人,在医院内训练看护知识技能为本院护士,聘本县胡炳璋为药剂[师],由杨院长传华赴沪购药,并配置各项医药器材,诸凡应用药物器材及解剖床、产科用一切器具大都备齐。象山交通不便,至如特别病症之药,亦必须相当置备,否则一时急需,无从取得,有碍病人。故在象山办医院,一感医生困难,二感药物难备,勉力以赴,总算粗具规模,设特别病房十余间、普通病房两大所、病床约六七十。挂号费一角,普通用药每日二角,完全为慈善救济性质。除医疗疾病之外,并为全县卫生防疫事务,诸如注射防疫疫苗、种痘等等,一律免费,此一医院之设置,为本县空前之举。

民国二十七年农历戊寅年五月廿三日,长女树桢燕生于归石浦林氏,婿林华衮,乳名阿昌,林宜福之子,年幼父母俱没,家颇小康。余家住城中,距石浦一百里,为林氏迎娶便利计,余偕内子及树梧、树桐、树楷先数日送燕生至石浦,借住陈玉书家之巡司衙门旧址。证婚人为县长盛世馨。石浦滨海,海味最重,故酒席颇廉,普通鱼翅席每桌五元,平菜十大碗,价仅二元,以视今日台湾时价,不值百分之一耳。

同年旧历六月初二日,岳父伯弢先生逝于东陈,岳父之病,起于上年冬令,天气较寒,不慎饮食,致患肠炎,乡间延医不便,至来年正月,病势转剧,竟十五天不去大便。余闻讯，偕城中徐成道医生，及县长盛世馨，同至东陈。盛去系慕岳父之名，特往拜访。是日由岳父招待午宴，极丰盛，徐医生主张打针，约岳父同至城中，住徐医家，阅十余日，不见效。县长盛公因公赴甬，由其特约宁波天生医院院长吴莲汀来象诊治，吴医认为年老久病，不易医治，留象两日返甬。岳父因迁长寿庵，改请中医郑鼻峰、王九维、林钟辉、刘雪航及宁海中医方一山治疗，先后两月余，终不见效，遂回东陈。是日余所办之象山公立医院已成立，请院长杨传华往诊，仍无效验，于旧历六月初二日辰逝世。先时岳父自知不起，将一生勤俭所蓄之薪资，除留刊书费一万元、藏书楼建筑费五千元，余则分给子女各一千余元，及妾倪氏生活费六千元，田地各女分得十亩，所余及全部房屋归内兄子良承继。岳父藏书最丰，均系亲自阅读并加批注者。余认为此无价之宝，应建楼储藏，以供大众观览，故提藏书楼建筑费五千元，于廿八年兴工建筑。因地方为日军所陷，工程终止，旋亦毁弃。岳父著作最富，计有一百十余种，除于三十岁曾木刻辍学堂初稿二册、七十岁木刻辍学堂丛考十种，余于北京大学、中央大学印有讲义之外，多未付印。其书目于讣闻内刊入，廿八年余在上海，见鄞县张寿镛先生，据谓其《四明丛书》最后一集，曾将遗著目录全部刊入云云。刊书费一万元，自廿七年存入宁波中国银行，迄未支用，货币早经贬值，以有用之钱化为乌有。今则遗稿与藏书，恐难幸存，虽云时局影响，然余等疏忽之罪无可辞也。

二十七年夏，树琅（原名树林，余以其兄名树琳，因改其名为树琅）字子青，乳名阿慰，以肺病逝于南长街华北中学后院宿舍内。其妻北平人高芙蓉，遗有女小介及子一人。渠兄树琳廿六年冬逝世，相隔不及一年，先后逝去，青年夭折，至为痛惜！渠兄弟均葬于宣武门外白纸坊宁波同乡会之义地。时华北中学无人主持，有东陈陈正，字中适，号珊芳，愿去维持，于翌年春由彼北上办理。

二十八年春，余为在象年余，终日忙于抗日自卫会及公立医院等事务，致一年之中，发生疟疾三次，身体疲乏，心脏受有影响，血压渐高，步伐颇感不便，遂偕内子赴沪检查，得悉动脉号仍然扩大，心脏亦扩大颇多，先至宝隆医院诊治，继至协和疗养院疗养，后迁八仙桥青年会居住，内人则与二妹杏卿住法租界萨坡赛路二十三号。是年旧历五月初六日，象山城中及墙头被日机轰炸，时树干、树梧、树桐、树楷均在墙头欧西一大房大姊家，颇为恐惧，走避海滩，幸获安全。墙头立三中学职员周某在该校校门为炸弹炸死，城中未伤人。余仍疗养，一时不能返象，遂嘱咐树极、树干等五人来沪，余亦迁至萨坡赛路二十三号居住，树桐、树楷入萨坡赛路西城小学读书。二十八年秋，三妹荷卿病逝象山家中，葬于梅溪青湾竹山。荷卿于廿三四年赴北平在后门两级女子中学及春明女子中学任体育教员，春明女中曾以参加全市运动会，获得舞蹈冠军，荷卿指导之力也。嗣以病回象，廿八年春以子宫瘤，往上海宝隆医院动手术，后返象不久，以痢疾去世，余在沪闻耗，至为悲痛！廿八年，余在沪购得西药多种，运回象山公立医院，并采购中药书籍一批，寄回象山，其款系募自王松轩先生之捐助。廿七年，余在象山办公立医院，以西医为主外，并于院内另屋成立中医学会一所，约郑鼻峰、王九维、林钟辉、刘雪航、王洪甫诸中医师，在所研究，轮值施诊。象山缺少中医书籍，故购此以供参考也。廿八年秋，余在上海，与重庆教育部取得联络，教育部派其驻沪人员陈宝骅来寓洽谈，嘱余接长市北中学，在沪办学。余以多病固辞，旋经教部嘱余在沪视察，每月致送津贴一百元。前河北省党部主任委员陈仿先在重庆救济委员会来信，谓已言于委员长许世英，每月致送车费一百元，余受此两处补助，每月生活足以维持，时沪上生活程度尚不高也。

吾象旅居上海者，不下两万人，大都属于劳工方面之人。沪上虽有宁波同乡会，但象人与该会接触者甚少，其他如镇海、奉化、定海各县皆有县同乡会之设立，惟我象山则无，举凡同乡之联络及一切福利颇受影响。余于青年会备餐邀请一部同乡叙谈，组织象山旅沪同乡会，于翌年春成立，会址借用宁波同乡会之房屋，设立办公室，推余为同乡会理事长，邀同乡梁卓人君为坐办、倪鸿梁君为文书，常驻办公。凡同乡有困难者，本互助精神，或予救济，或转达宁波同乡会，予以协助，同乡无不称便。

上海为全国商业中心，虽在抗战期间，以有英法租界关系，商业亦极盛。廿九年，有象山同乡鲍永成、式金兄弟，发起公润贸易行，以百货运销内地自由区，远至衡阳、重庆、桂林，邀余参加。又同乡贺功圣发起衬衫厂，以制衬衫为业，股东为上海国货公司总经理李康年，及余与贺君凤来、叶君谋豪等，由李君命名为绍康衬衫厂，盖取余名绍祖之绍字，与李名之康字。嗣绍康于卅二年、公润于卅五年先后结束，两业均属亏本，营业之难，于此可知。

民国三十年为余五十岁，同乡梁君卓人等发起祝寿，余固辞，嗣由诸同乡联名制寿屏一堂，计十二幅，系北平荣宝斋出品之描金花砂珠笺，品质极佳。寿文为镇海虞和卿①先生所撰。虞先生早年留学日本，清代留学生，殿试为翰林，善为文词。此屏原留在上海三马路协兴大楼公润贸易行，余于三十年夏携回象山，藏东三房楼上，至今恐难幸存矣。

---

① 应为虞和钦，镇海柴桥（今属北仑区）人，早年留学日本，一生践行教育救国、科学救国。

卅二年夏，余以多年腹痛渐见好转而上海又为日人占领，因率家眷回象居住。时象山城中已沦陷，惟西乡西周及邻县宁海，尚属自由区，余径赴西周住蒋一元君家及谢日房两处，并往来于宁海，内子则偕树桐、树楷赴石浦树桢家暂住。当吾人离沪时，楷儿向其就读之西城小学告辞，校方以为学费负担不起，曾对楷云，如以经济有问题，校中可以协助，不忍你这好学生离去，此语由楷传来，余颇感动。

同年冬，余为贺君凤来筹组纸烟公司，由贺君自沪运卷烟机及原料，来宁海柴溪，租柴溪陈氏屋为厂址，一时参加者，为同乡周君大烈、宁海何君大裕，推周君为董事长，余为总经理，贺为副经理，出美女牌、高士牌两种纸烟。至三十四年秋，抗日胜利，余赴北平离去，该厂于卅五年春结束，外行人经营，无不亏本也。此二年中，余常住柴溪，地方清静，颇属相得。时同乡林君西村（皋，下南乡黄节岙人）亦住柴溪，相处颇洽。卅三年夏，余代表象山县各界赴天台劳军。时象山县政府迁在西乡排头办公，同行者有县政府代表周凯旋君、县党部书记长章昌琛君三人，各乘肩舆赴天台，路过黄泥山岗，长四十余里，颇感跋涉之苦。时竺鸣涛驻天台，象山现任县长兼六区督察专员苏本善、前任象山县长盛世馨，均住天台，承竺与苏招待颇殷勤。国庆寺为天台名胜，在天台山麓，离城不过数里，余住寺两宿。同乡萧君武文（名洁）时住该寺养病。寺内宿舍仿沪上旅馆形式，盖以游客众多，便于招待也，素菜颇可口，取价则随意赠送，不拘多少，绝不计较。余在天台与县长苏本善谈及复校事，渠极同情。盖象山全县仅私立立三初级中学一所，设在东乡珠山庙，余于该校亦属校董，如由余恢复华北中学高中部，附设于立三中学，则象山有初高中两级中学，于学生求学增加便利，苏并愿助月米十石为提倡。余答其热心赞助，遂决意复校，聘请立三初中校长欧乃斌君兼任华北高中校务主任，于卅四年春季招收高中一年级学生一班，计二十余人。惟教育厅在方岩，相隔甚远，本校复校急促，呈报手续未备。至当年秋抗战胜利，余回北平办理复校，得浙江教育厅之同意，将此一班高中学生，并入立三上课，但彼时交通已便，各生均分别转学甬上，而高中部因此结束矣。

卅四年秋，抗战胜利，余偕二女树干赴沪，树干在上海复旦大学复学，余则候船赴平。时津浦铁路中断，海空交通亦不便，因在沪候至翌年一月，始趁轮至秦皇岛。在沪则住南市鲍式金君住宅。到平，先住交道口大中中学，后至甜水井自宅。因华北中学南长街校舍，为市立六中所占，临时假北长街教育会成立补习班。至是年秋季，由教育局拨给东交民巷德国学校旧址为校舍，招收初高中学生六百余人，于当年十月中旬迁至西直门大街前陆军大学旧址。该处于胜利后，教育部接收，驻有军队，嗣军队迁出，归本校作校舍，屋广地大，分立男女两部，由总门进校，东则男部，西为女部。当时续招学生千余人，全校男生一千二百余人，女生八百人，男校设置初高中主任各一人。以校舍之大、学生之众与课程之严肃，其校务之发展自在意料之中。

余于民国二十年起，担任北平市教育会常务理事，以迄二十六年北平沦陷离平南归为止，光复后又于卅五年起，被选为教育会常务理事，至卅七年十二月止，先后凡十年。

卅六年夏，北平市参议员改选，余由教育会选出，为市参议员，出席参议会开会。

卅六年秋，余参加竞选“国民大会”北区教育会代表，当选为“国民大会”代表。

卅七年春，余自北平趁霸王号飞机赴上海（旧历戊子年二月十五日正午起飞，当日下午三时到达上海），同行者有香山慈幼院院长毛代表彦文，及吴代表慕墀。华北中学学生在校门排队送行者二千人，高中部主任康君文富、二女树干，则送至西苑飞机场。在机上遇到南开大学校长张伯苓，及清华大学校长梅贻琦二先生，亦系代表出席“国民大会”。到沪先至爱棠新村毛代表住宅，系其丈夫熊希龄先生之旧居，后至法租界惠中旅馆，内子亦于是日上午由甬到沪，在三马路协兴大楼树桢家，别来两年有零，相见颇为欣慰。余留沪三日，趁京沪车至南京，向“国民大会”报到，住朱雀路大中旅馆楼上，内子则迟数日，亦由沪至南京。

卅七年三四两月，在南京开“国民大会”，秘书长为洪兰友先生，主席团为胡适、于斌诸先生八十余人。各代表所提议案颇多，而主要任务，则为选举总统及副总统。总统候选人为蒋中正先生及居正先生，经一次选出蒋中正先生为总统，副总统候选人为李宗仁、孙科、于右任、徐傅霖等五先生，竞选甚烈，经五次投票，以李宗仁先生当选为副总统，孙科先生得票次多数，与李相差仅一百四十二票。余于总统所投票为蒋中正先生，副总统所投票为李宗仁先生，以其久任北平行辕主任，较有认识也。

余住南京两月有零，每日忙于开会与应酬。会后，偕内子游明太祖陵、中山陵、燕子矶、鸡鸣寺诸名胜。时象山前任县长盛世馨，在内政部禁烟局任事，二妹杏衡住朝天宫故宫博物院宿舍，与我过从颇密。

卅七年五月中旬“国民大会”闭幕后，余偕内子离南京，顺道作苏杭之游。先至镇江，趁小轮船游焦山，焦山为长江一小岛，小寺院颇多，于寺中遇顾毓秀、毓琮兄弟，偕其家人看寺内所藏岳武穆所书手卷，邀余参观。顾谓此乃珍宝，不可多得者。翌日游金山寺、甘露寺、祭江亭（孙夫人祭江处）。午后趁车至无锡，住市内旅馆，街上车辆嘈杂，通宵不息。翌晨趁小轮船游太湖，颇为清净。翌晨游虎丘，虎丘虽负盛名，但古迹荒废，无可观者。午后趁车至上海，仍住惠中旅馆，休息一日，约华衮、树桢、国本，同趁火车至杭州，住湖滨旅馆，除访子良（时在杭州任浙江省通志馆编纂）、潘君企莘（名渊，时任浙江大学教授）、郑君石君（名奠，时任浙江大学教授）、王君瑜瑞（名绍雄，在省政府任事）及侄女梅英诸人外，每日游西湖，至岳王庙、灵隐、天竺诸名胜，留杭四日，趁车返沪。

杭州游罢归来，仍住惠中旅馆，作回甬计，将所存协兴大楼之寿屏地毯，及一切什物，带至宁波。沪甬旅程约十四小时，于下午四时开船，翌日晨到甬，赴北大路寓所，树桐、树楷均已分别去校上课。午间，楷儿自江北岸浙东中学回来，别来两年有零，见其体格于较前高大，对我一鞠躬，彬彬有礼，余极欢喜。时象山轮船仅为何君大裕所办木壳机轮船，系大帆船所改造，机器失灵，不能按时行驶，在甬候船十余日，始偕内子及婿李度同回象山。在甬十余日，承同乡周君大烈、史君佩佐、张君维、侄松龄及何君大裕，分别招饮。何君在船上招待膳食，不收船费，种种优遇，尤为可感。到象住李度家，三女树梧已生子女各一，亲友酬酢颇繁。象山县长梁尚勤，湖南人，招待尤殷。时早禾登场，族中义庄施谷不敷，由余借与四千斤以接济。所憾者，余此次回象，住二十天，忙于亲友应酬，未至梅溪拜谒父母及祖宗坟墓，获罪多矣。

余以学校秋季开学在即，偕内子赴甬，转道北上，三婿李度送至宁波。时树桐、树楷已先后去沪，余与内子结束甬寓，转赴上海，趁招商局元培号轮船至天津。桐女为投考上海各大学，仍留沪。楷儿与余同住一房舱，内子则住于女客房舱，三昼夜到达天津。康君文富、二女树干在码头迎接。余自身所带行李不多，惟为学校所购理化仪器颇不少，幸有文富、树干之照料，省事多矣。在津住一宿，于翌日八月三日到北平，甜水井房屋已由干女督工打扫一清，至为可慰。即晚校中教职员同人，为我在寓设宴洗尘，到马文元、张少岩、闻建秋、康文富、李绍元诸君多人，相叙甚欢。时四女树桐留在上海投考大学，嗣以上海求学诸多不便，嘱其乘海轮来北平，考入中国大学外文系肄业。

余返平后办理秋季开学，及北平市参议会开会，极为忙碌。十一月一日，香山慈幼院来邀参观，因秋季香山满山红叶极为美观。慈幼院院长毛彦文先生时赴沪，由其职员多人招待，甚为殷勤。余偕内子及树极、树干、树桐、树楷、郭君敖山、凌君志斌（中央银行驻平职员）诸人，在慈幼院午餐，午后五时始回城。是日为北平市参议会庆祝周年纪念，余赴会参加，因时间已晚，会中只副议长唐嗣尧、参议员邓萃英诸位三四人。时东北战争激烈，惟报上披露消息并不紧张。余等坐谈之间，适河北省主席楚溪春来会道贺，余等即询其最近战况，渠谓蒋总统到平多日，今晨已回南京，沈阳已于前两日□□云云。余等谓如此，则锦州已危，傅作义负华北重任，尚能支持否。渠谓共军既得沈阳，已无后顾之忧，长驱入关，平津亦不可守。楚说话坦白，余等闻之大惊，余遂回家，即电郭君敖山，作离平南归之计。同时来寓商议者，有育英中学校长李君如松、大同中学校长李君慧修诸人。惟南下交通极难，津浦铁路既不通，海道轮船极少，有则为运兵，旅客无从上船，航空飞机票已售至翌年四五月，日惟探访航空公司，冀获早日启程。

卅七年十一月七日，郭君敖山访得美国人陈纳德航空队飞机，在北京饭店售票，每人金元券一千四百元（金元票约九月初发行，规定私人藏有黄金银元美钞者，均须兑换金元券。初金元券四五元可买面粉一袋，继则通货膨胀，各地抢购货物，一袋面粉非数十元不办。中央派行政院副院长张厉生到北平宣传金元券收兑金银美钞政策。一日张在市参议会演说之后，余等询以如此办法，则金银美钞全数出笼，金元券大量发行，通货膨胀，抢购货物，币值愈演愈贬，势必奔溃，将如之何。张亦无可答复）。原定余与内子树极、树桐、树楷五人离平，留树干料理一切，由树干去购票。当夜约康文富、闻建秋、李绍元到寓商谈，社会局科长茆正修亦来，一宵未睡，翌日清晨动身，树极坚不同行，只好退去一票，损失八折票价。同行者有郭君敖山全家，搭平津火车到天津，寓皇宫饭店，候飞机，十二日下午六时始起飞，当夜九时到达上海，寓惠中旅馆。

茆正修北平市社会局科长，于二女树干极企慕，经该局局长温崇信及主任秘书杨伯明再三介绍。余始终犹豫，本人亦无坚决主张。茆系江苏高邮人，父母俱殁，只兄一人在上海，南京政治大学毕业，人尚平妥。余以动身之前夕，始允彼二人结婚，其结婚典礼在余离平后，由温崇信君主持完成。

卅七年十一月廿一日上午九时，余与北平市参议员邓萃英、赵其璋及刘君四人，同趁金刚快轮，自沪来台湾，参观台湾省博览会，同乡鲍永成君同行。翌日下午六时船抵基隆，台湾省教育厅厅长许恪士、民政厅副厅长翁鈐、参议会职员同到码头欢迎，当即陪至新北投台湾省参议会招待所居住。

自十一月廿二起至十二月初旬，为余等访问参观之期。由教育厅许厅长恪士陪至台湾省政府，谒见主席魏道明。余向魏表示，台湾光复以来，于教育方面改进很多，上年为国民教育师资缺乏，曾向北平延聘小学校教员，余等亦多方为之介绍，今我拟在台湾创立中学一所云云。魏极赞同，当面嘱许厅长为我协助。许谓台北中学颇多，不甚需要，惟台南设立为好。余人地生疏，依许言，在台南访觅校址，终无所得，台北学校虽多，但以人口比例，台北学校仍比台南为需要也。在台北参观者，为台湾省博览会，会址设在介寿馆……并参观台湾大学及台湾省立师范学院。访问机关，为省政府民政厅、财政厅、教育厅、建设厅及新闻处、社会处等。许恪士系邓萃英氏北平师范大学生，留学德国，学教育者。一日在其宅宴同人午餐，系其夫人亲自烹调，菜颇可口。许并与省政府秘书长浦薛凤在草山阳明山庄设席宴同人，余以事未往，彼等在山庄住宿，余翌日偕鲍永成君往访，许等已下山，余搭邓先生车回北投。台北市市长游弥坚在饭庄宴同人，余应邀赴宴。

台北参观后，赴基隆参观，由基隆市长邓伯粹（湖南人）设宴欢迎。席间见到华北中学学生郑金台，由郑介绍在饭店中见另一华北中学学生梁靖虞。郑为基隆市公共汽车管理处处长，梁为基隆港务局专员，由郑陪同吾人，参观基隆港及其他各地。

基隆回来，赴台中市，该市政府派员在车站迎接，当日换车至嘉义市，该市政府设宴欢迎，在嘉义一宿，翌日转赴水里坑，参观大观发电厂，再乘汽车至日月潭，夜宿涵碧楼，翌日泛舟游日月潭，与大小公主合照一相，观山地舞蹈。日月潭游罢，乘车至台南市，参观孔庙、郑成功庙，台南市政府设宴招待，在该市访校址，见有旧日治时代之台南州厅楼房，已被美国飞机炸毁，存有底层残部。该市政府之意如能修复此项厅楼，其市府房屋可以调换作校舍，因该府之屋，原为学校之舍，适合办学也。估计修理之费，约在老台币拾亿，为数过巨而罢。由台南搭车行两小时，到高雄市，由该市市长黄强在其公馆设宴招待，并有台湾省参议会参议员郭国基、杨金虎作陪，由高雄港务局派船参观高雄港。高雄游毕，邓萃英诸先生返台北，余与鲍君永成再回台南市，由市府派汽车参观各学校，并访校址，多未适宜者，逗留三日，遂返台北，仍住北投招待所。知省主席魏道明于两日前发柬宴请余等，已不及参加矣。邓赵刘三位，由前北平市师范学校校长韩秋浦赠送飞机票，亦先一日飞返南京，送余之飞机票未能及时应用，深可惜也。

参观后，与鲍永成君同住新北投招待所，约二十余天。时北平局势危急，徐蚌战争不利，留此观望，极为无聊。每日到台北游览，老友林本在师范学院任教务长，谢似颜任体育主任，戴君仁山、许世瑛任该院教授；同乡吴匡任该院讲师，张雪门任北投育幼院院长。北平市党部主任委员吴铸人君，偕家眷住新北投，余常去晤谈。雪门家眷仍住北平，生活颇难，余函嘱干女在平送去面粉两袋、木柴二百斤，以资接济，藉表友谊。而今极儿、干女兄妹二人陷在北平，其生活固无人周济，恐其安全亦成问题，言念及此，不禁泪下。育幼院附近有屋基一处，雪门介绍谓可修建小屋八间，承世瑛推荐营造厂，估价旧台币贰千三百万元（约黄金四五两之数），余犹豫未决，不果建修，坐失机会为可惜也。

一九四九年一月五日，内子偕树桐、树楷及国本由沪趁中兴轮船来台，余偕永成同至基隆迎接，当日午夜到新北投招待所居住。永成阅两日，搭中兴回沪。同年，台湾省主席魏道明辞职，陈诚继任，在省政府招“国大”代表、立法委员、监察委员、国民党中央委员四团体与会，余与吴委员铸人同去参加。当场陈主席发表时局情况，并谓同人在台，人地生疏，住居最成问题，四团体于国家关系，犹之桌椅之四腿，缺一不可，所关綦重，必为设法宿舍云云。二月十日由陈主席拨台北市延平南路七十二号原工矿陈列所，为“国代”及主委宿舍，余即由北投迁至该处三楼，连日各代表及立委来看房屋者甚多，应接频繁。

余连日为接待各代表来寓所看屋者，颇形忙碌，血压渐高，身体似有不适，因以同寓刘君之介绍，赴邻近汉口街陈蓝田医生处诊治。陈系台湾人，医道不见高明，量血压，谓已超过二百五十度（毫米汞柱），力主放血。余初不允，陈则再三主张，陪余同去之顾君剑春亦［表］同情，遂放血二百CC（毫升）。自此之后，体力转弱，饭食渐减，步行困难，夜则失眠。五月间，上海危急，长女树桢偕其夫林华衮自沪来台，同寓于延平南路七十二号。嗣李君如松、郭君登敖相继来台，由敖山（郭登敖字）介绍吴静医师（字清源，为X光专家），由吴转介于丁农医师。吴、丁均为台湾名医（吴为东北人，出身于协和，丁为杭州人，均系欧美学生），服药多日，渐见平复。敖山以余住延平南路房屋狭隘，空气不佳，因觅得北投奇岩路北投农场，为余休养之所。该处有瓦屋六间（半数仍由屋主自住，其余归我们居用）、茅屋五间，农场已垦地三甲，已垦水田二甲，其余尚有未垦者。敖山之意，该地清静，并可办学。农场地皮，系中南公司吴淮水所有，托由郑冬华（福建人，久居台湾者，为吴淮水之朋友）垦殖，归郑使用二十年。郑自建瓦屋六间、茅屋五间，名为北投农场，作三十五股，每股老台币一千万元，招股合办，我与敖山、如松三人，合认二十股，余即于是年八月间偕内子及楷儿迁至该处，雇山东人封茂为工友，由王成椿君介绍其同济大学学生胡景元为楷儿教英文、数学，同住于农场南首之另一幢瓦屋内（该屋不属农场），国文则由河北人裘君世荣讲授。翌年春，敖山介绍其贵州同乡宋选铨君寄居农场，住于楷儿读书室之后间。宋系“国大”代表，自印尼归来嗣就职于“外交部”。山上住户不多，比较安静，时相往还者，惟江阴郭君咏琴及其夫人夏一之女士。农场系由郑冬华出名招股，以敖山为董事长，鹤朝（李如松君之别字）为经理，余为监察，郑冬华为场长，报请阳明山管理局备案。余三人合出股款老台币贰亿之外，并另出四千万元，由郑冬华作养猪种果树之用，结果一无所得。鹤朝并发起单独养猪，由敖山与余三人合出资本一亿元，终亦完全失败，可知外行人经营事业之不易也。

一九五一年春，楷儿为应留美考试，预备功课，就北投黄复先生浩南（福建人，留美学生）补习英文。黄先生教授认真，除每日讲解之外，隔一日亲撰短文一篇，令楷儿熟读，颇多进步。是年六月在“教育部”高中毕业生留学考试及格，十月底在美国领事馆办竣护照签证，及出境手续，于十一月八日搭飞机赴香港，余偕内子、树桢、树桐等送至松山机场。在港住宿于吴铸人兄所办之辅人书院，与同学王立先诸人趁美国克利夫兰总统邮轮（价为美钞三百廿元，自香港至旧金山十八天）赴美，路过东京、檀香山，到旧金山，由毛彦文先生托周西一君（周至柔先生之公子，在美留学者）到码头照料，在旧金山游览两天，趁车至华盛顿州之马丁学院（Matting College），旋至西雅图大学，翌年秋季转入华盛顿大学工学院肄业。

一九五二年夏，四女树桐在台湾大学农学院园艺系毕业，分发台湾省工业专科学校任事，旋由台湾省博物馆调用，在该馆任事，嗣经台湾省就业考试及格，分发烟酒公卖局，在松山烟厂任事。

一九五四年二月二十五日，四女树桐搭招商局轮船，由基隆赴美国留学，舟行一月，于三月底到达美国西岸俄勒冈州波特兰埠，楷儿先一日到该埠迎接，同至西雅图。树桐先入安迪生学校补习外国文，后改入西雅图大学，翌年入爱达荷州立大学研究院。

……

同年九月，余由台北回北投山上居住，时李君如松常至山上。一日余与郭太太夏一之女士提议，在山上农场地址，办一中学，邀李君参加，共同发起，李初犹豫，经余敦促，并主张以李为校长，校名用育英中学，李才发动在台北市杨萃一家中开筹备会，推李如松、齐梅阁、夏一之三人为筹备员，实际工作则李君每日至延平南路七十二号三楼我的住室商议办理。凡有稿件，均由余与郭君咏琴二人担任拟草。当时北投农场地址，我乃只有使用权，对于建筑房屋校舍，须征得地主同意。余主张由农场董事长郭敖山君与李如松君邀请邓萃英先生同赴大甲，访地主、中南公司董事长吴淮水，因邓先生系福建籍，曾任厦门大学校长多年，台湾各界多其门生故旧，得其一言，效力较大。经邓先生接洽之后，并由余及郭敖山、李如松、郭咏琴四人与吴淮水、郑冬华会商多次，始将农场水田二甲，归育英中学建设，但须给郑冬华台币四千元，因其于农场占有一部股分也。此四千元，系余捐给育英兴建校舍之五千元内拨付，至此育英校基始定。

育英校基虽定，但开办费无着，李君如松极为顾虑，希望吾人共同负担。余建议邀请吴君铸人帮忙，经再四敦约，始允协助，由吴宴请台湾银行界人士黄朝琴、张滋闉、陈勉修、萧铮、刘启光、金克和诸人，筹借十万元。余偕李君奔走多日，吴君铸人竭力张罗之结果，始获成功。不意借款甫成，而李君竟改变宗旨，未与余商议，径电吴君退绝，致吴君失信于银行诸人，极为尴尬。李君如此待人，余亦愧对吴君耳！

育英中学本为余与李君如松等共同发起，最早提议者，尤为余与夏一之女士，且由余竭力鼓吹，多方协助者。但李君向教育厅呈报创办人，为渠与唐君嗣尧二人，只聘余与郭君登敖、郭君咏琴等为校董，如邓萃英、吴铸人二位均极出力提倡者，齐梅阁、夏一之两位系当时发起人之一，连一校董之虚名亦不与，做事之难，盖可知矣。

一九五五年四月，接楷儿自美来信，谓有张敬女士，与渠感情甚洽，意欲成亲，张字韵秋，年二十一岁，江苏丹阳人，父名张师，字行深，母名袁蜀英（福建籍），家住台北市中正路一三三九巷二号，系台湾省立台北第一女子中学毕业，于一九五四年暑假在"教育部"留学考试及格，在美国西雅图太平洋学院肄业，品学均佳云云。余初以正在求学，不宜结婚，继思楷年已届结婚之时，始予认可。余当偕内子同至张府拜访，彼亦来寓答拜，相谈甚欢，楷与张敬女士遂于当年六月十八日在美国西雅图一教堂举行结婚，请美国牧师证婚，我方主婚人请由毛彦文担任，女方主婚人为蔡爱智牧师（台湾人，旅美华侨）担任，四女树桐亦在场照料，贺客颇盛云。我们在台北并无举动，惟由我方先宴女方，继由张府答宴，均属简约。

同年十二月三十日，韵秋育一女，此女怀胎七阅月，因韵秋为年节出门购物，失足倾跌，以致早产，经医院用氧气养小孩，对大人则输血，母子均安，然所费颇多云。女名露茜，系其父母所取，英文作Lucy Chang，以其出生于美国西雅图，按美国法律，为美国公民。

一九五六年十月二十八日，孙女露茜自美国西雅图趁飞机来台，时渠仅出生十阅月，托旧金山华侨篮球队教练朱国富带来，飞机路过东京，由张亲家太太托旅日华侨林以德夫人照顾，到台北时，余偕内子、燕生与张亲翁、亲家太太等至松山机场迎接。抵台后先到中正路张府，是日在张府设宴，款待迎接诸人，极为欢乐。露茜以早产之故，身体孱弱，睡在床上，不时叩头，其原因大约为无人抱她，一人睡床无聊，致此习惯。到台后，雇有保姆，照顾周到，此习遂改。在张府住月余，由余带至北投奇岩路八十九号居住，住一星期，因山上气候较冷，仍回台北张府，雇一保姆，由其外祖母照顾。

一九五七年六月，四女树桐在威斯康星大学园艺系研究院毕业，得硕士学位。树桐原于一九五四年初到美国，先入西雅图安迪生学校，及西雅图大学，均为补习性质，嗣入Jdaho 大学研究生肄业，于一九五六年暑假由台湾烟酒公卖局之介绍，到美国东部产烟草地区实习，遍游纽约、华盛顿白宫等处，于是秋季转入威斯康星大学园艺系研究院肄业。该校较Jdaho 大学规模宏大，设备完善，而教授均是著名学者。树桐在该校颇用功，而成绩亦很佳，颇为各教授所赏识，遂于一九五七年六月毕业，得硕士学位。各教授留其在校继续读博士，允于两年必得博士学位。适有留美学生曹君镇祥，由毛彦文先生之介绍，要求结婚，曹本人亦两次来信求婚。余提出两点意见，一必须得到博士学位，双方完成学业，才可结婚；二大陆未“光复”前不得回大陆。因曹系江苏无锡人，父母俱在上海，有二妹一兄二弟，渠年二十八岁，与弟国祥于一九四九年春上海危急时，同赴美留学。弟国祥在麻省理工学院获硕士后，在哈佛大学供职，渠本人学物理，于一九五六年夏在华盛顿大学得硕士学位，留校致力研究工作。其来信谓自信可供养家庭，并愿尽力为树桐完成学业。其第二信谓政府“光复”国土，人民才得重回家乡，在未“光复”以前决不回大陆。至于继续求博士学位，是其志愿，恐夜长梦多，不如早日结婚云云。余观其辞意诚恳，才嘱树桐与其当面在律师面前订立大陆未“光复”不回大陆之约，遂于一九五七年八月在西雅图教堂结婚，我方主婚人请毛彦文先生代表，彼方主婚人由胡敦复先生代表。

一九五七年十二月，光平在美国西雅图华盛顿大学土木系毕业(得学士学位)，于翌年1月入西雅图波音飞机制造公司工作。

一九五八年二月二十日下午四时，次孙女琳达(Linda)出生于美国西雅图。按美国法律，出生在美国，属地主义，应为美国公民。一九五八年八月树桐在美国西雅图产生一子，名克林(Chintan)。

一九五九年十一月，孙女琳达托由兵工学校方校长光圻(字千里，江苏人，向任各大学教授)自西雅图乘飞机带至台北，其路过东京，承旅日华侨林以德夫人照料。余与内子及其外祖母同至松山机场迎接，与其姊露茜同住其外祖母中正路一三三九巷二号家中。因余住延平南路七十二号“国大”代表宿舍，房屋狭隘，不便居住，余自三十七年来台，初住新北投台湾省参议会招待所，一九四九年二月迁至延平南路“国大”宿舍，因患高血压，迁至北投奇岩路北投农场，蛰居数年，不问外事。初来就地价极廉，坐失机会，今则价格大涨，而养老少数之钱又被人骗去，以致局促斗室，孙女回来，无屋居住，言之惭然。

……

一九六〇年农历庚子二月十五日，为余六十九岁生日，象山同乡招宴于台北市小小状元楼。阅数日，余还宴，请诸同乡并张亲家伉俪等。……每席以简单普通菜，菜费四百元台币，共计三桌。

一九六〇年九月，树楷又在华盛顿大学修完电机系课程，重返波音飞机公司工作，此子先后修完土木、电机两系课程。余闻本国航空工程专家朱霖（毛彦文先生之婿，熊芷之丈夫）氏说，航空工程师集工种之大成，今楷已学成两系，似较学一系者为佳，楷前曾服务波音，因回校修（业）电机，转离波音，此次电机课程修完，又回波音，出入于学校、工厂之间，其于工程之学识想有可观，余颇安慰。

一九六一年三月，楷妻韵秋在华盛顿大学土木系毕业，入波音飞机公司工作，夫妇二人同一工作场所，甚善也。

一九六〇年三月三十一日（农历辛丑年二月十五日），为余七十初度，偕内子婉荪，长女树桢，孙女露茜、琳达，外孙林国本合摄一影，以留纪念。树桐、树楷自美各寄美钞一百元，为余寿。……侄女梅英坚欲为余请人作寿序，由其代请“国代”同仁、四川万县李寰君撰序，湖南慈利县方定凡君用册本书写。李寰君字定宇，北京大学十一年政治系毕业，善文词。方定凡君系陆军女将，工书法。余以极俭约方法，设席两桌。到俞飞鹏、周原和、李定宇、方定凡、郭登敖、何志浩、陈志纯、胡起涛、沐松涛、张亲家伉俪等二十余人共餐，孙女露茜、琳达亦来参加，活泼可爱，叙餐诸人，均于寿序后签名纪念。

何志浩君吾象西乡儒雅洋人，陆军中将，善为文词，有当代诗人之名，著作有《新乐府》《壮志凌云》集等多种刊行，与余友善，为撰七秩寿序。兹录李、何二先生所撰寿序于后（略）。

亲友

俞飞鹏（奉化）　郭登敖（贵州）　何志浩（象山）　周受殷（奉化，字厚斋）

胡起涛（鄞县）　姜梅英　陈庆粹　沐松涛（慈溪）

姜涤萍　张淑侠（志浩夫人）　林华衮　林国本

陈昂　陈素娥（台湾）　袁菊英（福建）　齐梅阁（河北高阳）

蒋萃元　欧昌维　吴贵寿（河北）　贾维香（江苏）
傅瑞萃　黄素（湖南）
何志浩先生撰寿序抄录于左（下略）

俞飞鹏学长赠寿诗

鳣序论交久，才华冠一时。
传家钦旧德，讲学论新知。
冀北盈桃李，兰闺乐唱随。
蓬瀛春正好，采舞奉琼卮。

梅坞吾兄七秩大庆　弟俞飞鹏敬祝

方定凡先生赠寿诗

寿颂呈政
方定凡

半生教育耀先声，循吏儒宗手植成。
游记山川边绩著，考查殊俗朔方名。
固陵介嘏犹尝胆，未忝兴歌久慕京。
七十还童春不老，论坛献替庆和平。

右呈
梅坞先生有道

为白岩公清史列传事

致清史编印委员会主任张其昀晓峰先生函

晓公部长惠鉴：接奉六月二十七日大礼，敬悉一是。绍祖于民国六年在北平（京），面闻清史馆总纂马其昶通伯先生说：先祖白岩公已列入儒林传，传文系纂修廖筱山先生所撰，但嫌简略云云。当时有敝岳丈陈伯弢先生在坐，系马先生自动说起者。兹函 惠查，无此传稿，想系当时遗漏。白岩公著述宏富，入四库者，有《诗序广义》《读左补义》，其道德学问向为人推崇。钱大昕先生年谱，载乾隆帝以纪昀、钱大昕、姜炳漳等八人，博通群籍，称为汲古之彦。曹文正公之老师唐甄先生，编清儒学案，采收颇严，而白岩公列经学门，称象山姜石贞先生。今人毛子水先生序白岩公《尊行日记》，谓可作修身养性之资助。又谓此一巨人硕德之传记，可作国民教育之重要工具。鄙意以白岩公德学崇高，为古今学人新公认，列入儒林传，似极相当。此次我公编印清史稿，务新祈提会补传，并乞鼎力支持，是为至幸！专此敬上，顺请

勋安！

姜绍祖谨上　一九六一年七月四日

再呈上《象山县志列传》及《尊行日记》序跋，至祈垂察为荷

附张晓峰先生六月二十七日复函（余于廿七［日］以前曾函张，此系复信）

绍祖先生勋鉴：前奉惠书，敬悉种切，承示先德白岩先生列传及《尊行日记》，至深佩仰，惟编查清史稿儒林、文苑二传均无先德传名。想系当时遗漏，至于补列则须汇案审查提会讨论，因请求补传者颇多也，专此奉复，敬候

张其昀拜启　六月廿七日

附录清史编印委员会副主任委员萧一山先生复函

梅坞吾兄：大函奉悉，清史系张其昀兄及国防研究院诸人所编，仅列弟副主委之名义，并未参与其事也。清史稿中似无令先高祖传，或儒林传中有之，乃国史馆旧稿。兹手边亦无此书，无从查证。晓峰前为印行《尊行日记》，加传或无问题。望即直接去信要求，较弟转请者为佳。原志稿奉还，赠醋得尝佳酿，至谢。即颂大安，弟萧一山叩五月廿一日

第因整理旧稿甚忙，稍迟当访一谭也。

姜绍祖先生传（略）

记梅坞先生二三事（略）

（姜光平编：《写心集》，扬州广陵古籍刻印社印刷，2000年）

《尊行日记》跋

先祖白岩公，讳炳璋，一字石贞，乾隆十九年甲戌进士，与同年纪晓岚、钱辛楣

诸先生八人，博通群籍，乾隆帝誉为八彦，见钱大昕先生年谱。

公力学笃行，擅长考据义理，融会汉宋两家学说。清儒学案例姜石贞先生于经学门，清史稿列入儒林传，著有《诗序广义》《读左补义》《周礼提纲》《诗经提纲》《古诗十九首解》《玉溪生诗解》《尊乡集》《尊行日记》等24种。其《诗序广义》《读左补义》二书，采入四库全书。《尊行日记》一名《尊行录》，凡50卷，未刊行，经洪杨之乱，稿本散佚，仅存十一。余与堂弟伯喈，访求多年，于本县象山西周，知有是稿，因乡人慕公德学崇高，敬如神明，每遇里中有疾病者，出供稿本，燃香烛，为驱邪疗疾之用，敬谨珍藏，不允返还。经多次磋商，始索回6册，合原存1册，计为7册，已得十之八九。

宁波张咏霓先生刊《四明丛书》，岳父陈汉章先生伯弢，为撰序文，谓余曰：《尊行日记》，宜可送刊于《四明丛书》。时张先生在上海，手录七册中有关学术者，名《尊行日记钞》，目录已发表，不幸先生遽归道山，此稿未及刊出，洵为可惜！

此次，余自北平仓卒来台，仅携手中之两册，其余五册，留置象山，遭此变乱，恐难幸存！今存二册：一为卷三十二至三十九，系乾隆十三年戊辰闰七月至十五年庚午三月，计8卷，时在宁波教读，与甬上名儒史雪汀、全谢山诸先生过从甚密，访阅天一阁等藏书，注释毛诗。另一册为卷四十六至卷四十九，系乾隆十八年癸酉四月至二十年乙亥四月，计四卷。又附卷五十，只存文一篇，系乾隆二十三年戊寅所记。

公于专门著述之外，在浙东一带，所修府县志书颇多。日记卷三十四载：玄月十日代鄞人柴亭石上鄞令推荐全谢山先生修鄞县志一书，其于志书之渊博，尤可概见。余幼时，尝闻乡先生常言：修地方志者，当首推姜白岩先生，因其熟研禹贡、水经，故述河道水流最为明晰，公曾著有《禹贡贞错辨》一书。其出宰四川石泉、江油二县，筑堤坝，兴水利有德政。卸任后，县民感德，为立生祠，名所筑之坝为姜公坝。《大清一统志》列入乡贤、名宦二志。平生躬行实践，以“毋自欺”三字相勖勉，至今二百余年，乡人犹述其嘉言懿行，足见感慕之深矣！

同乡何志浩先生，善为诗文，于此稿备极称道，谓攸关民族文化，不可湮没。徐校长培根谓白岩公为我邑乡贤，德望显朝野，二百年后读《尊行日记》，如对道范，而挹清标。诗人李渔叔先生谓日记中每见成诗若干首，所惜诗稿多未录入，尤以《玉溪生诗解》一书，未获阅读为憾！余以公著《尊乡集》一书，系记倭寇及从张苍水公在南田（前属象山县辖）殉难殉节诸乡贤，每人一传一诗，以表彰气节。余曾油印分赠乡人，未获广传，更为可惜！今《尊行日记》承张部长晓峰、毛教授子水，暨徐圣禅、周厚斋诸先生之倡导，得以刊行，借助世教，兹并附识感忱！1955年岁次乙未四月，七世孙绍祖甫梅坞跋于台湾台北北投奇岩山居。

（姜光平编：《写心集》，扬州广陵古籍刻印社印刷，2000年）

象山姜氏近代概述

1966年1月　姜绍祖梅坞敬述

1949年，侄女梅英偕其弟椿龄，自城中逃至东乡，椿龄于途中被害，梅英于万分危险之中，幸脱虎口，由爵溪、南韭山辗转至台。时余养疴北投山上，一日梅英偕其弟涤萍来山，相见之下，惊喜交集，嗣闻椿龄被害，余不禁涔涔泪下。姜氏至今式微，大专毕业者不过数人，而椿龄年轻有为，甫自大学毕业，竟不幸横遭灾害，青年夭折，能不痛心！所幸梅英以"国大"代表身份服务社会，来台后先后创办士光托儿所、士光幼稚园、中和托儿所、中和幼稚园，认真教育，成绩斐然，此可稍慰祖宗在天之灵矣。梅英年幼离象，就读甬沪，对于家乡情形、宗族世系不甚明了，大陆变迁十余年，存藏象山之家谱，恐难幸存，每与吾言，欲余举述家乘数则，俾后之子孙知所渊源。余甚韪其说，惟所悉无多，记忆有限。余自十七岁赴甬求学，每年仅寒暑假回象两次，廿三岁赴北京求学，毕业后，在北京任事，回象次数更少。民国二十六年，七七事变，北平沦陷，携眷回象，住西门进士第西首房屋，与鸿湘叔公为邻。吾姜氏新旧宗谱各一本，置木制谱箱内，均系抄写，藏叔公家，余曾借阅，恭读一遍。旧谱为乾隆年间白岩公所修，由白岩公学生倪翊昭所缮写。倪字辅清，拔贡生，别号韭山，西门人，善书兰花，有倪兰之名，其后人如倪子英、子斌等。旧谱以前似无完整宗谱，据白岩公所撰谱序说：搜求宗谱资料，一日得到残编，赖以补充云云。可知白岩公修谱之时，无一完整宗谱。白岩公以天水伯约公为始祖，故祠堂演戏，不许演诸葛亮收姜维之剧，由甘肃天水分支到广东，而迁象山，始祖为晟公，曾于唐朝任广州刺史。唐僖宗时，黄巢作乱，晟公自广州航海到象山，住城中燕尾溪经堂桥，就此起家。晟公享寿九十一岁，其住经堂桥，想系今之祠堂地方。新谱于光绪初年，由鸿范叔公所修。鸿范叔公字介甫，举人，并由马嗣骏先生纂修，马先生为贡生，学行优良，为吾父振初公之业师，现在台北之马静齐君，即其后人。新谱抄写两本，一在城中，即存鸿湘叔公处，一存干头鸿略叔公处。余二十六年回象后，见新谱纂修已阅六十余年，因商诸蕙齐、也正、伯偕诸兄弟暨族中诸人，力主重修，经费由义庄支出，不足之数，由余补助，当推定蕙齐、也正二兄为采访，也正兄采访认真，通知城乡族人，前来登记者颇多，渠于各房族人，记录甚详备，余并请鄞县张寿镛先生咏霓撰谱序，此序已刊入张先生编印之《四明丛书》内，所惜也正兄一病不起，余又赴北平复校，修谱之事未能实现，殊为遗憾耳。

吾姜氏自唐僖宗年间，由晟公自广州航海，迁至象山，经唐、宋、元、明，以迄清初，无完整家谱，以往世系，无从考察。惟吾姜氏世代善良，至今进士第中堂，尚悬有“毁家纾难”匾额一方，系明神宗万历年间，赠予吾姜氏热心公益者。及白岩公出，名列清儒学案，姜氏之光荣，发扬光大，照耀全国，实为吾子孙之精神财产也。白岩公讳炳璋，字石贞，父讳桂萼，字撷齐，兄弟三人，白岩公居长，娶东乡钱仓林氏，生子二人，为埭公、埴公。埭公生人烈、人侨二公，埴公生人宽、人器二公。埭公为岁贡生，埴公为拔贡生，任安吉教谕。人烈公字东里，举人，为东房，在南乡小湾塘，筑海塘三千亩，富有财产；人侨公字南林，举人，为南房；人宽公贡生，为西房；人器公贡生，为北房。东里公中举后，未出仕，南林公出任直隶省大兴等县知县。大兴为全国第一首县，京师所在地，虽尚书阁员出门，不许开锣，惟大兴县知县为地方父母官，是属例外。南林公服官多年，两袖清风，故南房较贫。白岩公之二、三弟，传至鸿湘叔公一人，今其子本通叔早逝，此两房已绝矣。白岩公订自埭公一代起，以“培人之鸿本颖树九畹香”十字，排列辈行，到我一代，已是颖字，梅英一代为树字，至今九字辈已见，畹字辈尚未生。东房本字辈为吾父，讳本镛，字振初，贡生，母汤岙郎氏，在台之心脏专家郎租望医师，即先慈之堂曾孙。生吾兄颖芳字畹兰，颖芬字圃香，当选为象山县参议员，热心地方自治；颖荃字雅荪，四明专门学校法科毕业，及余谱名颖羡，学名绍祖，字梅坞，继母城中周氏，为表弟凯旋、开福之堂姑母，生弟颖藻及颖莱、颖葆，妹梅卿、杏卿、荷卿。吾叔本镐字慕西，邑庠生，性情淡泊，工于墨竹，生子颖凤字伯偕、颖鸾、颖鹏、颖雕。伯偕、颖雕亦擅绘画，女三人，长适墙头欧昌燕，生女宝芬，次适九顷史氏，三适西周谢氏。五叔祖举人鸿范公，娶东门汤氏，生本棠叔，娶海墩贺氏，无出，在台之贺凤起县长，即其内侄孙，因本棠叔兼祧东三、东五两房，故其逝世后，以颖芬兄嗣本棠叔为东五房，颖荃兄嗣本棠叔为东三房。颖芬兄娶峙后袁氏，生子相生，早卒，女金彩，嫁西周蒋迪，锦堂师范毕业，任中学教员，台北县党部干事，颖芬兄娶西庄胡氏，无出，由如夫人周氏生子皓生，早卒，次子午生，长女定生，嫁南乡晓塘金兴华，次女玉生，象山沦陷，周氏与金兴华均遇难。颖荃兄娶西乡闻岙夏氏，生子树琳馥生，又字冰生，娶南门王秀慧，生子定及镇与女杏君，馥生宁波四中毕业，北京中俄大学肄业，能文辞，常于报章及杂志发表论文，曾任驻朝鲜总领事馆馆员及华北中学教务主任，于1937年12月以肺病逝于北平。其弟树珏阿慰，华北大学教育专修科毕业，娶北平高芙蓉，生子女各一，亦以肺病于廿七年逝于北平，均葬于北平宣武门外白纸坊宁波同乡会墓地。余于其兄弟三人，均尽相当教育义务，然均不幸短命，殊为悲痛。

余七岁丧母，二十三岁，父亲弃养，曾先后毕业于宁波师范学堂、四明专门学校、北京大学。民国六年丁巳四月，在北大肄业时，余以四明专门学校毕业资格，应文官考试，国文试题为："上天下泽，履，君子以辨上下，定民志义。"系易经经意题，典试官桐城马通伯先生，襄校官进士沈润乾先生。发榜后，余名列优等第一名，嗣拜见马、沈诸师，知余国文分数为九十二分，曾选刊国文之较佳者十余篇，马师名为丁巳校士录，余文亦刊列其中。一度从政，服务审计院、西北筹边使公署、佥事、商务委员，远至外蒙古库伦，留五阅月，著《蒙疆丛谈》上下二篇，于民国十一年刊入北京《地学杂志》。又任外交部咨议，驻北平情报主任、劝业银行储蓄部主任等职，然终辞去，创办华北大学，专心办理华北大学及华北中学，主持北平市教育会十五年，任民国大学及平民大学等教授，当选为北平市参议员及"国民大会"代表。曾赴日本考察教育三月，赴美国及加拿大考察教育一年零四月。1948年冬以参议员身份，应台湾省参议会之邀来台访问，翌年一月内子偕次子光平、四女树桐来台。是年二月，寄居台北。于民国二年，娶国学大师陈汉章伯韬先生次女娩荪。娩荪性贤淑而聪慧，尤长记忆，读书不数月，即能看小说杂志，我常称其为差落教授。如当年随父诵读，家学渊源，任一大学教授，绰有余裕，惜乎为时代牺牲也。生女树桢燕生，子树极庚生，女树干、树梧、树桐，子树楷梅生，学名光平，女宁生。民国二十一年冬，日人犯热河，华北震惊，余送眷南归，以楷儿途中感冒，于翌年春始抵宁波，住天生医院，时内子分娩，生一女，取名宁生，旋至象山，雇一乳妇，系有梅毒者，象地无检验所，宁生遍体生疮，于当年夏季回至北平，疮仍未痊，且引起内病，入协和医院，该院以普通病房不许家人留院服侍，约二十日不治逝世，时余亦病，未能尽到父母之责，深自悲伤，疚心靡已。据佣妇洗殓后说，宁生胁间有一小洞，恐为该院医生试验所致。该院为美国煤油大王所办，规模宏大，常闻以病人作试验。据范教员说，渠一次住院，一夕于熟睡中将其移至试验室，惊醒后问医生何事，所答支吾，经其抗议，始送回病房。宁生婴孩，任其摆布，就此牺牲，极为可能，呜呼痛哉。渠生存六阅月，未留相片，葬于北平宣武门外白纸坊宁波会馆之墓地，立有挚友冯农兄手书之墓碑，期归葬象山祖茔也。树桢在台，供职"立法院"，及中兴文艺图书馆主任，嫁石浦林华衮。林华衮，富有家产，业商，生子国本，台湾大学毕业后在美国获电脑博士学位，1963年在台北青年节大会上当选为主席团主席，任台北ABB中国有限公司总经理。次子国庠，女国瑞、国瑜、国珍。长子树极中国大学毕业，未婚。树干复旦大学毕业，嫁高邮茆正修，生子新华，女小玫。树梧嫁象山李度，生子瑗瑗、光华，女光美、光敏、光旭，现皆定居美国。树桐台湾大学毕业，美国硕士，嫁无锡曹镇祥，美国物理学博士，生子克林顿，大学毕业，坦尼美国医学博士。次子树楷，学名光平，在美获土木学位和电机工程博士学位。曾先后任职于波音飞机制造公司、洛克希德公司、修斯电机公司。技术上多有建树，业绩优异，深得上司和有关专家的赞赏，曾替公司省去百万美元而得荣誉奖（附照），多次名列"世界名人录"，英国"剑桥国际名人录"。曾先后任美国共和党参议院中心委员会委员（1986—1994）、共和党国家委员会委员（1992）。现任美国全美舞蹈公司副董事长和副总裁。创立美国姜氏企业公司，任总裁。娶丹阳张师先生之女张敬，字韵秋，美国电机工程硕士，先后任职于波音飞机制造公司和休斯公司。长女露茜，谱名九如，颇慧，大学毕业，任职电信工程顾问，嫁浙江宋斐雯。二女琳达，谱名九成，大学电机工程系毕业，任职修斯电机公司，嫁台湾黄汉鼎。子梅笙，生于1968年6月2日，谱名九元（梅英取名，是九字辈第一个男孩），美国大学政治系毕业，在小学时曾被测验为美国"天才儿童"，现供职于美国公主游船公司，从事高层管理工作，擅长电脑管理，表现卓越，深得公司领导信任。

颖莱娶东陈陈氏，生女大生，子树宁、树能及三生。梅卿嫁屠家园屠鸿达；杏卿嫁东溪励乃骥德人，浙江第四中学校长，故宫博物院科长；荷卿上海体专毕业，曾任北平春明女子中学、两级中学教员，未字逝去。颖凤四明专门学校法科毕业，曾任鄞县党部、象山县党部主任委员，宁波《时事公报》编辑，《宁波大报》创办人兼社长，浙江省临时参议员，于新闻界多所贡献，娶鄞县杨景堤秀梅，[生]女卫农，毕业鄞县县立联合中学，嫁慈溪沐松涛，上海商学院毕业，供职美援会，晚年生子幼幼，不幸夭折。颖鸾娶大林林梦桂，林晓县长之妹，生子圣亚。颖鹏娶西庄胡氏。颖雕早逝。

南房本字辈为本鹤伯、本淇伯、本周伯、本尚叔、本诗伯。本鹤伯邑庠生，娶西门秧田头林氏，嫁奁最丰，生颖元、颖喜，续娶某氏，生宝心，颖元、宝心早卒，颖喜业药店，娶爵溪某氏，本鹤伯年老有肺病，生活极艰窘。

本淇伯邑庠生，娶城中翁氏，生女一人、子一人，女嫁九顷史济斐，生子名史姜生，业商；子即蕙齐兄，谱名颖观，宁波师范学校毕业，任小学校长，从事教育四十余年，娶翁氏，生树敏，字文涛，浙江第四中学毕业，服务教育。

本周伯清国学生，热心办理地方教育事业，吾姜氏启蒙小学，即为本周伯所创办，并曾一度兼任校长。娶南门小河头俞氏，即俞进乐先生之姊妹，生颖金兄、颖玉兄、颖满兄及颖堂四人，续娶东门汤氏，生颖余、颖庆及妹阿桂。颖金兄娶东乡着衣亭吴尚齐之女，嫁奁颇佳，颖金兄一生赋闲，初依本周伯为生，继则分居，住南门小河头，不久颖金兄去世，吴嫂则归娘家，嗣入东乡某寺为尼，吴嫂品貌均佳，遭遇如此，惜哉。颖玉兄自幼随其大姑母在西乡峙后袁坤房抚养，约十余岁，赴石浦表姊陈家，在海滩灭顶而亡，表姊系袁坤房元配所出，嫁于石浦陈吉甫。颖满兄乳名次生，学名匡，字也正，宁波师范学校完全科毕业，其同班同学，在象山为方乃文炳生、黄秉初、梁子昂，均已去世。现在台北者，为俞飞鹏樵峰、周受殷厚齐二先生。也正兄长我三岁，比我先一年毕业，嗣入四明专门学校，与余三次同学，初则在象山县立小学，继则宁波师范学校，最后则四明专校，彼习法律，我学银行，故于情感，与我为最深。渠做事热诚，乐于助人，中年以后，专心从事教育事业，历任鄞县各县立小学校长，循循善诱，诲人不倦，数十年如一日。娶南门王氏，生子女十人，长子树人，字松龄，毕业［于］省立宁波工业学校，曾供职鄞县县政府；次子树才字椿龄，上海暨南大学毕业，不幸于三十八年在东乡遇难；三子树俊字樾龄，学名涤萍，现任海军中校；四子树杰，字根龄，毕业［于］浙江警官学校；长女梅英，毕业［于］上海体育专科学校，克难实践，勇于任事，敢作敢为，有丈夫气，历任宁波三一、上虞春晖等中学教员，暨浙江省立育幼院院长、“国民大会”代表，在台湾创办士光托儿所、士光幼稚园、中和托儿所、中和幼稚园，并兼任所长、园长等职；次女杏英，毕业［于］奉化幼稚师范；三女槐英，毕业［于］福建国立音乐专门学校；四女雪英，毕业［于］象山县立简易师范；五女桂英，毕业［于］象山县立中学；六女妙英，早夭。颖堂业商，迁住西乡峙后，颇有积蓄，生子女二人，字树德，毕业［于］锦堂师范，女榴炎。颖余浙江第四师范毕业，曾任县高小校长、县政府教育科科长、象山县立中学校长，娶东乡王氏，生子女四人，字树震、树明、树鑫，女雅丽。颖庆业商，娶妻不详。

本尚叔系本周伯之胞弟，其人性情粗暴，族中与其往来者甚少，彼迁至梅溪桃园居住，桃园为白岩公年轻时读书之处，有小屋有耕地，后为白岩公派下共有产业。尚叔住居该处，有屋可住，有地可耕，各房对其无异议，余幼时到梅溪，常见其躬自耕种，亦属难得，生颖翰，青年早卒，无后。

本诗伯住南门羊行街，在西大街开有德昌烟店，生女三人，长女嫁予北门穆明齐，次女嫁予西门马定深，三女嫁予海墩贺家，本诗伯去世后，家境萧条，由也正兄承继。

西房因西字音谐死字，甬人音读，更接近死字，改名为生房，无后，以北房兼祧。

北房鸿瑞叔公，娶东乡黄氏，生女二人及子本廉叔渔卿，长女嫁王松轩，哈尔滨交通银行行长，次女嫁王儒先，渔卿娶东门方氏，业师方少庵先生之女，生方生，渔卿叔业商，服务银行界。

干头姜家为象山著名之良善人家，叔祖鸿略公善于经营，开设福昌酒店，置田三四千亩，惟多系塘田，一生勤俭，乐善好施，下南乡一带，未有不知姜福昌是良善人家，虽盗贼亦不相犯。独自捐资创立义庄，计捐助下南乡塘田七百余亩，及南门外良田五六十亩，凡族中无力嫁娶丧葬者，给予补助，有志求学者，亦给补助，至亲房子孙极贫者，酌给米粮。生子本立叔、本舟叔，亦称小舟叔，本立叔中年逝世，遗女二人，长女嫁东陈陈庆粹志纯，北京大学毕业，台湾高等法院推事检察官；小舟叔亦早卒，遗子一人，名颖蕖，乳名望祖，兼祧本立叔，望祖娶墙头欧氏，生子松龄及女各一，望祖中年逝世，松龄宁波高工水利科毕业，后升大学毕业。

之良太公幼年极贫，住彭姥岭外化林山谷一小茅屋，勤耕苦种，三十年之间，竟积田七十余亩，族内外均知其勤俭起家，诚实可靠，人多称誉，我们叫他化林太公，盖尊之焉。生四子，长子鸿存，次子鸿义，均经结婚，不幸短命，三、四两子亦不能继承其业，一生辛劳，身后惨落，哀哉。

吾姜氏自晟公由广州航海迁至象山，至白岩公以道德学问鸣海内，才受人重视，惟丁口稀少，合族不过数十户，大都居住城中，间有散居东乡，及上南乡海墩（非东乡之海墩）与下南乡干头和化林等处，各房人口较盛者，首推白岩公一系，尤以南方为最，良以白岩公积德身后，余荫自长耳。

吾姜氏之墓地，据宗谱所载，最先在彭姥岭外之山根俞，该处有我竹山一处，山中有祖坟，其次则化林及彭姥岭旁之钟山，最后则在梅溪，白岩公墓即在梅溪之金钟山顶。东房墓大都在梅溪，如吾父振初公及先妣在梅溪青湾竹山，本周伯在梅溪桃园。白岩公好堪舆之说，《尊行日记》载：与王平川堪舆家至梅溪，望先陇，平川叹此地不佳，群山俱直走飞奔，无一情致，我家致败之由也，然亦无如何矣云云。但白岩公葬金钟山顶，地势高峻，极为雄壮。埴公墓在墙头海山，该处在海中，接近陆地，潮涨时，成一海岛，建有海山庵，潮落时，有路可通陆地，常闻古老传说，海山有吉地，故埴公葬此，但埴公派下，生房已绝，北房亦仅渔卿叔与方生父子二人。

吾象山姜氏与慈溪姜氏通谱，《尊行日记》载：乾隆庚午阳月（十月）二十七日，同毛寅谷至半浦郑氏，购西溟伯祖文集，不遇，西溟先生与余祖通谱，叙昆季，有湛园未定稿，刻于半浦郑义门家，义门即禹梅先生子也，今义门已亡，而二子争产，堕其家声，余却印刷西溟文集，以为入京一贽物而不可得也。又二十八日至慈溪，与姜氏子弟叙家人礼，而我宗式微之甚，留饮于进士冯圣符家云云。西溟先生名宸英，慈溪人，西溟其字也，工诗文，年七十始成进士，一说六十三岁点探花，未知孰是，著有《湛园集》。余在北平时，见慈溪试馆大门，悬有探花姜宸英之匾额，但自白岩公到慈溪与姜氏子弟叙家人礼之后，迄今二百余年，未闻两县姜氏子弟有往还者，亦足见两方子孙之式微矣。象山城中姜之邦及其哲嗣鸿照、鸿熙一家，辈行相同而不通谱，极为怀疑。

余于民国六年在北平，面闻清史馆总纂桐城马其昶通伯先生说：白岩先生已在清史，列入儒林传，传文系纂修缪筱山先生所撰，但嫌简略云云。近在台湾，闻政府编印清史稿，由前教育部部长张其昀先生晓峰任主任委员，史学专家萧一山先生任副主任委员，余即检抄《象山县志》白岩公列传，及《尊行日记》毛子水先生序文及余跋文，分函张、萧二公，请其补充，列入传文。萧先生回信，谓史稿中似无白岩先生列传，须与张晓峰先生商议，或可补传云云。嗣接晓峰先生复信，谓前奉惠书，敬悉种切，承示先德白岩先生列传，及《尊行日记》，至深佩仰，惟遍查清史稿儒林、文苑二传，均无先德传名，想系当时遗漏，至于补列，则须汇案审查，提会讨论，因请求补传者颇多也云云。余以白岩公列儒林传一事，系马通伯先生面告，并指明传文系缪筱山先生所撰，现在无此传稿，定如张晓峰先生所说，想系当时遗漏，此事所关綦重，余为子孙者，不能不据理申请，期其补传，并再函张、萧二公，大意谓：白岩公著述宏富，入四库者，有《诗序广义》《读左补义》，其道德学问，为人推崇。钱大昕先生年谱载乾隆帝以纪昀、钱大昕、姜炳璋等八人，博通群籍，称为汲古之彦。曾文正公之老师唐鉴先生，编清儒学案，采收颇严，而白岩公列经学门，称象山姜石贞先生。今人毛子水先生序白岩公《尊行日记》，谓可作修身养性之资助，又谓此一巨人硕德之传记，可作国民教育之重要工具云云。鄙意以白岩公德学崇高，为古今学者所公认，自应列入儒林传，此次我公编印清史，务祈提会补列，是为至幸云云。嗣于1961年，政府编印清史，列白岩公于儒林传，传文系萧一山先生所撰。

白岩公著作，有二十四种，宗谱均有记载，计已出版者：为《诗序广义》《读左补义》，各省版本颇多。乾隆时，进呈御览，采入《四库全书》，又《诗经提纲》《周礼提纲》，均系木刻。余所代印者为《古诗亿》，在北平铅印，有岳父陈伯弢先生跋文一篇。《尊行日记》一册，则在台湾印行，系“教育部”中华丛书版，有毛子水、何志浩二先生序文，及余跋文各一篇，均分送各图书馆存藏，其他稿本多遗失。古人习惯，主张著作不自身刊行，以致时事变迁，类多散佚，惜哉。如伯弢先生，著作百余种,《四明丛书》载有全部遗著目录,生前只木刻《缀学堂丛稿》十种,其余稿本,留一万元刊书费,存宁波中国银行,适抗日军兴,未获及时付印,光复后,币值低落,旋以大陆变迁,刊书未能实现,殊为遗憾耳。

(姜光平编:《写心集》,扬州广陵古籍刻印社印刷,2000年)

象山县公立医院筹建始末

象山地处半岛,未经开辟,交通阻滞,县城至宁波府城,向来路程约须两天,由县城出发,步行十五里,至黄溪渡趁帆船,行八十里洋面,到奉化翔鹤潭,又步行四十五里,过道存岭,入鄞县地界,在鄞县横溪趁帆船至江东,到商埠江北岸,而至宁波府城。逊清末年,才有小轮船,由象山高泥至宁波江北岸,城中旅客须由黄溪渡趁帆船至高泥,高泥无码头,轮船停在海中,厥状至危。其后白墩筑埠,搭轮较便,然自城中启程,须行三十余里,才能到白墩码头,轮船翌日可至甬江。抗战军兴,敌舰出没象山港,象甬海通更难,比较安全之道,为由横山至横溪,再趁航船至江东,然在过港二十里,亦时遭敌舰轰击,颇属危险。惟石浦偶有轮船直达甬沪,然县城及东西二乡至石浦,须步行百里,行路之难至为痛苦。

1937年七七事变,北平失守,绍祖率眷南归,时象山组织抗敌自卫会,举县长盛世馨为主任委员,余为副主任委员。余鉴于当地医药卫生极形缺乏,一县之中,无一所医院,并无一处卫生机构,霍乱痢疾、疟疾伤寒以及麻疹天花到处流行,至于妇女生产,无正式产妇科,一任稳婆摆弄,枉死颇多。一患疾病,既无医生,又无药品,虽有少数中医,然在科学昌明、医药进步之今日,病症如此复杂,究非一二中医所能解救,如遇急病,本地急救既不可能,欲往甬上求医,交通又阻,缓不济急,坐以待毙,情实可惨。余为全县人民,及抗战军士医疗之必要,筹办一所医院,实为急务,当发起组织象山县公立医院,于1938年1月邀请本县绅商各界,在县政府开筹备会,开始筹备,所有初步筹备费用,由余出资负担,城中房屋以西门信泰当铺,比较宏大,而且适当,该铺早经歇业,余嘱其看屋,借作医院之用,惟该屋多年失修,屋顶破漏不堪,地板亦多霉烂,余雇土木工,修葺两月之久方告完竣,内中材料,就木板一项,向南充购来三百余丈,所幸当时物价未涨,币值稳定,白米一石卖价五元,木板一丈记得是二元余,计构结单独病房二十间、普通病房四大间,每间可住十余人,约置病房八十余床,床系新制棕棚木架,每床价约五元,并改建手术室三间,以及候诊室、诊治室、药房、厨房、厕所，一切桌椅器皿均系新置，该屋窗户极少用玻璃，室内光线甚差，自改医院后，所有窗户均改玻璃窗。房顶向无天花板，除手术室、候诊室、诊治室、药房装修天花板，其他各室病房，一律添装竹编承尘，其竹由余山根俞竹山捐送。医院西北墙外，有空地一方，系堂弟仲雍所有，从前信泰当店欲扩充店基，原以南门外良田十亩交换，仲雍之父慕西叔未允，今以医院公益事，仲雍慨允租借，由医院建屋三间，庭院一方作太平间，内通医院，另开一门，由西大街出入，于是医院之规模粗具。

象山创办医院有三难，本院名虽公立，实则公家并无经费，势必民间见劝募。象山素称地瘠民贫，捐款之难有如登天。医院是用钱之处，无钱何能举办，其一难也。象山当地无相当医药人才，势必求诸沪甬，各地沪甬一般医师，薪资高贵，非本院所能担负，聘请医师不易，其二难也。象山无西药行号，买药必须赴甬沪，病人病症繁杂，医院必须具备各种药品，免得临时无药，但西药常有时效性，过时失去效力，备药不易，其三难也。

当年3月，由筹备会正式成立董事会，推县长盛世馨为董事长，绍祖为副董事长，周大烈、胡子乔、冯一心、徐勉肃诸先生为常务董事，萧伯元、姜伯喈、励乃骥、顾福漕、王柏亭、欧子威、欧冠三、周梦溪、郑祖华、陈庆粹、谢飏初、林西村、王九维、欧六璋、张章甫、陈玉书、傅有邻、桑宝章、贺启岳诸先生为董事，并聘请城乡士绅王冶青、周及峰、傅规清、姜也正、何本芬诸先生多人为赞助人。当时最所急需者，厥为经费之募集。绍祖分赴城乡各处劝募。桑宝章先生为象山商会会长，城中隆润店经理，负责司入，凡募来之款，均交桑氏收存。贺启岳先生为城中通泰店经理，负责司出，凡支出之款，均由贺氏付账，出纳分明。余虽主持院务，不欲掌管钱财，以示经济公开也。

余岳父陈伯弢先生，一生俭约，在北大任教授十余年，素来不点电灯、不用洋炉子，余登门劝募，竟乐捐二千元。其他募得者，计王松轩先生二千元、周大烈先生二千元、萧伯元先生一千元、萧恕房五百元、何恭房五百元和其他零星捐款，与县政府拨助四千元，共约二万元左右，以象山之财力募得此数，大非易易。

其次则聘请医师，时象人徐步霄君，在县政府医务室服务，派其赴甬，商请其业师杨传华先生。杨系甬上有名医师，其夫人业助产，时甬江有敌机轰炸之险，其伉俪愿来象山工作，聘杨为院长，由医院供给膳宿，月支薪水八十元，此为最廉之待遇。杨氏伉俪到院后，续聘徐步霄、翁赞延为医师，胡炳璋为药剂师，招初中毕业程度之女生十五人，由杨氏夫妇训练为护士，于是医院之人事粗定，其后邑人方显根君，自镇海回象，方在柴桥医院工作多年，添聘为医师，为桑梓服务，于本院有助也。

象山无西药行号，购备药品器材，非至甬沪大埠不可，当即邀得城中运输商俞开贤君，随同杨院长至上海购办，计买得药品、器材万余元，内有手术台一架，价七百余元，约当时一百五十石白米之值。象山疟疾最盛，买来大量奎宁丸，以及其他产科用具、一切疫苗和预防针药与电灯器材。在抗战时期，如此庞大物品，由沪运象，极为困难，设法托人保护，才运至石浦，再由人工运至城中，经东溪岭，走百里之遥，于万难之中得此物品，应知宝贵矣。

药品器材运到医院，同时电灯器材亦运到院，全院安装电灯，焕然一新，即举行开幕典礼，各界送匾额、贺联甚多。伯弢先生亲撰长联两副，镌刻木联，悬挂中堂两旁，以字句较长，未及记忆。宁波行政督察专员徐箴，亦送匾额一方。堂弟伯喈于会中演说，语极中肯，与会人士百余人，会后聚餐十余桌，当时餐费便宜，每桌不过三元，院中药品器材，全部展陈，供众观览，晚间话剧庆祝，颇受各界欢迎。

医院正式开诊，门诊挂号费铜元二枚，药资按原价计算，普通每一日用量为一角，奎宁丸每角五粒，销路最多，住院收房饭费每天三角，普通病房十余人一间者，仅收饭钱二角，不收房钱，种痘及打霍乱伤寒预防针一律免费，并派徐步霄、翁赞廷二君分赴各乡，种痘及注射预防针。象山每至夏秋，霍乱盛行，经打防疫针后，渐形减少，间有患此疾者，亦多治愈。余曾目见城中王某，患霍乱极严重，濒于危急，经入院治疗起死回生。院中所用蒸馏水颇多，以沪上购寄不便，均由本院蒸馏自制。余又目见城中西门沈姓妇难产，濒于危殆，经杨院长夫妇施用手术，母子均安，其他经杨夫人接产者，类多安全，是实吾象产妇之幸，亦社会之幸也。

1942年城中沦陷，县长苏本善先期派兵护运医院药品器材至天台，欲为后方军士医疗之用。1944年余曾至天台，见大部分器材尚存。光复前夕，象山县政府尚留西乡牌头，余商诸县长贝再然，把天台之器材运至邻县宁海柴溪，一部交与象山县卫生院，一部仍留柴溪陈氏家，并有册本送县府存案。光复后余即北上，赴北平复校，学校初复，校务殷繁，未能兼顾矣。1948年“国大”在南京开会，就便回家，晤县长梁尚勤，及卫生院院长沈君，知在卫生院一部器材仍在留用，其存柴溪一部尚未运回。余曾面催梁县长设法运回，然不久大陆又告沦陷，此事无从问闻矣。

绍祖于创办公立医院之余，鉴于象山人士素来惯用中医，对中医自亦不可偏废。当地中医师为数不少，然高明者不多，中药店为数不少，然药品有陈旧，已失效力，或药品不全，偶有代替者，视此情形，对中医不可不有提倡。爰于公立医院内，另辟房屋三间，创办中医学会，邀集象山中医师入会，从事研究，向王松轩先生募款一笔，往上海购买各种中医书籍，及日本皇汉丛书等多种。余曾刻印在每册书上，陈列会中，供人阅览。时中医以王九维、林钟辉、郑鼻峰、刘雪航四位较为著名，聘为会中医师，每逢城中一六集市，义诊治病，不收诊费。城中王宏甫先生亦研究中医者，聘为会中办理事务。林钟辉先生素研岐黄之学，于民国十三、四年，余办华北大学时，在北平校内办文书事务，适京师警察厅甄试中医师，林先生应试及格，取得医师执照，嗣入该厅举办之医学研究所学习，医术大进。王、郑、刘三位亦象山中医界之翘楚，惜乎好景不长，地方沦陷后，均星散矣。

（《宁波同乡》第28期，1967年8月）

第二编

亲友记述

我的季父姜梅坞

姜馥森

“本乡邓、吴、姜、汤四大望族，只剩姜家了！到底还是姜进士的源泽深长呵！就现在说：你的叔父，梅坞、伯喈，还有你自己并与你同辈的树敏、梧龄，都是顶天立地的人物哪！”每次返里，乡间的故旧总要说上这一番话。

梅、喈二叔是值得称赞的，敏、龄二弟也颇奋发有为，我是不足道的了，多承他们谬许我。

梅叔行四，出世未久，先祖母产后逝世，叔父的童年时代是很可怜的。后来先祖父仙逝，接着三兄（我的父亲）、大兄、二兄均在三四十岁中年时代故去，梅叔目举变故，哀伤的箭深深地刺进心坎上；现在刚过四十岁的人，头发渐渐的脱落了，可是面容上永远含着慈爱的光辉。有时我们子侄辈的人看他的庄重颜色，望而却步，其实他的慈爱和喜悦是隐藏着的。

我最怕世上的伪君子与道学先生，窄狭，刻薄，损人利己；但我尊敬洁身自好，有真实修养功夫的人。我的叔父是属于后一种的，“修身如执玉”，他可当之无愧。生平除喝几杯黄酒之外，绝无其他嗜好，我知道他四十年来打过三次麻雀牌，两次是王孟群（萨泰）先生的母亲做寿时，还有一次是王父书衡（式通）老先生作古时，为王宅执事。前二次被贺寿的人硬凑“搭子”搭上了，后一次是为终夜守灵的人拉住了。他最恨打牌的人，荒时失业，固不用提，卜昼卜夜，乌烟瘴气，大非养生之道！有次他向他的一位朋友诤言：“工作余暇，到公园中去散心，倒是有兴味的，大雨时或遇大风时，有三四个朋友凑在一室偶尔打打小牌也是有兴味的，独怪一般人在丽日晴和的天气，整个白天混在牌桌上，不怕拘束得疯起来吗？！”那位朋友脸孔青一阵、红一阵，后来终归改正了。

叔父最初到北京大学读书时，为节省旅费起见，搭乘由上海到天津的轮船，在通舱中花数元钱就行了。那知海上起了风波，将海船吹飘到秦皇岛附近海面去。秦皇岛是著名的不冻港，虽在隆冬天气。叔父于冬末出发北航后，遇到了空前的大冰冻，在秦皇岛附近的三四百里的东海中船身冰着，约莫有一个月光景。那时船上没有无线电设备，呼救不应；去冬大沽口冻港若干日，旅客已感极大不安，在秦皇岛海面中冻港的苦况不下十倍百倍是可想而知的。在船上最初尚有粥汤喝，后来只好吃冰块了，冰块能维持生命吗？真是九死一生，那时我在童年，看到我的父亲与伯父一个月后尚没有接到叔父到京的消息，大家都慌了，再三打电报到京师探询没有着落，阖家寝食不安，知道叔父是坐海船北上的，“葬身鱼腹无疑”，一片的哭声。那时先祖父刚去世，家里的人都说：“祸不单行！”先父还做了一首哀赋，以“屋漏又逢连夜雨”之句为题。好久以后，海船脱险，叔父无恙。“大难不死，或有后福？”一家的人才露出笑容。

民国六年梅叔以最优等成绩毕业于北大哲学系，同学顾颉刚、陈钟凡、黄离明（建中）、范仲澐（文澜）均是现代著名学者。即被派到外蒙古考察边情，在库伦时适逢民[国]八[年]中俄大变乱爆发，炮弹枪子通穿叔父卧房，竟得幸免于难，抑亦险矣！在枪林弹雨中，冲出火线，搭购货车直驶张家口，票价国币七百元，比现在欧亚航空公司的飞机票还贵数倍！座位甚挤，每人只许携带一件行李，梅叔将自己的物件弃置沙漠，特为早一个月返京的同事携带一只衣箱。这事虽是小节，但在患难中先公后私的精神是值得赞扬的，这就叫做牺牲的精神，我们国家所缺乏的就是这种精神！因此我回想起十余年前东京大地震时，横滨一带的居民，中国人死得最多；因为日本政府派遣军舰救护灾民到船上，日本人排着队，听警察的指挥，先让妇孺上船，然后一般的男子上船，大家都到了安然地带。而我们的侨民呢，未到码头就争先恐后地逃命，因此挤落水底的很多，地震之外再加上一层水灾，这就是反先公后私之道而行之的结果。我们不要诅咒人家，我们要学人家的一番无时无地皆表现着的牺牲精神，这是我连带说上的。

在民[国]八[年]的五六月，蒙边纠纷刚起时，家乡的谣言纷纷，有一天先父看到《申报》记载：“库伦大混乱，筹边使公署以及政府委派考察人员，均在乱军中被害！”他立即仆地晕倒，待家人救醒后，先父嚎啕大哭：“这次喜木（梅叔乳名）遭难无疑！哎！哎！上个月还接到他三封信，竟成遗书？！……我是斩断一双手臂了！”先父的神经受极度的刺激。后来在中秋节后八日，因经商失败以及其他种种的苦痛而惨逝了，不能看他的四弟“生还”，死者已矣，生者何堪？每当叔父提起这事，无限悲痛！

梅叔于民国十二年创办北平华北中学，到现在已十四年了，没有离开它一天，校务蒸蒸日上，学生人数由数十人增加到现在六百多人。学风优良，课业切实，为梅叔十余年的心血的结晶。

当该校创办时，北京的中学校，市立只有男校四个、女校一个，私立的男女合起来连教会所办的亦不过十个。该校校长是蔡孑民（元培），实际工作却是他负了大部责任，校址在西安门大街路北，学生不过三十多人。十七年北伐完成，国都南迁，该校校舍迁到南长街，这校址是政府拨给的。十九年添办四二制高级中学，于是成了一个完全中学。二十年的暑假，校长名义加到他的身上，将四二制改为三三制，到现在毕业的学生将二十班，有在国内大学读书的，有到东西洋留学的，有在大学毕业已到社会做事的，在政府机关当公务员的也有，在大学中学里当教员和工厂里当技师的也有。

民国十六七年时，蔡孑民任浙江政治分会委员，一般浙籍同学都去活动做官了，梅叔屹然不动于中，有人去劝他："也该活动活动了，枯守古城干什么？""我没有学过政治学，怕班门弄斧，还是坐冷板凳吧！"梅叔心口如一地说了这番话。民[国]十八[年]时张维城任外交部情报司司长，再三电请梅叔主持外交部驻平办事处，他碍于老同学的情面，帮忙几个月，实际上没有什么大事，乐得可以兼差的，月薪又很丰厚。可是叔父前后呈辞五六次，摆脱后语我："办学的人，同时吃政治饭，真是不相宜的。"但在一般患得患失、脚踏两只船的人，恐怕无心丢弃这只好饭碗吧。

近数年来连任北平市教育会常务理事（义务职）颇有建树，如办理全市中小学第一届唱歌比赛会、拒毒讲演会等，其中更有一事值得重提：三年前他发起为捍卫国土、为民族求自由独立的阵亡将士的遗族子弟筹设教育基金，一则以慰忠魂，兼可以昭来兹！拟具计划书，通过了市教育会。主要的办法，即是全国大中学学生每人每学期向学校缴费时随纳教育基金一角，由学校汇解当地基金会，复由各地基金会分别解交总会，以冀集腋成裘，俾得多设遗族子弟学校。法良意美，平津各报亦大为鼓吹。因为引不起各方的重视，心有余而力不足，成为泡影了，然而也知不是在茫茫秧田中投了一粒谷子呢？！

北平市私中联合会，比较是个有办法有力量的教育团体，由平市六七十个私立的男女中学组成。他是其中干部人物，报纸上不是常有"姜绍祖"的名字吗？的确，他是很努力地为大众做事。有二件事值得一说：（一）在三四年前的暑假，他在私联会之下，复组织一个私中全体教务主任与训育主任结合的教育协进会，聘请胡适之、李湘宸、萧恩承、谢似颜、陆懋德诸先生为导师，讲演各科教学法以及教导方针，对于中学教导上很有擘助。（二）去年提议将市社会局补助私立学校零星补助费拨出，创办科学馆，现在快可成立了。说也好笑，所谓文化中心的古城，连一个小规模的科学馆的发创，还在这一二年的事，与东邻各城市相比较，该何等地惭愧呵！梅叔或有东游后的感触吧？科学馆是需要的，比拨款修理古代文物重要十倍。然而在此复古、读经的高潮中，"科学"无疑地是落伍了，但我们要生存，我们要复兴，还得扩大"科学化"的运动。

梅叔待他的三位哥哥"仁至义尽"，民[国]八[年]，九月间由库伦返京时，适得家父惨耗，悲痛欲绝，立将所余薪俸一百余元，扫数汇寄我家，并在信上说："'三兄是爱清洁的'，在桃园附近坟地全部租来，不要种菜施肥，每年租金，由我负担……"仁爱之心，无微不至。

大伯、二伯的丧事，全都他一人料理；族中贫寒子弟由他在可能范围内资助升学，我的得能由中学、大学，而至海外工读，全是他所赐予的。我乡有句土话："靠叔伯，眼翻白。"这句话是站不住了。——没有梅叔，我没有今日的薄有所成！

（《实报半月刊》1936年第20期）

尽力教育文化之姜梅坞先生

卓　人

姜绍祖字梅坞，年四十八岁，象山人。北京大学毕业，历任北平教育文化界各要职凡二十余年，先后创办私立华北大学、华北中学，均经教育部立案，卓著成绩。嗣以校务日繁，辞大学而专长中学，发动北平市公私立中学七十余校，组成联合会并任主席，并创设北平市中等教育协进会，及北平市中等学校科学馆，主持其事。各校有所兴革，多商决于氏，故全市中学靡不与氏有深切关系，而以氏之马首是瞻，号称领袖校长焉。曾派赴外蒙考察商务教育，在《地学杂志》上多所发表。旋复出国考察，颇具心得，贡献尤多。民国二十六年，联合各地教育会，拟发起组织全国教育会联合会，因战起不果。七七事变发生，为表示言行一致，毅然南下，在乡创办公立医院，并整理朴学大师陈汉章先生西藏书十万余册，暨遗著百余种，建筑藏书楼供众阅览。如姜君之热心教育文化等事业者，在我甬人中，不数觀也。

（《四明学刊》1940年，转自象山县政协文史资料委员会编：《往事琐录》，象山文史资料综合辑，2001年12月）

姜君梅坞先生五十寿序

虞和钦

姜君梅坞为吾郡陈伯韬先生之婿，伯韬余友，善治经讲学。京师时，余官教育部，与伯韬相过从，知君在学日进。及余就外任，而君已卒业，又闻君办学北平，勤苦卓越，为人所钦仰。迄今二十余年，被其泽者数千百辈，而君年亦五十矣。先是五年北平陷，君洁身回里，江南又新刳于兵。君在乡任抗卫会副主任，并创立象山县公立医院。居无何，来沪见同乡旅沪者众，多业工，苦无萃聚联谊之所，为筹设象山旅沪同乡会。及本县灾荒，得因会募款救济，众称颂焉。岁之二月十五日，为君五十诞辰，乡之人咸愿为君寿而丐序于余。余以君教育家，教育为民治要业，固余所愿述，矧有道如君者乎。君幼颖异，七岁入小学，稍长砥厉为学，毕业宁波师范学校、四明专门学校，赴京入北京大学习文科。期满应文官试，列优等第一，授职筹边使署签佥事，徭内务部派赴外蒙古考察，归著《蒙疆游记》綦详，京沪各报争揭载之。然君志在教育，淡于仕进，虽其后曾任外交部顾问、行政院冀察政务会参议等职，皆应辟勉就，非其趣也。民国十一年，君任华北大学总务主任，校长蔡公孑民事冗，未克常莅，校有所展措，皆君任之，旋任校长。在校十六年，只饬勤诲，成绩丕著。唯君尤重中等教育，谓学以序进，不先改进中学，则大学难尽善美。爰集资选地建立华北中学，自任校长，复联合中学七十余校，组织中等教育协进会、中等学校校长会、私立中学联合会，谋兴革。又以各中学理科设置简陋，筹设中等学校科学馆，资观验。而华北中学乃君所最经营者，先后筑校舍二百余掾，购图书数万帙，仪器标品数千事，载益载晋，终始无懈。勤晨视事，深夜方休。自规制课程，教员勤隋，学生良窳，以及寮舍、食息、盥浴琐屑事皆躬厘订绌，核纠察之，故君所办校为北平最，君用是有声当世。宋公明宣创立北平科学馆，聘君为筹备委员。中国文化建设学会新生活运动促进会设分会北平，聘君为评议暨设计股股长，而北平教育会常务理事连任且十年，凡教育所有事，人必请君，君亦耆为赞画，成者闳之，废者举之，且尝资焉以拯国。

上海惨击学生事发，君代表北平学界赴沪勘察，并至杭州、宁波等处演讲，事得昭雪。日军据辽东，政府牒日内瓦国联会请制裁，与会国员皆老于事，嫴婀未能决，举国愤懑。君召集北平学生万余人，率以行市示威，激而不紊，市民奋起。二十四年，蒋委员长征各省教育领袖集会南京，君亦与焉，而会者多主平津院校南迁之说，君独异议曰："院校为文化区宇，教惟邦本，今地未失而先自拔其本，是示敌以弱也。而河朔人且谓政府将释弃北鄙，群情惶惑，其何以安之？" 众愕然。翌日，蒋委员长莅会，亦曰："精神国防庠序是赖，万无先撤理。" 与君所持者同，议遂寝。君仍回平任事，士林大欢。会政府举行 "国民代表大会" 选举，全国教育团体，额定十八人，而北平市教育会十五区、会员万二千余人，一致选君，无异票，此殆各省市职业竞选所仅有，益见朔方人士之趋乡君也。君性诚悫寡欲，敕己严而接人恭，遇事疆果虽颠队，未尝辟，卒底于成。家素贫，友于兄弟。为兄疗疾奉医药，至尽出所储，无吝色。兄殁，抚教诸侄如己出，而抚教其族子如诸侄。人有困不能学者，君亦资助之。平生无他业，盖尽以束脩所入者，复施诸教育矣。

吾郡滨海为东南通埠，人称善商，类能集农工虞渔之所储，迁有无权，盈朒多寡，贱入贵出取富厚，而君独委身教育，廉洁自守，垂老无资储，为不可及。夫商因人产获丰，赡儒以成，人终贫窭，倘所谓巧绌者邪？盖有道存焉。此余之所以愿为述者。君今五十岁，政古人服官政之年，群士弟子咸冀君复出，宏其道以济世。昔孟子以育天下英才为三乐，君必乐为之，以弥永其年而耆而耄而至于期颐，是则以寿君者勖君者也。

（《江浙同乡会三周年纪念刊》1941年）

梅坞先生暨淑配陈夫人七秩双寿序

李　寰

浙江学术思想自赵宋宅京临安，中原文化随外族俶扰，而南宋之后，士大夫治学风气，经术词章之外，尤重明体以达用，穷理而致知。宋之吕伯恭、陈龙川、叶水心，明之王阳明、黄梨洲、朱舜水尚矣。其在清初，则象山姜白岩先生抉汉宋之藩篱，泯经史之町溪，翱翔水天，蜚声翰苑，出宰蜀中，治绩炳然，以通儒而谙吏治，畜道德而能文章，宜其清高宗誉之与纪文达、钱辛楣等，共称八彦，而为一代之大师也。姜代表梅坞先生诞瓯越之名郡，为白岩先生之裔孙，蚤岁毕业北大，学术以窥本原，生平锐意教育，建树独具，规模兼之，著猷边陲，懋绩国会，信乎浙学之后劲而能绳其祖武、邦家之耆英而能造福人群者欤。攟其瑰琦可偻指焉。民国初元，文官抡才，制度肇建未久。先生愤国事杌陧，思以橐笔应试，为进身报国之阶，一经颖脱囊中，果然锦标获得，凌云扶摇，自兹始矣。外蒙孤悬北徼，时引恶邻觊觎，当轴特置西北筹边使公署，以资抚驭镇摄。先生少而留心边务，雅慕班仲升傅介于立功绝域之精神，授署佥事，深喜壮志克酬。于是通鞮译、察边情，详勘中俄边界，勤考殊方风习，著有《蒙疆丛谈》，刊之《地学杂志》。说者谓其翔实精湛，可与何秋涛《朔方备乘》互相发明。自来王官敷教，颇嫌束缚思想，因之私家讲学，代有所开。先生夙主自由讲学，为实见其抱负，曾与蔡孑民、邵明叔、王式通、吴贯因、姚从吾、陈庆麒、林晓、罗膺中、潘渊诸先生，在北平创办华北大学，并附设中学，而自任大学部之教务长。时雨春风，得人称盛，干才循吏，每出其门，迭邀教育部嘉奖，北方学者，共瞻骧首，一致推重。先生初膺选北平市参议员，继膺选北区教育界国民大会代表，于此可窥其在故都学术界之地位矣。第一届“国民大会”遭遇时变，历尽沧桑，先生宣劳议坛，双眼独具，谠论匡时，力固国本，以为规复全瓯之先声，其卓见之远、谋国之忠，有如此者。1961年3月31日，即夏正二月十五日为先生七秩揽揆之辰，其淑配陈夫人，亦于本年跻晋六秩有七，长女公子树桢主任，商之伯娣梅英代表，及见正留学北美之树桐、树楷两弟妹，欲张弧帨之庆，以承莱采之欢。先生以国难未纾，执谦辞寿，寅友旧好，则以先生齿德俱尊，邦之耆彦。夫人又名儒陈汉章先生之季媛，邃于学，而懿于行，昭代之曹大家也，不有掞扬，何彰盛媺，摛辞以献，不亦宜乎。方志载象山南海中有三萼山，青琳构宇，翠水环之，殆玄圃阆苑之仙境，何以为馌，向东王公西王母祝八千岁为春，八千岁为秋，然后快慰生平，质之先生，其亦掀髯微笑，浮大白否耶。

1961年3月31日
学弟李寰撰祝

姜梅坞先生七秩寿序

何志浩

水源高者，其流长；祖德厚者，其荫远。余曩在故里，闻父老言，清乾隆年间，乡先贤有姜白岩先生者，与纪晓岚为同年进士，尝出宰四川石泉、江油两邑，因地制宜，文教宏施，易俗而成俗，民安其所安，闾阎歌其德泽，道路体其政风，其著述列入《四库全书》，民到于今盛称之。今其后裔有绍祖先生者出，民初毕业于北京大学，应文官考试，以优等第一名居榜首，克绳祖武，显耀门庭，殆先贤之有遗荫欤。先生久居北地，余则于役南疆，心窃慕之，而所闻不详。及余壮游四方，与天下士交，有谓余者曰：君同邑有姜氏绍祖者，在西北筹边使公署佥事任内，著有《蒙疆丛谈》二卷，泾渭分明，语详章备。又有谓余者曰：华北大学与华北中学，俱为君之邑人绍祖先生邀约学者，群策组成，规模宏大，成绩斐然。复有谓余者曰：北平为文化林庥，君之乡贤姜某，能在北平市教育会连任常务理事十年，并膺选为北平市教育界国民代表，非其才行超迈，曷克臻此。凡此嘉誉，不一而足，余益敬之。自北伐告成，旧都相见，接其謦□，知国家政治窳败，由于教育不良，故一度从政之后，遂绝意仕进，专心办学，于西欧之文明，迎而取之；东西之教章，仿而施之；天下之英才，萃而育之；不厌不倦，为国广才；宏济所被，深谋所树，岂不远且大哉。其夫人为国学大师陈公伯弢次女婉荪，家学渊源，老弥敬爱，宜乎姜氏一门，兰桂腾芳，珠玉竞美，盖已默化先生之风范。有丈夫子二、女子子四，长女树桢，供职"立法院"，仲子树楷、季女树桐，皆留学美国修博士业，必有启世运者矣。今岁花朝，值先生古稀之辰，因举相知者以右觞焉。

1961年花朝乡弟何志浩拜撰

姜绍祖先生传

何志浩

姜先生绍祖，象山城中人也。谱名颖茭，字梅坞。父本镛，清秀才，人称振初公。母郎氏，系出名门，生子四，绍祖最幼，乳名熙穆。七岁入学即丧母，性至孝，恒思母不食，犹不使其继母有知也。年十六，肄业宁波师范学校。民国元年投考四明专门学校。越二年毕业，方二十二岁，与浙江名儒陈汉章先生之季女婉荪缔婚。汉章先生号伯弢，通经学，长考据，为国学大师，爱先生才，而以女妻之。翌年入北京大学哲学系，毕业后，应文官考试，登优等魁首，分发审计院。时北京各大学争聘为讲师，文名始显，而邑人尤称之。五四运动起，先生爱国热诚，冠于侪辈。遂由西北筹边使公署调为佥事，兼商务委员，驻库伦，谙边情，著《蒙疆丛谈》二卷，列入《地学杂志》。迨俄帝占库伦，先生返北京，与姚从吾、陈庆骐、林晓、罗膺中、潘渊等学人筹办华北大学，推乃师蔡元培先生为校长，学规谨严，声誉蜚腾。教育部部长刘哲民甄别北京各私立大学学生成绩，以华北大学为特优。有学生王绍年者，其平均分数为九十六分，实为罕见。旋增办华北中学，为私立中学作模范。五卅惨案发生，北京教育界成立后援会，推先生与民国大学校长雷殷为代表，赴沪响应，宣讲于沪杭、杭甬沿线，为国民革命先树风声。十七年革命军北伐完成，华北教育界人士纷纷南迁，先生虑北方教育衰微，又恐兼管二校心力分散，辞去大学职务，专任中学校长，其崇学务实，有如是者。十九年赴日本考察教育，深悉强国之道，以振兴中等教育为主要关键，中等教育为国民教育之进阶，亦为大学教育之基础，于是筹组北平市中等学校联合会，设中等教育研究会，邀请胡适之先生等参与之，而益致力于其手创之华北中学，一跃而居于华北中等教育之中心。先生主持北平市教育会常务理事十年，其得人望，非偶然也。

七七事变，北平沦陷，先生挈眷南旋，痛念莘莘学子被蹂躏于日寇铁蹄下。尤痛其侄树琳在平养疴，不及避难。树琳聪颖过人，先生爱若己出，尝托奉化周希贤、毛思诚二先生携至衢州师范，后升学北平中俄大学，玉树琼花，亲手培植，方冀成为国器，孰料死于日军炮火中耶。先生愤恨切齿，奔走浙东游击区，密谋抗敌。复在象山创办公立医院一所，设备完善，前所未有，嘉惠病患，功德无量，时人誉为普度众生。抗战胜利后回平复校于西直门陆军大学旧址，划为男女二部，学生三千，规模宏大，旧日师友，钦其毅力，礼敬有加。三十六年当选为北平市参议员。斯时币值不稳，北平私立大中小学二百余校教职员生活堪虞，先生发起组织福利委员会，亲赴上海，向中央银行总裁张公权、俞鸿钧先生洽购面粉，运平救济，人皆德之。是年，北平市教育界推选先生为"国民大会"代表，其声望之隆，可知矣。三十七年十二月代表北平市参议院，偕邓萃英先生等赴台湾参观博览会。次年，不克遄回，怅望故都，郁郁于怀。先生天性纯厚，手足情深。民国八年，三兄雅荪去世，遗子三，先生躬负教养，树琳即其一也。十九年，二兄圃香，在甬病笃，先生由平趋侍，及卒，护丧回里厚葬之。来台后，为其先祖白岩公梓行《尊行日记》，属序于余。闻日记凡五十卷，经洪杨之乱，稿本三轶，先生访求多年，始获七册，幸免湮没。白岩公为清乾隆间与纪文达公同年进士，张其昀先生主编《清史稿》中有传，绍祖先生为七世孙也。生子女六人，长女树桢任职"立法院"及中兴文艺图书馆主任。长子树极中国大学毕业，次女树干复旦大学毕业，三女树梧高中学毕，皆留大陆。四女树桐台湾大学毕业，留学美国，得威斯康星大学硕士，继在华盛顿大学与次子树楷同修博士业。

论曰：人能宏道，动与道合。古之人，除一"中"字，别无道理；除一"诚"字，别无学问。先生处事适乎中，待人出乎诚。其宅于内者，为克己复礼；发于外者，为济世惠人。宜其上绍祖德，下荫子孙，为儒学之光也。

1961年11月17日何志浩拜撰

《写心集》序

姜光平

我祖籍浙江象山，地处浙东沿海一半岛，海岸曲折，礁屿星列，物产丰富，地灵人杰，我祖辈生息繁衍于此，代有贤人，世称望族。八世祖炳璋公白岩，为乾隆进士，与纪晓岚、钱大昕等并称“八彦”。曾为四川石泉、江油知县，教民耕植水稻，育种蚕桑，兴修水利，创建书院，造福一方。晚年讲学浙东，著述甚丰，其中《诗序广义》《读左补义》被收入《四库全书》。白岩公从政清廉，家产仅及温饱，但家学渊源、书香相承，历代不衰。

我的父亲梅坞公，承先祖风范，一生辗转南北，以从事教育、为民造福为己任。少年时求学于家乡，刻苦自盛。二十二岁毕业于宁波四明专门学校，同年与我母亲陈娩荪女士结婚。我外祖父陈公汉章为当代经学大师，时任北京大学教授，嘱我父继续升学。父亲乃于当年考入北大哲学系。次年祖父病危，父亲请假南归，多方筹钱请医，终于无法挽救。父亲七岁丧母，廿三岁丧父，此时强抑悲痛将我祖父母灵柩合葬于家乡梅溪清湾之竹山上。

父亲在学期间，虽遭丧父之变及有家庭子女之累，仍勤奋学习，二十六岁毕业于北大哲学系，同年文官考试名列第一。初任职于审计院，不久调西北筹边使公署，驻库伦，深谙边情，著有《蒙疆丛谈》二卷。1922年回北平，与张维诚、林觉辰、潘企莘、姚从吾等学者筹办华北大学，请蔡元培先生为校长，自任总务长，总管学校诸事。其后又增办华北中学为附中，从此走上献身教育之途。办学之初，扩充修建，不辞辛劳，有时甚至只尽义务不拿工资，为国家培育英才而殚尽心力，终于使学校规模渐宏，成绩斐然。

1925年五卅惨案发生，北京教育界成立声援会，推公与民国大学校长雷殷先生赴沪响应，于沪杭甬沿线宣讲声援。当时外侮频仍，国弱民贫，公深感要使国家富强，首当以振兴中等教育为主要关键；中等教育实为国民教育之进阶，亦为大学教育之基础。于是筹组北平市中等学校联合会及中等教育研究会，从此更致力于中学教育事业，而华北中学亦一跃而居华北教育之中心。

1937年7月7日，日本于卢沟桥发动侵略战争，不久，北平沦陷，父亲率家南归。翌年一月参加象山抗日自卫会，任副主任委员，为乡亲服务，碌碌奔走曾无暇日。

当时象山医药卫生条件极差，尤缺西医西药，有病须渡海至宁波就医，若患急病只好坐以待毙。公于是发起创办象山县公立医院，并首先捐款作筹备费用，在城中借得废旧房屋，雇工购料，亲自督修，又亲至各乡募捐，聘请医生，培养护士，添置医用器材、药物器皿等等，历尽艰辛，粗具规模。除各科室，计有单独病房二十间、普通病房四大间约六七十床。时挂号费仅一角，普通用药每日仅二角，纯为救济性质，至于打防疫针、种牛痘等一律免费。医院之设立，为家乡人民做了件大好事，家乡人民至今未能忘怀。父亲性好仁义，不论族人或乡亲朋辈，遇有困难莫不倾力相助，故深得邑人敬重。

抗战胜利后，父亲怀念北平学子，遂返北平恢复华北中学。翌年被选为北平市教育会常务理事，兼任民国大学及平民大学教授。1947年被选为北平市第一届参议员及“国民大会”代表。1949年举家赴台湾。去台后，父亲本欲重新投入中等教育事业，奈血压高、身体日衰，不能如愿。不幸于1967年病逝台北，葬于阳明山第一公墓。

父亲在北投东山寿岩路上养病时，曾写有《回忆录》一份，自云：“山居无聊，爰述我自己的经过，留作我子孙的观览。”今遵其遗愿，将《回忆录》整理出版，使我子孙后辈知晓父辈创业持家之艰辛，继承父亲为国效劳、为民谋福的崇高思想，坚毅竭诚的敬业精神和宽厚仁慈、助人为乐的美德，将此优良传统代代相传。

1999年9月于洛杉矶

（姜光平编：《写心集》，扬州广陵古籍刻印社印刷，2000年）

《写心集》编后记

张振亚

象山姜氏，源出名门望族，世代书香，人文荟萃，群星璀璨，如名列清史儒林的姜炳璋，力学笃行，析疑阐伪，淹贯经史，为当时之大儒，与纪晓岚（昀）、钱大昕（辛楣）并称“乾隆八彦”。著作等身，其中《诗序广义》《读左补义》等入选《四库全书》，惜乎几经战乱多数散佚，其做地方官时，曾创书院、增学田、决疑狱、劝农植桑、修渠筑堰开田，使当地人民知水田之利，使民食日裕、民俗日淳，卸任时民众夹道送行。这次刊行的《尊行日记》（部分）是留存于世的极为珍贵的资料。《尊行日记》属笔记体散文，题材广泛，内容广博新奇，篇幅紧凑，质朴自然，语言简练，隽永传神。作者不是刻意为文，不取媚于世俗，只是记述所见、所闻、所思、所感，为人、叙事、状物、抒情都信笔直书，风格质朴自然，有点评人物，有山川地理、草木虫鱼、科学技术、人生哲理、典籍论证、语言文学，真可谓无所不包，对后人有很高的借鉴、欣赏和参考研究价值。

姜绍祖先生，少年至孝、勤奋，力学有成，文名卓著，时为北京各大学争聘，曾任驻外商务使节，但终以振兴中华教育为已任，与蔡元培、胡适之等人创办大学、中学。先生深感教育为强国之本，积极筹组北平市中等学校联合会及中等教育研究会，被推为负责人。五卅惨案发生后，先生作为北京教育后援会，积极响应，作为代表前往上海声援，沿沪杭甬线宣讲，为国民反帝精神作先驱。一九四七年，时币值不稳，北京大中小学教师生活困难，先生发起组织福利委员会，向中央银行洽购面粉，运往北平救济，深得教育界人望。先生尽管经济不太富裕，平生节俭，但多次筹措大笔经费举办学校、创设医院，并到处奔走，千方经营，实为济世救人之一代伟人。这次刊行的《梅坞回忆录》中可凸显其为人处世的高尚道德情操和为国为民的无私奉献精神，是非常可贵的精神财富，值得后来者崇敬和学习。姜绍祖（梅坞）先生的岳父、陈汉章先生是清末民初著名的经史学家，与章太炎先生同师从于朴学大师俞樾（曲园），为入门弟子，一生潜心经史学问，探颐抉隐，栉字比句，辨博精深。曾长期执教于北京大学、中央大学等名校，被赞为两脚书库。外国汉学家曾誉为学问渊博、文章精深，实为中国之大师也。陈汉章先生并不富有，生活节俭，在北大时“常见一个烧饼（一个铜元）当一餐饭”，但当驻北京的六国使馆聘他去讲中国历史，每周二时，每月薪酬银元六百元（当时普通家庭每月每人生活费仅三四元），却被婉言谢绝。先生说：“中国历史岂能被外国所洞悉。”但为办学、创立医院、修桥铺路、赈灾救人他都大笔捐款，节日送乡里孤独老人肉、米，为地方公益急公好义，深得乡里称赞。先生的一生，学问人格、道德文章为国家、为后人留下了巨大的精神财富。

近代象山姜氏概述，姜梅坞先生集多年之心血整理编辑，姜光平先生修订、补述的家谱性资料。家谱又称宗谱、族谱，是以记载一个血缘家族的世系事迹为主要内容的史类文献，家谱与方志、国史并列为祖国三大历史文献。家谱主要记述家族的历史沿革、世系繁衍、人口变迁、居地迁移、婚姻状况，家族成员在社会、政治生活中的地位、作用和事迹，家族的兴衰变化，以及家族的丧葬、祀典、族规家训等，它能够比较真实地反映历史面貌、时代精神、社会风尚，同时对家谱的分析研究可以弥补官修正史和方志的不足，故有较好的历史资料价值。而对姜氏家族来说，一方面留下了历代姜氏家族成员的辉煌业绩和高尚情操，保存了珍贵的史实资料；另一方面也使姜氏后人为自己的家族而自豪，更鼓励姜氏后人勤奋努力，创造未来更好的业绩，以慰历祖历宗的光荣历史。这些史料，实为姜氏家族之至珍、中华文化之瑰宝，为后人的学习做人处事，树立了光辉的榜样。为更好地保存这些珍贵的历史资料，为教育姜氏子孙后代，为发扬中华民族的优秀文化传统，姜光平先生在繁忙的工作中，多次奔走于中国与美国之间，并投入巨资，在各方的支持与帮助下，终于实现了他多年来的愿望，使本书得以问世，真可谓功德无量。我有幸受光平先生之委托，得有资料全貌，对其在当时历史环境下所用的措词不作大的修改，尤望读者鉴察。

这套书的刊行，得到了扬州大学原副校长秦景明教授、扬州大学校长方洪锦教授、镇江高等师专校长缪铨生教授以及浙江省人民政府、浙江省教委、宁波市教委、象山县人民政府和象山县教委等有关领导的大力支持与协助，使本书得以顺利出版，在这里谨向上述人员及单位表示衷心的谢意。

张振亚谨识

一九九九年九月于华东师范大学（上海）

（姜光平编：《写心集》，扬州广陵古籍刻印社印刷，2000年）

记梅坞先生二三事

郭登敖

“国民大会”代表姜绍祖梅坞先生，是我北京大学前辈同学，也是我的好朋友。我认识他约在一九二六年，当时他是华北中学校长，我是大中中学的代表，我同他同时参加北平私立中学联合会，我们遂相识结交为好友。其时北平的私立中学约有五六十所，但都没有联系，因而大家许多共同的问题都不得解决。梅坞兄有卓识远见，他首先倡议组织北平私中联合会，共谋私立学校教育的发展，他登高一呼，全体私立中学都同声响应，北平私中联合会很快就宣告成立。私中联合会成立后，每次会议中，梅坞兄常为主席，而我又喜欢发言，我们常互相呼应，因此议案常能迅速通过，我们的交情也日益加深。

其后我国对日本的抗战发生，日军已兵临北平城下，我们因都曾参加反日工作，遂仓促离开北平。北平沦陷后，华北中学被敌伪占领改为第六中学，大中中学虽尚能继续上课，但代理校长翟君竟被日军捕去死于狱中，我们远在后方，对此均无可奈何。及至抗战胜利，我先到北平，回大中中学主持校务。一天忽接梅坞兄自北平旅馆打来电话，我才知道他也回到北平恢复他的华北中学。但华北中学校舍既为市立第六中［学］占去，势不可能物归原主。梅坞兄向教育局多次交涉，要求或交还原校舍，或另配给校舍。其时北平市教育局局长为王季高，王局长勉将东交民巷一所小房交华北中学作为临时复校之所，梅坞兄只得因陋就简在该处挂出华北中学校牌开始招生。因华北中学旧有声名，当时报名投考之人数竟达一百余人。但以房舍不大，课室容纳不下录取人数，他乃在课室中一部分架一二楼，有如戏院之包厢，如此者艰苦维持学校之进行达一二年之久。其时北平西城原有陆军大学之校舍，亦为教育局接收之楼房。梅坞兄屡向教育局交涉，希望教育局将该校舍拨交华北中学使用，但教育局迟疑未决。当时华北中学学生群情奋激，遂排队进入该处，陆军大学校舍遂终于为华北中学所有。华北中学迁入该处后，校务日益发展，负籍申请进入该校之青年日益增多，华北中学乃得恢复抗战前之宏大规模。在此华北中学发展时期，梅坞兄于治校之余，又负责北平市教育会之恢复。北平市教育会恢复后，他担任常务理事，实际上主持教育会之全部事务。时值宪政开始，梅坞兄初选为由教育会产生之北平市议会议员，后又选为由教育会产生之“国民大会”代表。两次选举均由梅坞兄协调筹划，结果候选人均全部当选，梅坞兄出席“国民大会”时，在会中建树甚多。

一九四八年后，我同梅坞兄两家遂搭一飞机南飞上海，其后国军情势日劣，共军继续南下，我们两家又随国民政府迁入台湾。风闻北平之华北中学及大中中学均为新政府接收，我们努力几十年建立之学校到此连音信都没有了。

我们到了台湾之后，大中、华北、育英三校有意在台湾联合复校。当时台北市北投东山寿岩路有一农场出租，三校共集资黄金十两租得该地。惟大中、华北在台均无资金，只育英李校长能负担建筑校舍之费用，遂商定由育英复校，我与梅坞兄只担任学校董事之职。其时梅坞兄身体不适，血压高到二百四十度(毫米汞柱)，他只能住在寿岩路养病，我亦因“立法院”工作甚忙，无暇他顾。所以三校联合之议，等于瓦解了。其后育英中学亦因李校长去世，学校交给天主教教会办理，我们连董事之名也被取消了。

梅坞兄在北投养病初期，身体甚弱，尤以医师要他禁口，许多营养的东西都不准吃，遂致身体日益衰弱，渐感不能支持。他因想长此下去，身体决不能负担，他乃自行改变疗养方法，日饮鸡汤若干，身体忽然有力，血压亦渐趋平稳，虽为年老，行动均能如常。其时梅坞之公子光平留学美国，学问及事业均大有成就，他乃远涉重洋赴美探亲，虽长途旅行，身居异国，身体无不适应，诚可庆幸之事也。他在美国倦游回台后，我常去看他，谈叙半日，他也没有倦容。但终以年迈，腹部微感不适，他遂进住医院治疗。医生以他年事过长难施手术，迟迟未敢着手施医，他竟以衰竭忽然长逝。梅坞兄一生为教育努力，他的去世使我教育界同仁失去了一位先进楷模，我们都不胜伤感。一九九九年，梅坞兄之公子光平将为其尊翁事迹编印纪念一书，嘱我写点资料，兹记述二三事，以为纪念之补白。惟以年老昏聩，错误在所难免耳，是为记。

1999年10月24日于美国

第三编

报刊史料

《申报》

师范学堂招考学生

甬郡师范学堂现已续定章程再招学生，计简易科额定六十名，完全科额定二十名，定期十月二四日考试，现已遍贴广告，招考学生入堂肄业。

（《申报》1906年12月7日）

纪师范学堂冲突详情

甬郡师范学堂监院孙圣儒平素与各学生感情极淡，日前又在友人处谈及简易科学生国文程度低浅，事为某学生所闻，颇滋不悦，遂转告同学于本月十二日全体（完全简易两科共一百二十人）罢课，往诉校长陈训正，请另举监院。校长不允，遂一齐散堂，于十三日各将箱箧等件搬至郑氏宗祠暂寓，一面即电达提学司暨驻日宁波同乡会请为解决。原电录后：

提学宪鉴：宁波师范学堂监院孙圣儒虐待，校长训正偏袒，全堂退请查，师范生公叩。

宁波府会鉴：师范学堂监院孙圣儒虐待，校长训正偏袒，全堂退请议，师范生公启。

（《申报》1907年4月29日）

师范生照常上课

甬郡师范学堂学生日前与监院冲突，全班散学一节，已纪前报。兹经宁绍台道喻庶三观察亲自莅堂调停后，各学生除请假回家外，均于日昨一律上课矣。

（《申报》1907年5月3日）

巡勇殴辱学生

日前，宁波府署演剧酬神，有师范学堂学生胡学炎入内观看，适人多纷扰，巡勇出为弹压，将胡误殴。事后该学堂全体学生咸抱不平，禀控道署。现喻庶三观察已饬队长，将该勇严查革办矣。

（《申报》1907年5月9日）

拨款接济师范学堂

甬郡师范学堂亏欠各款，急应筹付。日前由教育会会员陈训正具禀道署，拟以崇实学堂剩款拨垫，奉喻庶三观察批示云，师范学堂现尚有欠款，自应筹还，据请将崇实学堂剩洋二千余元通融拨给，更有所余尾数充作日余补习所经费，以公济公，应准照办，着即具状认领可也。

（《申报》1907年7月9日）

官绅对于师范罢课之言论

甬郡湖西师范学堂罢课一节略情已志前报。兹悉当日府教育会致太守函，略谓本月初七日，据师范学堂监督孙君报告，因校役振铃愆刻，学生群起与监学为难，经监督再三训斥，仍复交哄不休，且谓监督以牛马奴隶相待，专制已甚。初八上午竟遽尔罢课。下午经监督偕同全体学生先后来会，由敝处职员公同评判。佥谓监督有无虐待，殊难悬定。惟此次开会，监督愿与学生立于同等地位，同受本会裁判，显系共和政体，其无专制情事可知，校役振铃溺职，固应予以惩儆。该学生与校役直接尤悖校章，学生以学律为服从，犹军人以军律为服从。身为师范生，首先违背法律，顾名思义，能无愧赧，且薄物细故，鼓励风潮，遽尔罢课，自误学修，意存挟制，最为近今恶习，不予惩治，曷儆将来。至如何办法，当由孙君面达一切。太守复函，略谓奉惠书知该校学生嚣张特甚，非酌予惩儆殊碍学界前途，亦非该校之福。惟宁波学务渐见退步，弟行将去此，相见日浅，未及罄其棉薄提倡教育，不忍复加摧抑，应请核明转告孙绅，先将振铃逾刻之校役斥换，其主张罢课之学生酌记大过二次，仍准留学堂肄业，余均从宽不问，如该校学生再敢非法要求，应即择尤开除以儆，不必姑息。

（《申报》1909年7月5日）

师范生参观劝业会

宁郡师范学堂监督孙君莘墅，前经学生要求，偕往劝业会参观。兹悉孙君先赴南洋预备一切，该堂师生七十余人，于初十日始行束装起程云。

（《申报》1910年10月15日）

华北大学设立募集基金会

据教育界消息，北京华北大学近改委员制，事务分股办理。本学年聘姜绍祖为总务兼指介主任，张廷珍为会计主任，潘渊为出版主任，李宗裕为文牍主任，陈庆其为教务兼注册主任，林晓为讲义主任，校长仍为蔡元培，故对外文件均用蔡氏名义。现为筹备大学本科及藏书楼起见，拟设立募集基金委员会，已开校董理事联席会二次，到者有恩华、吴贯因、王孟群、张维城、李傥等二十余人，将委员会章程通过，不日即可组织矣。

（《申报》1923年11月10日）

华北大学将在沪招生

张国均季毅生监试

北京华北大学成立以来，已扩充校舍二处，并附设初中平民各校，日渐发达。现该校因预科生毕业在即，下学期开办经济、政治等本科，当推教授张维城来沪办理招生事项，张君到沪后，寓大东旅社即与爱国女学校商量，借该女校为上海招生处，所有报名试验一切手续，均由爱国教务处代办，并委托张国均、季毅生届时到校监试。刻华大方面将登招生广告，开始报名，张维城俟诸事妥协即行回京去。

（《申报》1924年5月7日）

北京华北大学部准立案

北京华北大学，自开办以来，认真办理，成绩卓著，前经教育部派员视察，准予立案，其批云，案查私立华北大学代表恩华等先后呈请，将该校批准立案。当经本部派员视察，并查阅各项表册在案。兹据视察委员报告，该校组织妥善，管理谨严，倘能多募基金，迁拓校舍，当更有可观等语，应即准予立案，仰该校代表等，尽心筹划，切实进行，无负本部提倡高等教育之旨意，此批。又闻该校近在北京、上海、广州、汕头四处招生，报名者均甚踊跃。

（《申报》1924年7月15日）

华北大学在沪试新生

北京华北大学，定于八月六日起假本埠海宁路天保里爱国女学校招考新生，闻前往报名者甚多。其试验科目如下：投考大学本科者，须考1. 作文，文字学大意，国学概论；2. 英文，作文，译述；3. 第二外国语，德文或法文，翻译，作短篇文字；4. 伦理学大意；5. 社会学；6. 公民学。投考大学专门部预科一年级者须考1. 国文，作文及句读（用新式标点）；2. 英文，文法，翻译，作短文；3. 数学，算术，代数几何；4. 中外历史地理。投考大学预科二年级之插班生，须考1. 国文，作文，国学概要；2. 英文，作文，译述；3. 第二外国语，德文或法文，略通初级文法及造句；4. 伦理学大意；5. 数学。

（《申报》1924年7月21日）

北京私立大学之解剖　各校联合之动机

市　隐

年来北京教育界有一种特殊现象，所谓私立大学之勃兴是也。勃兴之原因何在，明眼人早已知之，无得再为赘叙。兹就各校内容及各校筹议联合会之经过略纪如左：

所谓私立大学之已成立者，以现在计之，共计有二十一校。其间属于中国人办者十九，属于外国人办者二。外国人所办之大学姑置不论。至中国人所办之十九校，其中已经教育部立案者有六，曰中国，曰朝阳，曰民国，曰平民，曰中法，曰华北，最近又加入民治，共计已有七校。七校之中以中国、朝阳两校资格较老，学生人数亦较多（每校均及二千人）。中大以商科胜，朝大以法科胜，各有特点，著称于社会。朝大经济较宽，虽无固定基金，而校长汪子健氏活动能力颇大，所有教员薪俸皆按时发给，从无短欠之事。中大校长自王儒堂氏接任后，气象一新，惟以开支较大，经济仍苦竭蹶。王氏向各方活动，筹得基金，闻已有十余万，惟教员薪金不免小有积欠。王氏亦甚为焦急，拟在暑假中决计设法，将所有旧欠理清，并拟自下学期起改订按时计薪办法（从前该校教员薪水系照十一个月计算），教员告假缺课均扣除，一方再将学生学费略略增加，以期收支适合，校舍不敷则拟添筑楼房数幢，以资应用。此两校在各私立大学中，可称魄力雄厚翘然独出者。

民国大学从前曾经过衰落一时期，近自顾维钧、江天铎、雷殷、徐崇钦、保君健一班人出而担任各职务，内容亦大发展，颇现中兴气象。平民大学在私立各校中可称后起之秀，既在北城石虎胡同以三万元购得校舍一所，近复以五千元从事修理，所有门面院落以及教室办公室等，皆仿照北京大学第二院，现在木工大兴，限定四星期内一律完竣。此外并招商就校侧空院添建寄宿舍二百间，可容学生四百人。舍内设备有饭厅、有商店、有浴室、有球房、有洗衣场，设置异常完备，亦拟定在秋间开学之前完工。该校原有大学本科两系，暑假后并拟再添设社会学一系，以应知识界之需要。现有学生五百八十余人，暑假期内拟再添招新生五百，对于预科功课异常认真，据其所规定，将所有课程分作四组：一为中国文学及外国文学，二为伦理哲学史地，三为伦理心理及科学概论，四为体育群育美育。其教育宗旨分三项：(一）本社会进化眼光，授与学生以实用的知识；(二）本科学精神，辅助学生增进创造能力；(三）本平民主义，养成适合时代需要的社会人才。该校校长汪伯唐氏对于校务之计划发展极为热心，并谓此足为暮年重要事业之一，情愿多牺牲精神以从事于办学云云。华北大学之重要组织人，为恩华、吴贯因、冯农，教员中北大毕业者居多数。教部立案尚未久，而立案公文中之批语则甚佳，亦大有希望之一校也。中法大学则为蔡孑民、李石曾诸人所组织，校址在西山，学生人数不多，而组织极完善，功课亦甚认真。该校以沟通中法文化为主旨，与普通大学略异。

其未经教部立案而设立已历一学期或一学年以上者，则有新民、务本、孔教、郁文、神州五校。新民大学以学生驱逐校长之故，复有教员、教务长等卷入风潮漩涡，业经构成诉讼，尚未解决。务本系女子学校，亦称大学，校长初为胡某，近闻胡氏辞职，由报界某君接办。孔教大学为特殊教育之一种，现在尚未设本科，预科课程重讲经，开学谒圣必行三跪九叩首礼，学生人数不甚多。郁文校长为国会议员吴某，从前因学生殴打教员，亦曾构成诉讼。该校尚未设本科，而各系主任已各有其人，教务长缪某因与校长意见不合，愤而辞职，现由中国大学教员孙某继任。神州为湖南刘某所办，在暑假前学生人数颇寥寥，暑假内则拟大加扩充焉。

在本暑假内添设之校共计有七，其中有由专门改建者一，曰中央，其余新创者六：曰东亚，曰南方（分校），曰进群，曰国泽，曰文化，曰畿辅。东亚之主办人有谓系章行严之夫人吴弱男者，其出资人则为军阀领袖之吴佩孚，究竟实际如何尚须详加调查。南方之校长为江亢虎，本校在南方，北京所设则为分校。该校主义颇为一般青年所喜，故投考者颇不少。进群系蒲伯英为校长。国泽则邓某主办，出资者关系张英华，邓氏自高等警官校长失败后，颇欲有所表见于社会，故创此特殊大学。文化之董事为孙宝琦，校长为罗家衡。畿辅则为叶泰绰醵资所设，据闻内力颇充实，意在与交通大学竞争，是在新设各校中之铮铮者也。

至各私立大学联合之议提倡已非一日，最初颇含一点自卫性质，以北京一隅，大学纷立，其中宗旨办法当然不能一致，于是较有资格之数校乃发起联合。一方面取互助主义，可以交相勉策，公同向上；一方可以与资格较差之大学分出界限，表示特异。最初有人主张只限于中大、朝大、民大、平大四校，盖以经部立案为标准也，嗣以华北立案，复加入华北。最近会商之结果，又觉仅以立案为标准，不甚妥当，如后起之畿辅与外人所立之燕京、协和，课程、经济均有可观，又何能不加联合。因有人拟定五项标准：(一)经部立案者；(二)已设本科一系以上者；(三)校舍确定、组织完备者；(四)校长负责经济有着者；(五)经济公开、别无纠葛者。如能合于上列五条之二以上，即可经众议决加入。又有人以此项条文规定太宽，仍须加以修正者。现仍在往返商磋中，大致如中大、朝大、民大、平大、华北五校当首先联合，不久即可宣告成立矣(七月二十七日)。

(《申报》1924年7月31日)

华大关于庚赔兴学之请愿

请愿参众两院　公私立学校均沾

昨日北京华北大学向参众两院提出请愿书，请决议移咨政府，将所有各国退还庚子赔款，经指定为教育专款部分，不得移作别用。至关于专款之分配，公私立学校宜一体均沾，不得独占，以免偏枯。又以该校校长蔡孑民先生，近正在欧洲斡旋赔款，因致函请其作一致主张云云。请愿文录下：

(上略)窃维近岁以来，各国退还庚子赔款之说时有所闻。今已次第见之事实，最近如俄以中俄协议，指明以所退还庚子赔款作为我国教育之用。友邦盛意良可铭感，然亦有一二弊端随之发生者。即(一)我国政府时时思移挪教育定款，作为别项之用。(二)此后享用教育定款者恐将有偏占之势，此其不可有非更仆所能终者。今请约略为贵院陈之：所谓关于移用教育定款者，教育救国今日已成为舆论，然自军兴以还，以经费之支绌，教育几等破产。黉舍鞠为茂草，学子释学以嬉，推其极，势必至学校尽应停办而后可。故为救国计，势非筹教育基金将无以为继。今幸归著有望，而复攘夺以去。此所谓事败垂成者也，破坏教育莫此为甚，此其不可者一。主张移用教育定款者，动谓移用教款，所以谋交通之发展，以交通发展之结果，转以余利惠济教育，此其言非不甘，第食言而肥，谁其信之，非有息壤，众疑未已，且即以交通与教育较，未必教育真可轻而交通委足重。执两用中，彼此或一。故处今日而犹提倡移用教款之说，窃以为实其中别有怀抱，非以利交通，乃以累教育，此其不可者二。国际之间，信用为上，稽友邦之退还庚子赔款归我国者，虽其用意各有不同，要其所以为我国规定用途者，实所以防我国事后之挪移。今适如彼料，信用谓何，任意以将，转以贻后且交涉上之大困难，此其不可者三。若夫所谓关于偏占教育定款者，稽友邦之退还庚子赔款于我国，非必以专惠我国一二少数之国立学校，乃实以沾溉全体之教育，虽事无明文，而意实如是。倘听少数国立学校独占此款，一般私立学校概不支配，势实与理相违，此其不可者一也。国立学校本有国家经费为之支持，非或私立学校为有补助之必要，今补助且不言，并其理所应得者亦一并而不之予。此之谓是非倒置，缓急失宜，世有公论，人将非之，此其不可者二也。且也私立学校，亦犹是与国立学校同负国家教育之责任者也。所育青年，谁非子弟，造福社会，岂无微劳。无论私立学校、国立学校，苟能办理完善，即当等量齐观。今以国立之校偏占教款，甚非国家所以普及教育之意，此其不可者三也。夫考之挪移教款，其不可既如彼，而偏占之成其不可又如此，而近日者道路传闻，谓移用教育专款，已将成为定局。如关于俄款，四部会议之组织业已成立，此后专待进行之讨论。此当为我国全体教育界所反对，而如国立学校者，假一二会议之名称，私与外国使节交涉，冀以垄断手段，占尽全部利益，使私立学校有向隅之感。此尤当为全体私立学校所反对。伏思贵院为一国立法最高机关，补偏救弊，掌握权衡，敢依宪法第十六条规定，人民有请愿之权。恳吁贵院将各国退还庚子赔款，经指定为教育用途部分，议决不得任意挪用，并平均分配津贴各私立学校，俾免偏枯而资提倡，即日移咨政府照办，则他日者人材蔚起，国有桢干，教育进步，民智益增，皆出自贵院之赐也。谨此，请愿。

（《申报》1924年8月2日）

中法教育基金分配问题

关于中法教育基金委员会行将成立一节已见前报，私立五大学因力争分配基金，当各派代表一人于昨日（四日）下午四时往教育部谒章兼长，陈述一切。其代表姓名：民国大学为张光焕，中国大学李蕃厘，华北大学姜绍祖，平民大学王文俊，朝阳大学杨炳章。各代表向章所陈述之理由大略有四点（一）中法教育基金源出中国全体国民，国立八校如可享有，则私立各校当然亦当分享。（二）私立大学经费之困难较国立者尤甚，如专补助国立者则未免不平。（三）私立五大学均系按照教育部一切限制办法而组织成立者，是名虽私立而实际则与国立者，盖毫无异致，故分配亦应平均分配。（四）私立五大学之学科均系遵照部章办理，且入学升级毕业之考验亦均采取严格主义，故其学生之学力决不在国立八校之下，而教育基金之分配亦不应在八校之后。各代表述毕，章即为简单之答复，谓诸君所述关于中法教育基金之意见本人当分两层答复：第一，本人对于私立大学应与国立大学同受补助之原则完全承认，意见可谓一致。第二，关于学校成绩者，本人以为学校成绩之良否，应以学生学力之优劣为标准，而学生学力之优劣，如不经考试则毫无凭据，故拟设中央考试以试验之，如试验之后成绩确为优秀，则自应不分国立私立，一律平均分配，但若试验之成绩竟甚恶劣，则即无享受补助之资格，今后本人当即本此宗旨以进行云云。各代表对此答复均认为满意，遂兴辞而退，时已五时十分矣。

（《申报》1925年5月10日）

国立大学分金风潮愈弄愈僵

（一）国立京内外大学代表之宴会

国立大学因分金款教育经费问题发生争议已迭志本报，昨（二十九日）北京国立七校教职员代表（北大除外）特在中央公园来今雨轩公宴京内外各国立大学校长（或其代表），希望晤对一堂，各申意见。事前北大校长蒋梦麟及京外六校代表易培基、李煜瀛、胡敦复等接得此项通知，即联名致函八校教职员联席会议主席许绳祖，声称关于金款中教育费问题，如能依照原定分配一百五十万现款办法，则是日可以到会，否则无磋商余地，届时不能出席云云。许接函后尚未征求七校教职员代表意见，蒋梦麟即往见许，谓七校代表来函想已接到，君如不迅速答复，则七校代表不能出席，请即决定云云。许因是乃走商各校教职代表，谓对七校代表来函所云宜承认，但须附以条件，并谓不如是，则此项现款行将落空等语。其时农大代表虞某及医大代表对此表示承认，女师大正在风潮中，代表不肯表示赞否，法大与师大代表则坚决反对。然未几而许以国立七校教职员代表联席会议名义复北大等七校长一函，大意谓对来函所云照原定之办法分配，一百五十万现款可以承认，但须附以条件，即此后一千万基金之分配，京内八校特别从优，并得参加保管云云。北大等得七校代表复函，当于昨晚七时出席于来今雨轩之宴会。是日到会者主人方面为七校教职员代表，来宾方面有蒋梦麟（北大）、陈裕光（师大）、江庸（法大）、许某（农大）、张黻卿（医大）、马君武（工大）、杨荫榆（女师大）、易培基（广大）、李煜瀛（中法）、胡敦复（东大）、燕树棠（北洋）、郭泰祺（武昌商大）、石瑛（武大）、兆荣王（成都高师）、傅铜（西北）等（蒙藏院亦有代表与会）数十人。宾主以次入座，觥筹交错，颇尽欢洽，然迄未谈及金款教育费问题，俄而杯盘狼藉，酒阑宴终，宾主纷纷离席。蒋梦麟、李煜瀛、胡敦复、易培基、燕树棠、石瑛、郭泰祺等未及饮咖啡，即匆匆相继退出。于是师大及法大代表查良钊、马名海等乃当场声明，许绳祖答复北大等七校长之函不能代表公意，碍难承认云云。西北大学校长傅铜亦起立发言，声明此次分配金款，西北大学应得者竟暂由他校保管，实属不公且无根据，因我尚是校长云云，旋即散会。

（二）京师大代表查良钊之声明书

师大及法大代表对许绳祖复七校长函加以否认，决定登报声明。故此事就表面观之，形势似已大僵。又师大教务长查良钊因此次分金争潮，曾向该校评议会提出辞职书。日昨该校评议会开特别会议，出席者有十余人，佥谓查代表学校处理此次事宜，实无错误，应共同挽留，此将辞书退回并决发表声明书一道。兹将声明书照录如下：此次国立各大学对于分配清还积欠经费办法发生龃龉，诚为教育界之不幸。读蒋梦麟、李煜瀛先生等发表之印刷品，似欲归咎于京内七校之持异议，至李先生登报之启事，更欲将破坏之责归诸师大同人。在蒋、李两先生于盛怒之下未遑反省，亦人情之常，惟恐社会人士未明真相，或至是非混淆，故谨就经过事实宣其要略：（甲）四月之末，教育部曾通告各校，谓政府决由解决金佛郎案之海关余款项下分拨款项，偿还历年积欠之教育经费，部中拟设清理积久委员会，约各校派人来部报告校中亏欠实况。（乙）五月五日，李石曾先生在国立大学联合会报告中法教育基金委员会成立经过，只言将来法国退还赔款项下认定拨充教育基金者每年可得二十五万，合计有一千万，至于将如何处置并未提及，末又谓此外再要政府拨一百五十万现款与教育界，至于分配方法更未提及，且李先生再三声明，此系一种报告，并非讨论问题。故各校出席代表亦无从发表意见，时有某校代表质问委员会中学界代表何以止有此数。李先生答称此系政府派定，中法大校以特殊关系有特殊资格，此外以北京大学代表北部各校，东南大学代表中部，广州大学代表南部。时出席者对代表意义尚有疑问，蒋梦麟先生则谓此点无大关系，倘日后办理不善，各校尽可责难，或推翻。时出席者以为委员既系政府派定，便无代表性质，乃不深诘。是时实情系本校出席代表与他校出席代表所共见共闻者。（丙）据五月九日《晨报》所载，章士钊舌战私立大学教职员一节，曾有“此款政府有自由使用分配之权，现在李氏曾也想将此款由他分配，我提用此款专充结束国立八校积欠计划”。

于此可见，李先生在国立大学联合会所报告之现欠一百五十万，即系教育部原拟以清还积欠者。今李先生竟责七校同人以破坏之罪，似未免颠倒事实。（丁）最近七校同人骤闻此种分配办法，于五月二十一日赴财部质问详情时，李总长答称，此次一百五十万之分配，事前曾由学界同人来接洽，北部由蒋梦麟代表，中部由胡敦复代表，南部由易培基代表。按京外各校是否由胡、易两先生代表不可得知（惟西北大校（学）校长及成都高师代表自称事前确未与闻），而京内七校事前毫未与闻，即教部亦已声明事前未得与闻，且蒋先生于事后亦公认事前秘密，何得谓"曾经京内外各校代表一致赞成"。（戊）问题发生后，据蒋先生报告，京外各校无法得其确实预算，故有依据中华教育改进社所调查者，亦有依据代表口头报告者，且有国立学校竟未列入者。按此次分配欠款，关于决定国立大学之校数与各校预算等事何等重要，竟以如此不慎重不公允之态度办理之，则所谓"奔走数月之劳者"谓何，且京外各校之预算可以代表口说为凭，则京中由专门改，大学之各校何独不可以业提交政府之大学预算为凭乎。（己）此次款项既由政府声明系拨还积欠教育经费，财部案第五项亦明确规定，故同人主张按各校积欠多寡分配以昭公允，并非对京外各学校有所歧视，且既规定由财、教两部会同协商分配，故对于教育部及多数国立学校事前绝未与闻，而由二三人私议以蒙蔽财部当局之办法，不能盲从。统观上述各案，则此事之真是非不难大白，同人等毋庸多赘，惟本校出席八校联席会议诸代表系据本校教职员公意及评议会议决主张，为公理正义而争，故非专计一校之利害，尤非代表等私人意见，合并声明。

又昨日七校教职员关于此事之报告书，其中本有医大，外间因各报所发表原文未列医大，遂多误会。又闻此次现款一百五十万元之分配，系先提出二十二万元，发北京国立八校积欠一个月，其余一百二十八万分三期拨付，第一次与第二次各付五十万，第三次付二十八万，依原定办法，北大约得二十六万，师大约得十五万，而广大竟得二十九万余元。

（三）私大代表为平分金款请愿请客

昨日（二十九）下午四时二十分，京私大代表张维城、冯农、王文俊、顾名、张映南、杨秉章、潘庭干、姜绍祖等同赴执政府请愿。先由侍从武官贾柄卿代见，贾谓上次贵代表所递呈文执政已批阅字，许俊人、马子贞两氏已将此意面陈执政，窥执政意似活动。各代表等遂请见帮办张伯英，当即述来意，略谓此次解决金案事关全国，且此项收入系临时性质，执政既有维持教育之热忱，应公平分配，不以国立大学为限。张伯英允即转陈并允下星期答复，各代表兴辞而退。又下午七时，各私大代表假座西安饭店宴全体阁员与府秘长及各要人，由张维城等作陪。席间谈话颇称圆满，至九时余始尽欢而散云。

（《申报》1925年6月3日）

惨案移京后之上海昨讯

七学界昨日消息

教职员联合会委员会纪：上海各学校教职员联合会，昨日（二十二）下午三时假省教育会开第十五次委员会，到有黄镇盘、徐佩璜、潘仰尧、马群超、舒蕙桢、韩觉民、曹梁厦、李国华、曾友豪等十余人。由徐佩璜主席，开会情形如下：（一）主席报告与欧美同学五卅后援会接洽国外宣传事件；（二）欢迎北京各校教职员沪案后援联合会代表雷殷、姜绍祖；（三）雷惠南报告北京情形及转达北京教职员联合会之希望，姜梅坞说明此行兼带调查详情之任务；（四）何尚平（代表欧美同学五卅后援会）报告后援会赞成创办西报事；（五）会计报告收到爱国女学捐款二十一元；（六）议决仍由曾友豪、何尚平向五卅事件积极救济会接洽组织发行西报办法及发行专册，批驳外报之谬点与宣布此次事件之真相；（七）议对于五卅事件组织全国教职员联合会，与北京教职员联合会共同发起，提出代表大会讨论。六时散会。

（《申报》1925年6月23日）

开市声中关于沪惨案之消息

十二学界消息

各学校教职员联合会消息：上海各学校教职员联合会，昨日下午三时在江苏省教育会开代表大会，到会者四十余校、八十余人，北京教职员代表雷殷、姜梅坞亦列席。张君劢主席，首由曹惠群报告会务办理经过情形，曹慕管报告总商会主张初六开市之经过，黄镇盘报告前次发表第二次宣言主旨，曾友豪报告接洽组织西文报纸经过情形，旋北京各校教职员沪案后援会代表雷殷报告北京组织后援会情形。次讨论议案：一、与北京各校教职员沪案后援联合会发起组织全国教职员联合会案，多数主张在未与各处教职员接洽之前，此案暂从缓议，全体通过。二、戴玉衡提议速调协工商学各界以便一致对外案，其理由谓当此时机紧迫、交涉未见胜利之际，合力御侮犹恐不足，断不可内部发生误会，而使对方快心。此案由陈伯庄修改,原文如下:本会同人但为对于坚持经济绝交至五卅事件交涉得完满解决为止时,有集中国民经济力之必要,应有下列之主张(一)力行开市,(二)与经济绝交无直接关系之罢工速行开工,(三)与经济绝交有直接关系者坚持到底,(四)集中救济罢工款项及改善救济工人办法,(五)严禁暴动。本上列主张与工商各界开联席会议讨论办法,结果公决交委员会讨论办理。三、戴玉衡提议向省长要求撤消上海华界戒严令案,其理由谓(一)自发生惨案以至未颁布戒严令前,上海华界并无不稳之现象;(二)上海华界之警察保卫团已足维持治安,保护外人之生命财产;(三)上海华界之盗匪案及其他不法事件发现更少于租界,足见治安现象甚为良好;(四)于此非必要之时而突然下戒严令,徒滋人民之怀疑,反足扰乱人心;(五)当此民气蓬勃而公理未伸之时,骤下戒严令恐致发生反响;(六)集会结社传单告白图画等为国民爱国运动之唯一文明表示,而戒严令所谓于时机有妨害并未明定界说,且自五卅以来,此等集会结社传单告白图画等等皆以文明态度出之,更不必过虑,而加以戒严。议决拟电致郑省长请取消戒严令。四、翁国勋提议为五卅罢工工人设施平民教育案,议决交委员讨论并择日请翁先生出席共商办法。五、唐桐侯提议加入五卅公祭团及研究经济绝交案。六、曹惠群提议教职员利用暑假调查英日货案。以上两案议决合并交委员会酌办。七、议决推派代表加入五卅公祭。议毕已六时三刻,遂散会。

昨日下午八时,该会在法租界鸿运楼欢宴北京各校教职员沪案后援会代表雷惠南、姜梅坞二君,到袁叔畲、潘仰尧、马群超、曹慕管、吴倚沧、阮介蕃、曹惠群、程行之等二十余人。席间,本埠中华女子美术学校校长唐家伟报告与雷殷知交有年,姜君以事先退,曹慕管君对于商业发为有经验之谈甚多,且极饶(有)兴趣。九时半宴毕,尽欢而散。

(《申报》1925年6月25日)

江浙各界对于沪案之援助

杭州电:北京民国大学校长雷殷、北京教职员联合会代表华北大学总务主任姜绍祖、民国大学学生会代表李金坡于二十五日到浙,寓西湖清泰二旅馆,二十六日出席于杭州学生会联席会议,报告北京各界对惨案之对付方法及此后之进行,于上海公共租界开市后之接济工人办法亦极赞同。杭州学生联合会、公团联合会又因粤事于二十六日午后五时各有紧急会议,将有严重表示。杭州三十校学生募捐现已结束，共募得洋一万一千三百二十四元、劣毫六千三百零六角，内除法校所募四百零九元五角，医专所募七十一元、小洋七百十二角径自汇寄外，昨已汇总汇沪。上海国货维持会所刊第六期调查国货册内列各货，以与外货相较，我国缺乏者不过十分之一二。现有绸商徐吉生自沪返杭，谓已与该会同人接洽，拟在杭开设国货公司，罗列全国国货，以应社会之需要，其开设地点决定在西湖湖滨路转角三层楼洋房，规模极为宏大。

（《申报》1925年6月27日）

国内专电

北京电：姜绍祖建议沪罢工人众捐款不足持久，请将工人、海员悉运三门湾筑港，请增各项附捐，为移工人赴三门用。政府以筹款缓不济急搁置（二十日下午二钟）。

（《申报》1925年7月3日）

江浙各界对于沪案之援助

宁　波

宁波学生联合会昨开代表大会，到各校代表二十余人。首由杭州各公团联合会代表冯纯管发言，大旨谓学生联合会须与外交后援会合作及学生应做之工作，对于沪案之主义、目标与方法亦均有发挥。次讨论斐迪离校生经济问题，议决请杭州学生会相当援助。次讨论暑假住校问题，议定各学生集住一处，其地点男生定四中本部，女生定四中分部，即派代表限十五日以前分头接洽舒齐。次北京教职员联合会沪案后援会代表姜绍祖发表意见，略谓诸君为国宣力，钦佩实深，希望诸君下一个坚持决心，作长期间之奋斗，至宣传一层尤宜注意，幸勿越出范围，贻人口实为要云云。

又各公团代表王思诗、屠时逊、袁端甫、金梦龄、董贞柯、张葆灵、金臻庠、余东泉、李管卿、范莼管、陈荇荪等为对于五卅案执行办法，昨特联名向各公团提出意见书云，理由，对于五卅案希望对外一致行动，对内有合作之精神。办法：（一）对于大局及各公团有互相关系之事件，经公团联合会所议决者，各公团应遵从之，勿为矛盾之行动；（二）对于大局及公团相互关系之事件，各公团如有意见应先提出于联合会，俟议决后执行之；（三）上项所议决之办法交各团体或各委员会执行，如执行者认为困难时，得要求联合会复议之。该会自接上项各代表意见书后，定今日（二日）下午召开各公团代表会议。

又劳动问题研究社昨开执行委员会，议决为广州沙面惨案事拍电广州胡代帅、伍外长暨通电全国同胞。次议决学生联合会促成工会委员会，本会应共同参加，作一致行动，当场推出代表七人。

（《申报》1925年7月4日）

浙江之民会初选当选者

浙省办理国民代表会议议员选举，业由各县知事呈报，初选当选人及候补当选人陆续产出，计开杭县顾乃斌、汪澜，候补陆启、吴乃恩；余杭盛开伟，候补施广福；富阳汪绍功，候补王倬；新登陈玉田，候补袁止西；海宁许祖谦；嘉兴方于笥、陆能；桐乡沈玉玑，候补张锡康；嘉善钱绍桢，候补陈淮；海盐张廷梅；崇德孙乃澍，候补马义声；吴兴沈秉义、陈其采；长兴蒋玉麟，候补丁凤元；安吉莫永贞，候补刘以璋；德清冯毓桂；武康林士瀚；鄞县赵之伟，候补胡康年；奉化周钧棠；慈溪陈彭寿，候补李钟秀；象山姜绍祖，候补谢德奎；定海韩禅周，候补孙新猷；镇海施宗筠，候补徐建候；绍兴谢南坡、张维岳，候补蔡元培、胡江达；余姚谢金柱，候补胡圣阶；上虞黄强，候补杨一放；诸暨周伯雄，候补蒋尊簋；萧山盛邦彦，候补赵建藩；嵊县王孝赉，候补钱端；新昌张载阳，候补童学琦；临海项仲霖，候补郎庆祥；天台张翘；宁海章祖衡，候补孙乃泰；黄岩张宗峄，候补许企谦；仙居于公，候补于洪；金华王廷扬；兰溪徐仁，候补蒋俶；东阳金宝铭；浦江张若骝；衢县郑永禧，候补周熙；常山汪万可，候补徐应仁；江山毛云鹄，候补汪宅仁；龙游劳锦魁，候补余绍宋；寿昌方度；遂安胡炳旒，候补余芳；淳安童克晨；玉环叶亘东；瑞安项骧，候补项沈同；乐清郑迈，候补徐赤之；丽水陈子亭，候补李华；松阳吴朝冕，候补吴典宗；云和尤希度；遂昌童衔重；龙泉李杰，候补吴文苑；景宁柳景元，候补季亮。以上选出者已达五十三县，尚有於潜、昌化、临安、平湖、孝丰、南田、温岭、义乌、武义、开化、永康、汤溪、建德、桐庐、永嘉、平阳、庆元、宣平、泰顺、分水、缙云、青田等二十二县尚未产出。

（《申报》1925年9月5日）

京民大校长雷殷突被军人架去

民国大学校长雷殷其住宅在石驸马大街八十一号，昨早（二十一日）八时许，忽有一形似学生之某甲，年约二十余岁，身着竹布长衫，前往该宅投刺，刺上书有“孙贤”二字，向雷宅仆役声称系民大学生，拜见校长。仆役当持名刺入内，交雷氏阅看，雷尚未起床，阅其名刺因非素识，嘱仆出言本人尚未起床，容赴校再行晤谈。某甲执意不从，谓民大学生过多，自非校长所能记忆，现因要事求见，烦为转达云云。正当双方交涉间，门外忽来汽车两辆，一辆号码一六〇三，又一辆号码一八八〇，上坐袖有红黑臂章之武装兵士二十余人，下车后即蜂拥入内，将雷氏从床上拖入汽车，急驰东去，转瞬间即不知何往。雷之夫人见军人将雷架走，不知吉凶，忙令仆人报告该管内右二区第一路请求保护。该路巡官傅家臻、肇崇祥闻报立即率同长警赶至该宅询问。雷之夫人说明上项情由，并请寻探雷之下落。说毕雷之夫人携同子女乘车出门而去。巡官等闻说，遂即赴区报告，署长殷焕然实时转报到厅。约半小时，捕雷之两辆汽车复至该宅，由兵等进院搜寻一周，见屋中无人，复乘车驰往太平湖民国大学。比至该校，当将校警关某捉住，由一便衣人上前向关某取出相片四张，令关某阅看（一）校长雷殷、（二）教务长保君健、（三）注册主任曾作忠、（四）会计主任雷海观。校警关某看毕答以均不在校，各兵不信，扯住入内搜查。彼时只曾作忠在校，当即架出汽车拥之而去。曾作忠为民大注册部主任兼教员，广西人，年三十余岁，师大教育研究科毕业。捕去时兵士并揭短条于该校布告牌上，原文云：“曾君作忠有赤化嫌疑，暂传至司令部问话。”曾被捕后，该管区闻信亦即赶至，已不见踪迹。雷之夫人与该校职员等以雷、曾二人无下落，须请官厅查找及询被捕原因，遂电请警察厅及卫戍司令部代为查找下落。王怀庆据电后，即派刘参谋会同警厅向军事机关探询，并根据汽车号码查得一六〇三之汽车系前门外香厂路平记汽车行之车，遂向该行调查。据称雇车者系东安门北池子蒙福禄馆某宅，并谓宅主人系某军第一军司令，雇车后由军人乘车捕雷，即令将车开回云云。复问雷现在何处，不肯直告，并查得一八八〇之汽车系由司机人张世魁开驶，车主不知为何人。

民大教职员自雷、曾被捕后，即分赴各方刺探并营救。该校常务董事颜惠庆、顾维钧、孙宝琦、江天铎、张其锽、张国淦等均承认切实设法营救。又五私大联合会为雷、曾被捕昨亦特开临时会议，讨论营救之办法，并致函京师警察厅、京师卫戍总司令部及宪兵司令部三机关请查明雷、曾下落。当推王文俊、丘咸、姜绍祖、冯农往各方面切实营救。

（《申报》1926年6月28日）

北京党案发觉之原因

中央公园发见密函　北京市党部之纷组

北京警察侦缉队对于学生大施逮捕一节，为各方所注意。经向官厅当事方面调查，是日逮捕之男女学生总数有六十七名之多。现在被捕之学生仍在各侦缉队内拘押预审中，待遇尚为优渥，惟在拘留室内不准该学生等互相接谈，俾免彼等串唆供词之弊。至此次突被逮捕之原因，系该侦探等于本月三日在中央公园见有学生数人集于水榻西南隅土山上密谈，旋又出有信函一件，经该学生等传观毕，即将信纸撕扯粉碎，弃置山下而去。该侦探待学生等下山向北游去，遂走至土山坡下，将彼等扯碎之信纸悉皆拾取手中，当将该碎纸拼凑一片，视查（察）纸上碎字，发见（现）“时机将至速预备”，另句又拼出“市党部”等字。该侦探阅后，遂不遑再为拼凑碎字，当将碎信纸收在衣兜内，急下土山，向北寻觅该学生，旋即寻得该学生在长美轩前柏树下围坐饮茶。该侦探乃在远处张望，候该学生等出园时，该侦探业已知照园门外骑脚踏车之同事二人在暗中尾随。该学生等出离公园后，即雇人力车赴西单牌楼北秤钩胡同一家住户内。该侦探三人在外候至夜内十一时余，始见有四名学生由门内走出各回寓处。该侦探系隶属于太仆寺街之第五分队者，当即回队将所得秘密事情报知队长鲁士珍，并将拾得之碎信纸取出呈验。鲁队长于是又将碎信纸细细拼凑，结果发见（现）北方党总部饬市党部迅速组织纠查队，预备机会将至时，为革命的发动等事云云。鲁队长阅毕大惊，连夜呈报本管长官研究之下，决定先侦查其市党部所在。延至次日，虽未能确知其市党部所在地，但侦出秤钩胡同在月余以来三五学生日日出入其门者络绎不断，故此认定秤钩胡同虽非市党部，亦当属于传达秘密之通信机关。该侦缉官吏等遂向陈总监报告一切，请示办法。陈兴亚认为事情已紧迫，当即下令向秤钩胡同施行检查，并派鲁士珍队长执行。鲁队长奉令后，即于八日午前四时余带同警探，侵入秤钩胡同周姓学生住宅内。斯时该住宅内有学生三人正在酣睡中，被警探等惊醒后，厉声责问何事。警探等当将职务言明毕，令巡警二名监视该学生等不准移动，嘱其在旁听凭检查。斯时该学生等之面色已如白纸，欲遁不能，旋由警探等检出花名册一本、市党部印记、白布条数捆。该布条上有书为纠查队二字，有仅书革命二字者，另外又获有密码电报及省党部邮件并市党部邮件稿底等物品。鲁队长遂将周某等三人连同检获之物品一并带赴本队后，立即电请长官前来审查。比经诱讯之下，始知秤钩胡同即系市党部机关，故能获得以上种种重要物品。侦缉处长官吴博哉、帮办雷恒成，因市党部名册既被查获，遂电调各队侦探三百名，按照册内人名住址，分别开单派令探目、副分队长等酌带侦探，同时出发分赴各处从事逮捕。大概所捕之学生住在内右一、内右二两区界内者最多，故此易于逮捕，且被捕之学生多在市党部负有职务，并闻侦缉队由被捕学生中寻得该市党部系于李大钊被捕后之一星期内从（重）新继续成立者。又云该处系市党部之一支部，北京内外城二十四区内皆设有一支部，现在各区劳工官吏加入市党部者约有二千余人，刻因总部催促积极进行，不料于匆忙中泄露秘密而遭破获也。

某方消息，私立中国、朝阳、民国、平民、华北五大学代表邓芷灵、姜梅坞、李静波、叶文郁、胡至平、王文俊等九日下午三时在中央公园今雨轩开联合会，讨论营救此次被捕学生办法。议决分途进行，竭力设法营救，并定明日再行开会讨论。又案中捕去之女生曾繁直系女高师毕业，曾繁顺系男高师毕业，二人平昔不干外事，年来充群化中学教员及张姓私塾教授，不知何故被捕，闻其亲朋同乡人等正在设法探询保释。又前日捕去之云茂钵一名，据查并非文大学生。十一日午后有新闻记者多人同时赴警厅请见警察总监陈兴亚及司法处[处]长蒲致中询问一切，皆未接见。据警厅内某君云，此案尚未到公布时期，上下均宜严守秘密云云。

（《申报》1927年7月20日）

反日援侨运动

（北平）平私中联合会为朝鲜屠杀侨胞事，发宣言，语极愤慨。认万案为吾国奇耻大辱，非赔偿道歉所能满足（十六日专电）。

（《申报》1931年7月17日）

抗日救国运动

（北平）北平私中联合会电请中央对日宣战（二十二日专电）。

（《申报》1931年11月23日）

韩耀洲向记者会道歉

（北平）韩耀洲侮辱新闻界事，华北中学校长姜绍祖调停，周学昌及韩均函记者公会道歉，韩并在各报登启事云，此次对新闻界同人有失礼貌，至为歉仄，兹启新闻界逾格谅解，不予深究，殊深感愧，特郑重道歉（二十四日专电）。

（《申报》1932年5月25日）

热河失守后平津教育界愤恨汤玉麟

北平教育会十八、十九日募捐

北平教育会理事会开谈话会，出席郁士元、武可题、□宏任等，决议：（一）请募捐会函公安局，对募捐事出一通告。（二）一月九日下午二时，请募捐会在该会召集各同业代表开会。（三）二月十一日下午二时，由募捐会及教育会在募捐会邀请中小学校长及大学抗日会代表，讨论组织募捐队事宜。（四）募捐队请各同业公会派员参加。（五）募捐日明定为二月十八、十九两日。（六）以上一二三五各项，提出募捐会报告。

（《申报》1933年3月9日）

平教育会请教部协款五万

代表携长城战事幻灯开映　将来沪联络共谋抗日办法

（南京十九日电）平教育会派代表郁士元等到京见朱家骅，力争平市教部协款五万，朱允向财部接洽，财部以两次长不在京，无切实办法，郁等携来长城战事幻灯约二十余套，拟在京公演一次，以资宣传，三日后郁等赴沪。

北平市教育会推派代表武可题、郁士元、姜绍祖等，赴京、沪两地，联络各方积极抗日，已于本月十五日起（启）程抵京，日内即将来沪。本市教育会昨接北平市教育会函云，径启者，暴日进逼，国难益急，敝会为联络各方积极抗日起见，特推派武可题、郁士元、姜绍祖前赴京沪，接洽一切，届时敬请赐教为荷。兹悉市教育会刻已准备招待，共商抗日问题云。

（《申报》1933年4月20日）

平市教育会代表郁士元等抵沪

负三大使命

北平市教育会代表郁士元、武可题，于昨日上午八时，由京抵沪寓东方饭店。据郁士元对记者谈，此来使命有三：（一）系代表北平市教育会向教、财二部，力争平市教育经费协款，于十九日抵京后，向中央党部、行政院、教部、财部等机关接洽，叶楚伧、朱家骅、褚民谊等均曾亲自接见，并允竭力向财部催拨，昨日教部已批复维持原案（即由中央每月协助平市教育经费五万元），并将二月份五万元由财部即拨。（二）系开映长城战事幻灯片宣传抗日，在京曾开映数次，并由余演讲，当映至宋哲元大刀队杀敌时，掌声如雷，极受感动，昨日到沪，亦拟开映，俾后方民众，得悉前方战争状况，藉收一致抗日之效。南方各团体携慰劳品往前方慰劳者，固属不少，然携去之慰劳品，往往不是前方所最需者，不远数千里送去，未免太不经济。据余详细至前方调查及各军函索者，得悉所急需之物品，为载重汽车、蔡司六倍望远镜、瞭望镜、指南针、雨衣、洒鞋等，嗣后盼各救国团体能将此等物品多所捐助。又北平市有统一募捐之组织，名为各界募集救国捐联合会，现已募得百万购载重汽车等物品，送至前方，及防空费用已用去四五十万。现当平津危急之际，希望后方亦有统一募捐之组织，募得大批款项，以便积极抗日之用。兹闻本市市政府已有此动议，想不久必有良好之结果。（三）系与本市教育会交换战时教育意见及联络共同发起组织全国各省市教育会联合会云。

（《申报》1933年4月24日）

平教育会代表返京

北平市教育会代表郁士元、武可题，接洽平市教育协款及宣传抗日、组织全国教育会等事，于十七日南下抵京，向中央党部、行政院、教育部、财政部等各方呼吁，已得圆满结果。乃于二十二日来沪，寓东方饭店，二十三日曾赴市教育会接洽，以是日星期例假，未晤该会负责人，郁等以京中尚有要公未完，并鉴华北形势严重，当于是晚夜车返京。并留函市教育会，略云，兹以京中尚有要务，平地形势危急，不克久待，准于今晚夜车返京，明日回平，需待接洽事，俟返平后函告云。

（《申报》1933年4月25日）

中学数学课程标准问题平专家之意见

有主张不减低标准者　有主不必注意标准者

北平私立中学联合会，前为研究中等学校课程标准问题，函各校征求意见，开会商讨，并聚合各校意见，拟成意见书，分发各校讨论。二十五日下午三时，在中山公园水榭，邀请平市各数学专家，及各校校长、数学教员，共同讨论，惟因时间关系，未得有结果，定于六月一日下午四时，在华北中学继续研究。兹分志各项详情：

出席人员：出席者共约六十余人，计有燕大教授刘延方、数学教授韩绮德（E. R. Hancock），北大数学系教授赵松、江泽海，师大数学系主任赵希三，辅仁大学数学系教授常福元及文治、华北、中大、志成、燕大附中等四十三校数学教员与校长。

报告事项：首由主席都士元报告清华学校（校）长梅殆琦等提议改变现行中等学校课程标准经过，及私中联合会研究该问题之结果。次刘延方发言谓：前次开会，讨论中等学校数学标准时，余曾提议，此问题须会同各方面共同讨论（一）中学校长、教务主任，（二）中学中实际教数学之教员，（三）大学中教第一年学生及主持数学入学考试之教授，故余请燕大数学系英籍教授韩绮德女士前来参加研究等语。后即开始讨论，由五位数学专家，分别发表意见：专家意见：（韩绮德）主张在目前中国现况下，中等学校数学课程标准维持现状，不减低，大、中、小三阶级学校课程应联接起来，将现有数学科目，重新分配，浅易之代数与几何，拼入小学课程中，繁难之数学至中学课程中。教授时，应随机改变教授法，勿死读教科书。（常福元）不必专注意课程标准，因课程标准为最低限度，不可过高或过低，因此可不必注意标准，否则反多窒碍。（江泽海）若将数学分成文理二组，则入文科者，对数学必有敷衍之现象，故可不必分科教授，中学微积分可取消，学生考大学时不需此门，大学中设有此科。（赵淞）数学课本应简单化，则可便学生增多练习习题机会，现采用之范氏代数及斯密氏几何等课本太繁杂。（赵进义）现行数学课程标准，并不算高，至于多数学生程度不佳，主因总不出：（一）教本多采外国者，不合我国学生用；（二）只死读教科书；（三）中学教员毕业于数学系者甚少，致程度较低。故除改正上述三项弊端外，数学教员教课时，应多绘图，用模型解释。

各数学专家发表意见后，时已六时十分，遂临时由主席宣告散会，并定于六月一日下午四时，仍在华北中学继续开会，仍由各校数学教员发表意见云。

（《申报》1935年5月30日）

平市取缔男女合校　私中联会请教部制止

（北平二十六日电）平市取缔私中男女合校问题，私中联合会呈文教部，力请予以制止。该项呈交今晨已递出，文长四千余言，申述理由十项。

（《申报》1935年7月27日）

北平各私立中学继续反对男女分校

议决针对社会局办法三项　各私中一致减费优待女生

（北平讯）本市教育当局自下令禁止中等学校男女同学后，私中联合会始终表示反对，京沪各地妇女团体，亦曾发表宣言，表示反对。现二十四年度即届，市立各中学决实行男女分校，惟私立中学仍维持男女同学。私中联合会特委会，且已呈部备案，昨该会特召开会议，讨论招收女生问题。兹探志其议决案如次：(一) 针对社会局通告办法，本会男女合校留校女生，及市中女生注意，私中联会通告，查本会男女各校遵照教部规程，仍旧男女合校，业已呈部在案。兹根据社会局体恤女生求学之艰难，特规定办法如下，本会男女合校留校女生，本学期仅收学费八元，余概免收。凡转学女生，如本会所属男女合校或女校之女生概不收考为原则外，其他会外各校女生，依照按各该校校章办理。但本市市立中学女生，仍按照下条办理：凡本市市立中学女生，及在新开办之市立第二女中，已被录取之新生，报考本会男女合校，各校一律免试，完全免费。凡本会各校原有女生，业在教部备案，决无中途取消学籍之理。至新收女生如社会局不予转呈时，本会各校当径送教部备案，其各注意为要，并此通告。(二) 上案通知本会各校查照办理。(三) 通知本会男女合校各校，于最近期内分别招请女生家长，报告本会根据规程，力争男女合校之情形。

（《申报》1935年8月17日）

北平男女分校问题将解决

折衷办法，据关系方面某君谈，关于与私中联合会，双方所持意见各趋极端，势如骑虎，但以时间事实所限，不得不亟待解决。乃最近经双方关系人出面调停，仍提出折衷办法，其内容为私中今后招收女生，必须分班或分校，固有之男女同班者，可分年结束。闻此项办法，双方业经赞同。

（《申报》1935年8月19日）

北平男女合校问题完全解决

各校原有女生逐年结束　本年度一年级不招女生

孔德中学女生学法文无法安插

（北平特讯）北平市取缔私立男女合校问题，经日来各方之调停，形势急转直下，双方已商定解决大纲，私中联合会十九日上午十一时，假东安市场森隆番菜馆，举行全体会员大会，讨论详细解决办法，以便斥最后之决定。届时计到五十二校代表，聚餐后，首由日前谒当局之五执委，报告日前商定之大纲，次即加以讨论，旋全体一致通过。散会后，该会全体会员即分乘汽车，赴市府谒袁良，双方经一度之商讨与解释，即决定三项办法：(一)私中合校原有女生，仍在原校肄业，逐年结束，至毕业时为止；(二) 本年度各校初中一年级及高中一年级，不得招收女生，各校已招之女生，将名册送呈社会局，由社会局设法安插其他平市公私立女子中学；(三) 由私中拟其呈文呈报当局，经核准后即实行，至下午四时许，私中联合会各会员始退出。

（《申报》1935年8月22日）

平各中学得设女子部

（北平二十日电）袁良任平市长时，曾取缔私中男女合校，日前私中联合会呈社会局，请准予恢复男女合校，经该局转呈冀察政会，现已批复谓：各校呈请核准后，可设女生部。

（《申报》1936年3月21日）

平津学生平静

（北平）平津各校平静，平市教育会与私中联合今日联合通电：一劝西南停止军事行动，二电蒋请对此事和平处理（十四日专电）

（《申报》1936年6月15日）

"国大"教育团体候选人

本市推选结果

"国民大会"自由职业教育团体代表候选人，本市方面，前已推选完竣，并将结果呈报自由职业团体选举事务所。闻得票情形，为陈白一〇〇票、蒋□白一〇〇票、黄造雄九八票、翁之龙九八票、欧元怀九六票、廖世承八九票、周斐成八六票、李顺卿八六票、裴复恒七五票、郑通和六三票、王子玕五九票、姜绍祖五五票、曹刍五三票、章益五二票、黎照寰五一票、张季信四八票、王义周四三票、杨立奎四三票、樊仲云三九票、刘湛恩三八票、朱经农（湖南）三六票、颜福庆三四票、杨永清三一票、叶溯中三一票、何思源三一票、李荣培二一票、周厚枢二〇票、刘季洪二〇票、俞庆棠一六票、蔡德恭一五票、朱经农（江苏）一四票、孙宗堃一四票、秦凤翔一四票、李惕平一三票、陈时九票、钟荣光九票、陈锡芳八票、梁贤达六票、阮志通六票、张寿镛九票、李泰初四票、任鸿隽四票、胡庶华三票、刘国钧三票、王星拱二票、李登辉二票、徐九礼二票、尤彭熙二票，顾毓琦、竺可桢、胡适、朱公瑾、汪翰章、严恩祚、顾克信、黎念劬、金通尹、何祚娴、何祚昌、何世枚、何世桢、张咏春、马崇淦、胡文耀、曹梁厦、胡敦复、褚辅成、张志让以上二十人各得一票。

（《申报》1936年9月27日）

全国教育会将成立

上海市教育会、湖北省教育会、北平市教育会、天津市教育会、绥远省教育会等十余省市教育会，为集中全国教育界之力量，与有一联络起见，在去年曾发起组织全国教育会联合会，经数度之接洽，一切已有端倪，今年来已在拟具简章、商讨开会等步骤，函发各省市教育会参加意见。据上海市教育会当局言，该会成立，可在今年春假左右实现。

（《申报》1937年3月3日）

全国教育联会成立改期今日决定

上海市教育会为联络各地教育界研究教育起见，曾联合平津湖汉等省市教育会共同发起全国教育会联合会，筹备已久，原定六月十五日在沪举行成立大会，各地代表名单均已纷纷报到，嗣以市教育会组织国外考察团赴日考察，甫经返沪，各项筹备手续事实上已恐不及，故提延期至暑假内举行，该会特定今日召开理事会议决定成立日期云。

（《申报》1937年5月29日）

象山同乡会改组

劝募水灾捐款

象山旅沪同乡会于战前曾有组织，且早经市党部登记及市社会局核准成立在案，战后主持乏人，会务无形停顿。去年秋间，故乡水灾惨重，损失计达四五十万之谱，一般贫民，无以为生，旅沪士绅姜梅坞、梁卓人等，情关桑梓，不忍坐视，特继续重组象山旅沪同乡会，昨已在青年会正式宣告改组成立，并另组水灾救济劝募委员会，便可向象山同乡普遍劝募，刻由象山县政府寄到捐册多份，已转发各同乡分头扩大劝募，深望同乡慷慨解囊、踊跃捐助，则数万灾民得以生全，惟以工作繁重，一时尚无适当办公会址。闻该会已正式备函宁波同乡会，商拨劳合路宁波里会址，积极进行劝募工作。

（《申报》1940年2月24日）

象山旅沪同乡会庆祝成立周年

报告会务改选执监

象山旅沪同乡会自经改组成立，适已一周，特于昨日下午三时，假座虞洽卿路宁波旅沪同乡会四楼，举行成立一周年纪念大会，计到会员共二百余人，公推姜梅坞为大会主席，行礼如仪后，首由主席报告开会宗旨，略云，我象山旅沪同乡会，于去年改组成立，至今适为期年，乡人浮海来沪者，男女合计，无虑数万，智愚不同，职业互异，其最大多数，则为神圣之劳工，平日各羁于业务，无由把晤，抑予谓吾象人性情忠厚，习俗俭朴，忍苦耐劳，允为特长，今同乡虽羁沪滨，凡此善良乡风，犹当拳拳服膺，庶几直内方外，自强不息，他日成就，宁有限量云云，并当场报告经济会务等，同时修改会章，旋即开始选举本届执监委员，直至五时，茶点散会。

（《申报》1941年6月9日）

平津私中组联谊会

【华联社北平十日电】平津两市私立中小学教职员，感于有加强联络之必要，天津私校教职员黄松龄等特于日昨来平，与北平私立学校教职员在艺文中学聚餐，当场推定平市郭登敖、关鲁峰及津市杨敬一、韩义文四人为代表，并推姜绍祖起草联谊会之组织。

（《申报》1947年11月11日）

国行财委会通过代平市各校购粉

国行物资财务委员会，昨举行第六次会议，李立侠主席，讨论有关收购成品及贷实换实案多件。并悉，北平市教育会曾为平市大中小学二百余校，申请代购面粉，以安定教职员生活，业经该会通过，允予代购沪粉八万包，委由中信局办理，并免收汇费、手续费，以示优待云。

（《申报》1948年8月18日）

《大公报》

华北大学开会之盛况

校长为蔡元培　理事长为樊守忠

近有学者姜绍祖、宋绍英等组织华北大学，已见各报。兹闻前日（二十日）下午五时该校开校董理事联席会议，校董到者，有蔡元培、汤漪、恩华、吴贯因、王式通、林步随、许寿裳、高朔、沈泽生、方擎等二十余人。由李宗裕为临时书记，开会秩序如下：一、由樊守忠等推举王式通为临时主席；二、刘志谦报告组织缘由，及经过情形并表谢王荫泰捐助图书之美意；三、选举校长，蔡元培以得票最多数当选；四、校长蔡孑民演说（详后）；五、校董汤斐予、邵次公等次第演说；六、讨论校董会章程，由邵从恩、王孟群、窦学光、钟赓言、冯农、陈庆麒、张维城等先后发言，至九时散会。兹记演说大意如左：一、蔡孑民演说，现在高等教育机关很少，就北大而讲，北京投考者一千五百名，上海投考者三百名，而获取者不过六分之一，不遂求学的愿者很多，这实在因为校舍不够、名额有限的缘故，所以希望高等教育机关逐渐增多，以免求学者向隅之苦。当民国元年，教育部规定全国设立大学五所，即北京、南京、成都、广州、武昌等处，卒因种种关系，不能按照规定进行，现在开办者只有北京大学、东南大学两处，但是升学者日多，这两个大学势不能容。所以各省多主张各办大学，如直隶、湖南、四川、广东、奉天、浙江等皆有此种提议，但今已成立者，只有河北大学一处，其余或设筹备处许久，而终不能实现。所以由智识阶级自动地组织私立学校，极为重要，虽则就普通情形，似乎私立学校的成绩有不及国立的，但观欧美各国的教育，如英之剑桥、牛津等大学，美之哥伦比亚、哈佛、耶鲁各大学皆属私立，而规模宏伟，成绩优美，尽人皆知。就吾国私立学校而讲，如建筑校舍、购备图书、延聘世界著名学者任教等事，皆有力所未充之处，自不待言，但是吾敢相信事在人为，种种困难如能尽力去做，自可打破。现在本校起初组织，已有许多校董赞助，而诸位又皆我所认识之人，且诸位发起人，又愿尽义务，抱一种坚忍不挠之志，但望诸君本此精神做去，鄙人自不敢放弃责任云。二、汤斐予演说，弟曾任大学教授，自六年以来牵于政事，不遑及此，当今学术竞争日烈，吾人须在学术上、智识上奋斗，方可解决疑难，本校为研究高等学术机关，弟忝任校董，自当尽力襄助云云。

（《大公报》天津版1922年8月26日）

华北大学之近况

华北大学自成立以来，校务蒸蒸日上，校长蔡元培对于新生入学，取严格主义，凡非有中学正式毕业证书者，一概谢绝并于试验各科成绩，非常认真。理事长樊守忠，亦甚热心于校务，设施极负责任，校董王式通等时常到校擘画一切。现正聘请著名学者为教员，并闻该校章程，定有外交学、教育学、新闻学等系，适应时势所需要，如能实事求是，将来成绩定有可观也，

（《大公报》天津版1922年9月9日）

华北大学开校典礼

校长、来宾、校董、理事长之演说：廿八日上午十时，华北大学行开校式，王总理因开国务会议，派吴秘书为代表，薛总监派彭处长为代表，此外到者有新闻界邵

飘萍、孙九录等，校董理事王武通、高朔、王荫泰、姜绍祖、潘渊、宋绍英、林晓、陈广麒、张维城等，连同学生共约二百数十人。首由校长蔡元培，致开校辞，次由来宾王总理代表吴南如及邵振徒、王猷，校董恩华、李倪，理事长樊守忠等相继演说，蔡校长致答谢辞，乃摄影，茶点，尽兴而散。兹将各人演说辞记之如下：华北大学校长蔡元培之开会词，北京已有好几个私立学校，为什么我们还要办华北大学校呢，因为中国人民多的缘故，德法各国人民比我们少，但是他们每国高等学校和大学倒有二十余个，或十六七个，美国仅几千万人，而高等学校倒有几百，尤以私立为多。著名者，如剑桥、牛津、哈佛、耶鲁等都为私立学校，何以私立倒比国立的好呢，因为国家虽注重教育，总有限制的，不能将全国财力都用在教育方面，而私立学校，如有力量的人热心办去，尽可扩张。中国国立大学只有四处，经费又困难，所以不能多收学生，如能收百数学生的校，考者总不下五六百人。现各省虽有了许多的学校，然亦有不能达到入校目的。至于留学外国，因为外国著名学者，中国是请不到的，如博物馆等，中国是无力设备的，然中学毕业的人，未能往外国者，尽可在中国各大学念书。本校现在经费很少，只要认真办去，将来很可以扩张，满足诸君求学之目的。外国大学，在社会上占重要地位，因自己造成一种学风，能指导社会的缘故也。所以学生对于学风，有切肤的关系，现在我们这个新学校，尽可创造新规范来。西洋各国大学与专校是不同的，专学是人才教育，以养成专门人才，应社会之需要；大学则以研究高深学术，满足知识欲为目的。但大学以文科、理科为中心，无论研究哪一科，必须以此二种科目为根基，故民国二年教育部大学令，亦如此规定。诸君既明白上边所说的，但是还要知道现在世界大势注重体育，因为人没有强健的身体、振作的精神，决不能有伟大作为的。诸君如热心运动，本校将来必当筹划种种设备的。

国务总理代表吴南如演说词：王总理对于创办华北大学极表赞同的，今天因国务会议开会，所以只得派鄙人为代表来参与盛会。王总理对于贵校学科方面，有二科觉得很重要的，且各大学向不设舆论二科的：(一) 新闻学系，外国人尝说中国人无健全的舆论，考究这个原因，大半由缺少新闻人才的毛病，贵校现设这一科，将来对于舆论必定很有裨益的。(二) 外交学系，中国近年来外交失败，损失的权利不可计算哩，所以弄到这步田地，是为国民无外交知识的缘故，要挽救这个大病，必定要普及外交的学识，所以贵校设备这外交学系，对于中国有极大的希望哩。

邵飘萍先生之演说：邵先生之演说大意在辟官办教育，使教育权操之于人民之手，虽达官贵人之子弟，亦当与贫民之子弟受同等之教育，学生入校肄业，不可有官僚思想，兼抱资格主义，必有抱求学之决心，而后可以供世界之需，改革社会之利弊，如此则不特诸君受极大之荣誉，即贵校亦当名振东亚，与东西洋有名之大学并驾齐驱也，愿诸君毋忘斯言云云。

校董恩华演说：本校自开办以来，鄙人出力最少，近来正想竭力筹划，以臻完满，但事均小而大，譬如一木，其始不过一种子，譬如江河，其始不过细流，本校规模虽不大，倘由此渐渐进行，必能如乔木、大河之足成大观也，云云。

李倪演说：在大局不安之时，华北大学竟于短时间内成立，不但在北京可称欣喜之事，亦全国可喜之事也。近来私立大学何以如此之多，盖学生心理鉴于国立大学，无日不在风雨飘摇之中，故不乐应考。又有一种心理，以为有学问之人才能在社会办事，今国立各校，不能收容多数学生，自不能不入私立学校，故私立学校，遂以日众。诸君既为学问而来，对于学问自宜极力研究。惟大学与中学不同，中学之学生以课目为重，在大学教员，不过指示大纲、立于赞助之地位，全在自动的研究也。

樊理事长演说：理事为发起本学之人，宗旨纯然，为普及教育起见，绝无党派意味及其他作用。本校校董虽有规画的责任，然不能时常到校，而本校根本的活动，其责任在理事会。鄙人既蒙诸理事选为理事长，决不致本校有功亏一篑之事发生，并希望诸君求实实在在的学问，并注重道德云云。

（《大公报》天津版1922年10月2日）

浙灾筹赈会函告成立

今岁浙省灾情，为百余年所未见，惨苦情形，言之难忍，虽经政府拨款赈救，车薪杯水，无济于事。兹有旅京浙人樊信初、姜梅坞等，纠合同乡，组织浙灾筹赈会，办理筹赈事务，并分头联络慈善家、各大名流，力予提倡，广事筹募，以期收得普及之效，已由京师警察厅批准，并转咨内务部备案，昨特函告旅津同乡会订期成立。闻该会拟先行游艺大会，以期引人注意云。

（《大公报》天津版1922年11月7日）

华北大学将为北京私立大学之模范

北京华北大学，自去年暑假开办以来，校长蔡元培，校董王式通、汤漪、许寿裳、林步随、许宝蘅、吴贯因、李倪、恩华、沈泽生、岳诵先诸名人，力筹发展，意以斯校系私立，不受何方影响，可以造成为私立大学之模范，故其学科完备，教授认真，学生守分勤学，校风之良好，在专门以上学校中，实不易多得。现蔡氏虽出京，仍复留意于校事之进行，该校办事人，鉴于学额扩充，要求入校肄业之学生又多，势非增添校舍不可，遂将现在校舍西边，即新华商业专门学校旧址，完全归并，大加修理，又于校舍前面，建筑办公室、延宾室、学生休息室、传达室、阅报室等多间，以旧有花园花厅为图书室，刻正动工。定暑假后，将原有马市大街北门作为便门，改以西华门大街南门为正门，其面积广阔，规模伟大，诚属一日千里。暑假后又附设初级中学，以立系统的计划，下学年各科教授，除本年旧教员及由校董理事兼任者外，复添聘著名学者担任，将见其蒸蒸日上矣。

（《大公报》天津版1923年6月23日）

北京华北大学开学志盛

北京华北大学，开办于去年，一年以来，校风之善良，成绩之优美，实为当今不多得之一学校，今年又添办初级中学一班。校长蔡元培出洋未回国内，暂由校董、理事两会代理，9月10日上午，该校举行开学礼，校董、理事、教职员、学生到者甚众。今年未请来宾，有王式通、恩华、李倪、姜绍祖、胡俟、潘渊、李宗裕、樊守忠诸人演说，颇极一时之盛，并闻十八日上课云。

（《大公报》天津版1923年9月12日）

北京华北大学举行银行专修科毕业式志盛

本月二十日（星期日）上午十时，举行银行专修科毕业式，来宾到者有教育总长黄郛，宣慰使代表孟棨，平政院评事贺俞，国会议员雷殷、辛汉等，及该校堂董王式通、吴贯因、许寿裳、冯晨、岳诵先，银行专修科主任李倪，全体教职员、学生，凡数百人。首由校长训词，给发毕业生陈齐纲、袁卧治、荣振华、徐世清、沈铁珊、于靖、屈彦钦、张景风、赵嘉宾、刘会瓒、杜锡宾、刘之麟、刘荣祥、马鼎、王宝濂、杨思康、聂国粹、王宗澄、罗明俊等十九人中西文毕业证书。并特给考列甲等之陈、袁二生以褒奖状。继由来宾、校董、教职员相继演说。演说毕，初级中学奏欢送歌，大学预科生代表吴文范致欢送辞，毕业生代表杨思康致答谢辞。迄至下午十二时半始摄影、茶点而散，称盛一时云。今将各人演说辞录后：

校长训词：本校成立于民国十一年七月，同时开设银行专修科。当时予为校董之一，并未亲身经营，一切创造之劳，皆蔡校长暨诸先生任之。蔡先生出洋后，予暂为代理。教育本非予之所学，予办学亦无大经验，好在校长不授课，不多作事，故予敢勉承斯职。而予最有感而愿来校作事者，则感诸先生办事之竭力热心也。今日银行专修科已届毕业，予于毕业诸生有两层希望：（一）努力为社会服务也。本班为本校第一次毕业生，诸君为本校名誉计、为个人前途计，应如何努力啊。（二）勿忘在校求学之状况。本班毕业，为诸先生苦心经营之第一次成功，诸位教职员如是之尽力。诸君在社会上作事，第一要为一般人信仰，为本校争光，庶不负诸先生一片苦心矣。此话还望在校诸生牢记，更加努力求学。则本校庶可蒸蒸日上，与剑桥、牛津、哈佛、耶鲁等大学，并驾齐驱，诸先生幸甚，诸君幸甚，敝人与有荣焉。

教育总长黄郛先生演说：今天华北大学举行银行专修科毕业式，予承恩校长介绍，得以参与盛会，实有莫大之荣幸。予于诸君，略有意见，特表而出之，以供参考：（一）毕业诸君，以后作事，应循序渐进，不可躐等也。诸君毕业之期，即实用所学之始。原先在校目的，在求学，以后在社会目的，在作事业。作事最要紧的，就是“循序而渐进，不可一步登天”。往年予有同学叶君，忽为银行总理，叩以办事情形则以困难对此，躐等之过也。外国制度，无论在何种学校卒业，必先练习。比如予前在西洋学陆军时，毕业后由三等兵而二等，而一等，而后军官；银行员亦应该先练习生，而行员，而小行长，而大行长，而后总裁。经过多种阶级，富有经验，则市情之同异、人才之调遣、行务之设施，了如指掌，即所谓大器晚成也。（二）虚心作事，敬尔所业也。学者所以致用，银行为实在学问，尤应求实用。今日中国最大之弊，在教育与社会分途。简言之，即教育是教育、社会是社会。以商业教育而言，商业学校亦甚多。但商店人员，并非商学毕业生。予前遇中华书局总理某君，问其用人情形，彼答以用人极难。专门学徒制，则此辈学识太浅，几乎不知营业品名。如用商校毕业生，则此辈习气太骄，反不如学徒之专守其职、谦恭营业也。本来现在学生出身之人，大半失之太骄，作事不能耐劳。因中国从前父兄管子弟，取严肃态度，今取放任主义，所以一般青年都养成一种骄傲习气。再中国学生之所以骄，还是受前清的余毒。因教育不普及，视读书者为斯文人，以为神圣不可侵犯。实在学生不应该自分奇特。外国教育普及，各界人等皆是学校毕业生，并不以学生为了不得的奇特。深望诸君实事求是，学问与经验并用，则天然战胜无学或空谈学理之人矣。（三）以勤俭为主，切戒奢侈也。诸君在银行作事，经手银钱甚多，切不可养成浪费恶习。中国教育目的在养成二万万男子，和二万万女子，组织一良好国家。[近]年来，学生奢侈之风太大，从前学生一件大布褂，做的时候还在腰上打一折，长一点放一点，一件衣服穿若干年，今则绝没有看过。近来的学生不管腹内如何，头上是文明帽，足是橡皮鞋，胸间是挂的自来水笔。在英、美两国学生占全国民的百分十八，德国百分十五，日本百分十三，中国至少应做到百分十二。向使有百分十二，则四万万人中当有四千八百万学生。自来水笔是橡皮和玻璃做成，来自外洋。假如每人一支，每支价三元，当要一万二千余万金之输出。而此笔能用一生么？深望诸君特别在俭字做功夫。至若银行营利是本分，但不可求奢利，考银行乃Bank之译名。Bank者桌子之谓也，此则起于罗马，当时各国兵集于罗马，各国货币不能通用，乃有一人专司兑换之劳，（在桌上）而得些微报酬，故此事乃一种勤苦事，不勤则不能得利。

校董吴贯因先生演说：今日为诸君修业期满之日，即是诸君对社会开始负担之日，亦是本校历史上之第一次学生毕业典礼。予不禁有几种感想：（一）中国通商以来，实业大半失败，惟银行极发达。津京沪汉银行日盛一日，多则百家以上，少亦数十家，然皆得利。此即学理战胜之第一步。因银行引用新学理，而他商业不能采取也。（二）普通在校所学，不与实地相同，惟银行则无大差异。此银行所以宜于学生也。（三）普通商业不照一定时间。惟银行则作事休息全按一定钟点，如在校上课然。此习惯之宜于学生也。以后诸君应用所学服务社会，本校幸甚。

参议员雷殷先生演说：今天贵大学银行专修科毕业式，予得参与其盛，荣幸已极，现在有几句话贡献诸君。中国之贫，由于实业不发达。实业之所以不发达，金融不流通之过也。资产不流通大原因，即是无此项人才。贵校应社会需要而设银行专修科，可谓当务之急。诸君毕业，实有无穷之望。现在中国之弊，正如黄总长所言，社会与教育分途。东西洋各国学那一门就可用那一门，惟中国则多不相符。学经济的长到政治上活动，从来未学过，所以是个门外汉，莫名其妙。现在中国经济状况，见马博士演讲，可知逐渐发达。所望诸君，按部就班做去，即有三层希望：（一）作事切不要灰心。诸君大半为人作事，当然不能事事如意。但习之既久，自可大用其才。当代起自贫寒而成功之人，固不少先例也。（二）万一求小事而不可得，尚望贵校董诸先生广为介绍。俾各得用其所学，为社会服务，庶乎不负学校培养人才之功，亦不枉各人求学之苦也。（三）予深望贵大学逐日发达。日本维新之功，私立大学居其多数。中国私立大学太少。现在调查在北京准备考大学者，已有六千人之多，明年新来合计在一万以上。而官私大学之所收者不过二千人，其余皆不得求学之地，不亦可怜乎。再私立大学实比国立大学好，因私立大学不受政潮与政府财荒之影响也。

银行科主任李倪先生演说：诸君毕业，予个人喜，社会亦喜。银行为社会重要事业，诸君以后为银行作事，岂不可喜么。现在中国毕业生，以法政最多，银行尚少。法政生在政界活动，不独于国家无益，反弄得不成样子，此辈虽多，亦奚以为。银行人才虽少，全能为社会出点力。诸君在校，所学不过是学理。以后还要切实证以事实，而后可成一个事业家。西洋事业家，不限定个个皆是学者，可知经验之重要矣。中国富有天原之资料，资本亦可借助异国，就是缺乏人才。予望诸君：（一）注意所学，勿在范围以外活动。且不要依政府做官，时时要从自己独力着手。（二）勿忘在校训练。本校训练，取严肃整齐主义。望诸君以后对于办事一层，亦以严肃整齐态度处之。中国现在大企业多半失败，小商店大半得利，皆严与不严之效也。

在校学生代表［致］欢送词。代表吴文范君：诸位同学，大半考毕返里，予承诸同学推举致欢送词。本校成立以来，成绩如何，同学知之详矣，兹不赘述。贵班毕业以后，在校同学深仰诸君能以在校新学贡献社会，本校幸甚，在校同学幸甚。谨代表在校同学祝诸君前程万里。

毕业生答谢词。代表杨思康君：本班行毕业式，承来宾演说，校长校董教职员训词，在校同学欢送，是十分的感激。同人知本班为本校第一次卒业，又承来宾及校长校董教职员在校同学示以极大责任。同人才疏识浅，恐不堪当斯大任。但愿努力前进，为本校争光。尚望以后时时赐教，俾资南针，无任感激。谨答。

（《大公报》天津版1924年1月24—28日）

私大代表与章士钊之舌战

佛郎余款不准私大染指　中法委员私大暂不能参加

前日（七日）下午四时，私立大学代表张光瑛、张维城、叶馥、王文俊、夏煜和、姜绍祖、黄秋芳、杨炳璋等，到教育部谒见章士钊，力争（一）金佛郎案余款，应分配于全国教育界。（二）法国退还庚款，划作教育基金，应不分国立私立各学校，一律分配。教育基金委员中，须有私立大学若干人参加。该代表陈述来意，并面递呈文一件。章阅毕，首先发言，即谓（章）此次政府由金佛郎案项下，分配款项充教育经费，我（章自称）提来结束国立八校积欠，私立大学决不能要求分配此款。

(代表问)此款经阁议划定充教育费之用,但无国立、私立字样。尤其无专充结束国立八校积欠之用字样。不知总长何所根据。

(章答)此款政府有自由使用分配权。用之于任何方面,均系政府之自由。私立大学无要求分配此款理由。不过我(章自称)以为私立大学,将来可要求分配中法新协定项下之款。对于此款(佛郎项下之款)决不能要求。且此款为数甚少,不过六百余万。假定每校分与五千元,又能作何用。现在李石曾也想将此款拿去由他分配。今天你们各大学,又来要分此款。如果大家都像这样做去,我提用此款,专充结束国立八校积欠计划,那就不能贯彻。请你们大家都来做总长,何必要我主持呢。

(代表问)此款系临时费。国立八校原有常年经费,自应另筹的款。且应将全国人民负担之款,供全国教育事业之用。敝会同人所要求者,不是多寡的问题,是应该不应该分配的。请总长注意。

(章答)照你们的意见,以为我此次对于此款,分配不对。那末,前几年停付之款,所分配的用途,都可以追究说他不对。

(代表问)照总长所说,认为从前政府分配此款不对,但今日甚希望现政府分配的对。尤其不能说前日分配的不对,而现政府还以不对的方法去分配他。时代是进化的,不是退化的。至总长认为此款,私立学校无要求分配理由。独国立八校,较可要求分配。请问总长,国立八校可要求分配理由安在?私立大学不能分配理由又安在?且国立学校,自有预算所定之专款,以供支出之用。

(章答)中华民国政府从来就无预算。所以我认为此款,你们不能争,只可供国立学校之用(佛郎余款争论,至此告一段落)。

(代表又问)然则中法基金委员会,私立大学可否参加。

(章答)现在私立大学甚多,并都不好。我预备举行一种考试。试验后再定办法。

(代表问)总长谓大学甚多,均办理不善,尽可速定试验办法,严行考验。但已定之国立三校及中法大学一校四名委员,是否经过考试。尤其是中法大学,不但未经政府立案,并无一个大学学生。同人这种话,不过拿该校来作个比较,证明敝会要求之正当,并非攻击他人之言。若照政府如此办法,宁得谓平。

(章答)已定之四名委员,非我任内所定。中法大学虽无学生,听说有学生在法国里昂。

(代表问)中法基金委员会中,政府可派七人。现在名额已派定,私立学校将来若是参加,是否要变更组织条例。

(章答)此种委员会之组织,并无根据。将来政府要加若干人,可任意参加。

(代表问)总长既赞成私立学校可以参加委员会,希望总长今天予以确实答复,何时可以参加。如果可以参加,采何种方法。

(章答)今天不能答复。俟与部中同人商议后,再定办法云。

(《大公报》天津版1925年5月9—10日)

华北大学之新设施

办理严格　组织讲演

北京通信(萍),北京华北大学自新校长王荫泰及总务长冯农等履任以来,颇有振顿之象。对于学生功课及管理方面,均取严格办法。每日必须由教员点名,并将每时所授功课之多寡,登入"教授日志",以作月终考察。凡有学生旷课日久者,即实行除名。闻该校长拟就《训育方案》,以为振顿该校方针。该案包括《训育之机关与组织》《训育之资料》及《训育之方法》三项。并决定由下星期起,每礼拜六举行讲演会一次。业已请定该校董事马寅初及梁启超等名人讲演云。惟其校址狭隘,颇感不便。据该校职员云,业已购定新校址,候暑假后修理完毕,即将迁入云(二十日)

(《大公报》天津版1927年3月21日)

华北大学本星期日下午二时请梁任公公开演讲

题为《知命与努力》

【京讯】华北大学校长王荫泰、总务长冯农等极图振刷该校,引导学生求学精神,贯注于智识及修养两方面,除严厉管理授课外,每星期邀请名人讲演一次。本日(二十二)特请梁启超讲演《知命与努力》。男女听讲者甚形踊跃,大礼堂既无立足地,而院内廊下,亦拥挤异常。梁氏痛论,为人须要努力事业,不当知难而退,并详释儒家墨家名利之分、荀子之节遇谓之命、儒家之"分于道之请命"。又引证孔子之"学而不厌,诲人不倦"、孟子之"知其不可而为之"、诸葛亮之"鞠躬尽瘁,死而后已",皆足以针砭中国目前之时局困难,青年应当努力。最后结论,人生意义是在艰难困苦、流离颠沛下,求生活的黄金世界,决对无有的,只可谓在困难世界上勉力对付，对付一部分是一部分。讲演详稿容另志（二十二）。

（《大公报》天津版1927年5月23）

普天同庆大统

【平讯】北平政治分会，定于元旦日上午九时，在怀仁堂集合北平各军政机关领袖，庆祝民国成立纪念。据张继谈，元旦日首都举行大阅典礼，国府已邀请在京各国公使代办，届时参加。至元旦觐贺典礼，蒋主席谕令暂免举行。分会系地方机关，自无正式接待外宾之必要。但各使及使馆人员之因游历，或他事现尚留滞在北平者，是日如来本会，本人自当以个人资格出为接待，并款以茶点，借敦友谊云。又北平市政府及市党部方面，亦定今日上午十时，在天安门及市党部大礼堂内举行庆典。天安门大会，各团体各机关皆准备参加。市党部之庆祝大会，每团体则派十人代表出席。闻何其巩及谷正鼎为该两会之主席。此外，全市各机关学校等均休假三天，分别筹办游艺大会。天安门内历史博物馆，亦定于岁首开放三天。同时并将中山公园、清太庙、古物陈列所各旁门开放，以便游览。而华北中学学生有一百二十余人，于元旦组织识字宣传队十二队，作各种化装讲演，由南长街该校出发，分赴东西单牌楼及前门一带讲演。

（《大公报》天津版1929年1月1日）

芳泽昨过津由塘沽乘轮归国

【本市消息】芳泽日使，昨日午前十一时乘北宁通车由平来津，下午二时半抵站。到站欢送者有崔市长代表何庭流、交涉员苏体仁。日方有日领冈本、植田司令官，及居留民团理事长、日银行界代表等。于二时四十分由老站向塘沽进发。闻定昨晚五时启碇之景山丸东渡云。

时闻社云，驻华日使芳泽谦吉，奉政府电召归国，于昨晨（十五日）十一时，乘北宁路通车离平。事前由外部档案保管处与路局接洽，依照优待公使章程，备有专车一辆。芳泽于十时四十分到站。河北省政府及公安局军乐队，在站作乐。送行人员有商震代表沈庸，保档处祁大鹏、王维汾、姜绍祖，公安局长赵以宽，及日使馆参议崛内有野、中日新闻记者、日侨民等六七十人。芳泽入站后，向欢送者一一握手为礼。记者在站，与芳泽公使为简单谈话如次：（问）贵使此次归国，使馆事务代理者何人。(答)使馆事务,由崛内参议代理。(问)贵使何日可以来平。(答)本人此次回国,预计路程及在东京之耽搁,约两星期模样,当可归来。(问)贵使回国任务如何。(答)滨口新内阁宣布对华政策,注重真实亲善主义。在修约期中,一切外交计划殊关重要,故归国向滨口总理有所请训。中日商约不久即可开议。最要者即拟由真正亲善中保持中日平等互惠精神。(问)外间有谓先生将调任驻俄大使者,确否。芳泽氏乃笑谓记者曰,本人两星期内尚拟归来,以便中日商约之完成,则使俄一节,殊谈不上云云。时已十一钟,芳泽即登车向欢送者颔首致谢,车遂开行云。

(《大公报》天津版1929年7月16日)

中日联欢

北平欢宴日议员团

【平讯】北平外交部档案保管处处长祁大鹏,昨日(二十六日)下午四时至六时,在外交部迎宾馆柬请日议员视察团及崛内代办,日使馆全体馆员共五十四人,由王怀汾、姜绍祖等作陪,宾主极尽欢洽而散。至八时,河北省主席徐永昌、北平特别市市长张荫梧,亦在该处宴请日本议员团中谷贞赖等。徐永昌因赴津参与海河会议,不可分身,特派严委员智怡代表,张荫梧亦因公忙,派梁参议上栋为代表,共同招待一切。日本方面有崛内代办、有野参赞、须磨参赞、尾见参赞、土田参赞、喜多参赞、原田参赞、横川主事,陆军武官北尾中佐、井上少佐、专田大尉、石田大尉,海军武官杉坂大佐,财务官公森。中国方面,有总部行营主任何成濬、山西[省]主席商震、民政厅长吕咸、农矿厅长李竞容、教育厅长沈尹默、警备司令李服膺、宪兵司令楚溪春、外交部保管处处长祁大鹏、特务委员朱鹤翔、张参议煜余、魏参议文彬、省府交涉股主任陈芳、卫戍部军法处长郑参议、前公使胡维德、市政府孙秘书长,赵秘书、夏秘书等作陪云。又讯。日本议员团中谷贞赖等,今日(二十七日)午前赴天坛游览,后赴琉璃厂购买古物字画,午后自由行动,晚八时出发,由平汉线赴汉口,昨已由省府向平汉局交涉车辆云。

(《大公报》天津版1929年9月27日)

教育界学界庆祝双十佳节

【平讯】北平各大学、各中小学均于国庆节放假一日以资庆祝。中国大学因今日为该校十八周年纪念日，决举行庆祝会。上午九时开庆祝会并欢迎新同学大会，十一时至下午四时开运动会，下午六时开游艺大会。内容有新旧剧、音乐、跳舞、电影魔术等。闻参加游艺者除该校男女学生外，并请有北平蔚琳社艺社加入表演。又华北中学定今日上午十时校友会开会，下午三时至五时为学生家长及教职员恳亲会，晚间表演新剧云。又女附中定今日上午八时在该校大礼堂开庆祝会，并由该校教员讲演辛亥革命史及双十节之意义等。

（《大公报》天津版1929年10月10日）

平市私立小学昨开联合会

讨论教育事项多种

【平讯】北平私立立案中学、小学约计三百校，各组有联合会。近因鉴于会中学校数量之多，实在北方教育界占重要地位，故各校当局屡次开联席会，共谋教育上之进行。昨日下午三时，又在府右街培根女校同时开中小两联合会。首先各自开会，中学联会推华北中学代表姜绍祖主席，小学联会推国风小学代表李秉荇主席。两会散后，继由两会代表联席谈话，讨论教育上应兴应革事项多种，并将联合各校教职员报告各校情况，以便会中采取进行，共谋各校教育之便利。其定期月刊，准下月起出版，现正忙于整理材料云。

（《大公报》天津版1929年11月24日）

平市私中学联会昨日开会

【平讯】北平私立中学校学生联合会，昨日（五日）下午三时半在培根女子中学开会。出席代表，培根女中汤雁女士、英瑞良女士，山东中学郑客舟、张克太，北方中学王富英、陈大森，补公中学江丽生、张世淹，民铎中学黄彭年、封连启，华北中学全乃森，安徽中学蒋兴虞、周曾培，弘达学校王士元、白希安，黎明中学杨淮、方举。公推华北中学代表全乃森主席。行礼如仪。首由主席报告开会宗旨。次议决要案如左：（一）由到会之代表，赴未出席之各校，报告本会今日开会情形，请下次会议出席；（二）下星期一下午三时半，在民铎中学开会，修改章程，选举执监委员，并讨论进行俄庚款之办法云。

（《大公报》天津版1929年12月6日）

平私中运动会参加二十三校

【北平通信】平私立中等学校联合会，定本月十三日在西什库公共体育场开运动大会。闻报名参加学校，已有华北中学、河南中学、女子两级中学、春明女子中学、培根女子中学、进德中学、补公中学、黎明中学、豫章中学、燕冀中学、励志中学、大中中学、大同中学、山东中学、文治中学、北方中学、平民中学、弘达中学、民国中学、民铎中学、安徽中学、志成中学、求实中学等二十三校。一切组织项目，均已拟定筹备完竣。北平警备司令部，已通知各机关知照保护。闻平中各界，对该会提倡体育甚表同情，赠送奖品种类颇多。该会入场券已印一万张，分送各团体云。

（《大公报》天津版1930年4月6日）

平私中运动会

志成得团体表演第一

国闻通信社云，筹备多日之私立中学联合运动会，业于昨日在西什库体操场盛大举行。西什库会场经连日修筑，颇见完善，晨七时起已有整队而至者，西什库道上车马水龙，热闹异常，迄八时许到会者益众。参加之中学校计有励志、进德、北方、春明女中、豫乐、求实、河南、民国、弘达、黎明、民铎、安徽、文治、华北、培根女中、平民、大中、两级女中、补公、山东、燕大、志成等校选手，市府及教局等机关皆派有代表莅会，大会主席为华北中学校长姜绍祖。九时正式宣告开会，乐声大作，鸣炮升旗，各校选手排队游行，乐队前导，绕场一周，旋复环立台前，合唱党歌。歌毕，由主席姜绍祖致简单开会词。田径赛于九时开始，以参加者过多，每组另分小组，因之比赛费时过巨。上午秩序，未能按原定比赛之项目蒇事，遂多推至下午。下午开赛后，又以检查运动员之问题发生纠纷，几至停赛，嗣经调解，始告平息，然又费去不少时间。迄至下午五时男女甲乙四组决赛只九项，苟欲完全赛毕，大会仍须延期于今日继续举行云。

（《大公报》天津版1930年4月14日）

中学教育参观团昨晚由平启程赴日

【平讯】北平市立案私立中学联合会赴日参观教育团，昨晚搭乘北宁路快车出发，该团团员计有华北中学校长姜梅坞、文治校长郁士元、求实校长铁铮、春明女中主任李宜琛等六人。其行程系经朝鲜直赴东京，将遍观彼邦各种教育情形，尤于中等教育特别注意云。

（《大公报》天津版1930年8月4日）

北平教育会昨日成立

【平讯】北平市教育会，昨日下午二时假市党部西花厅举行成立会，选举理监事，主席姜绍祖，行礼如仪，由董霖致词，词毕，讨论会章，修正通过。最后选举理事监事，结果理事韩耀洲（十九票）、武鸿桥（十八票）、周学昌（十五票）、齐树芸（十五票）、何全序（十三票）、马文鼎（十二票）、傅恩泽（十一票）、郭庆云（八票）、朱文澜（七票）、弭竣唐（七票）、牛明恕（五票），候补理事郁士元（五票）、姜绍祖（五票）、陈延馨（五票）、胡春霖（四票）、李鸿（四票）；监事展树涛（十六票）、王维藩（十六票）、徐佩璋（十四票）、续森（十票）、杨清波（七票）、金庚绪（六票）、隆厚田（六票），候补监事吴鉴、张文林。五时许摄影散会。

（《大公报》天津版1931年4月13日）

北平华北中学设置奖学金

【平讯】平市华北中学近亦设置奖学金，兹录其奖学金简章如左：第一条，本校于高中部特设奖学金名额十名。第二条，本校奖学金，每名每年四十元，分两学期给付。第三条，本校奖学金，以入学考试时成绩最优者，由校长提交考试委员会会议取决之。第四条，凡得奖学金者并得按照免费章程，享受免费优待，不以受得奖学金至影响免费。第五条，奖学金以一学年为限，其次期应继续，抑停止，或减少，当视其成绩之优劣，由校长提交校务会议决定之。第六条，受奖学金之学生，于中途受记过之处罚者，得停止发给。第七条，本简草如有未尽事宜，由校长提交校务会议议决修改之。

（《大公报》天津版1931年8月15日）

平私中联合会请中央对日宣战

【国闻社云】北平市立私中联合会抗日雪耻会，昨在华北中学举行执委会。

议决：(一) 电请中央对日宣战；(二) 各校加紧军事训练，检阅委员会赶紧成立；(三) 不赞成罢课。其请中央宣战电文，昨已发出。

(《大公报》天津版1931年11月23日)

中华民众筹金救国会即成立

定二十八日开全体大会

【平讯】熊希龄、丁锦等发起之中华民众筹金救国会，昨日续开筹备会，议决二十八日开全体大会，通过起草之会章宣言。该会一切费用，由吉祥戏院股东刘以镛独立捐助，定二十五日开筹备会一次。昨日各方参加该会为发起人者，有丁锦、于定一、王一新、王士枢、王文锦、王幼侨、尹兆尘、石裔唐、白陈郡、向乃祺、吕国明、江潮、朱清华、朱霖、宋介、汪荣宝、汪毅、邱昌谓、金达志、李诚毅、李鸣谦、李宝瑞、李家驹、周渤、范治焕、苑钟秀、胡翔宝、郁士元、柯劭忞、姜绍祖、凌昌炎、马芷庠、马邻翼、唐在礼夫人、荆有岩、盖唯心、徐辅臣、高开益、陈传瑚、陈诵棻、陈子猷、陈至平、张维(城)、张友渔、张训钦、郭唯一、郭引源、姬振泽、梅悼敏、华觉民、章鹤生、黄云鹏、宁恩承、管翼贤、杨敏植、赵慰如、滕骥、刘以镛、刘彦、熊希龄、顾维钧夫人。

(《大公报》天津版1932年2月22日)

平教育会致电教部催拨协款

函抗日会商会请严禁日货

【国闻社云】北平市教育会前日举行理事会议，会后除致电教部催拨协款外，并函抗日会及商会请严禁日货。兹分志详情如次：

北平市教育会理事会议：于七日下午四时在该会举行理事会议，到理事弭俊唐等十人，决议案(一) 提议各界抗日会及函请市商会积极抵制日货，(二) 联络各团体筹备招待国联调查团，(三) 电请中央速拨教育协款，(四) 呈请市府及教育局维持教育经费，(五) 呈请教育局转令各学校注重国耻教材及厉行军事训练，(六) 下星期一(三月十四日) 下午三点举行理事监事联席会议。

电催协款：南京教育部朱部长钧鉴：平市中小学经费积欠数月，现在虽勉强开学，但仍困难万分。务恳将前允照拨之协款五万元，迅赐汇拨，并请嗣后按月拨汇，俾平市教育不致破产，幸甚。北平市教育会叩佳。

严禁日货：又该会昨特函抗日会及商会请严禁日货，大意略同，兹录该会致抗日会函如下：径启者，查抵制日货为民众救国有效方法，近据报载，本市商民运售日货者，仍未绝迹。当此国难期间，而奸商共图私利，不顾国家，丧心病狂，至于此极，实堪痛恨。兹经敝会全体理事会议议决，拟请贵会对于本市商号，认真检查，倘经发现日货，必须严重惩罚，勿稍宽恕，俾本市日货早日肃清，实至企盼，相应函达，即希查照为荷，此致北平各界抗日会。北平市教育会启。

（《大公报》天津版1932年3月9日）

平市中等教育协进会昨开会

讨论教材时间分配办法

【北平通信】北平市立中学联合会二十一校所组织之中等教育协进会，昨在华北中学开会，计到两吉女中等十四校校长，并北大教育系主任杨廉等。华中校长姜绍祖提议，按章分配各校职务，计总务股为华北、民铎、培根，研究股为两吉、文沼、弘达，调查股为山东、平民、进德、豫章，编制股为志成、北方，介绍股为春明、燕冀。惟研究股职务最繁，请各校教务主任、训育主任尽量加入该股，以利工作。两吉校长熊知白、文沼校长郁士元，对研究工作所提甚长，其意谓教学方面教材及时间之分配，当于最近期内研究一正确标准，现在中学教科书往往于实际教授之时，常感到分配之不适宜，本会必须编书者与教学者有深切之商榷。杨廉谓，教育须有远大之计划，所定标准以较久长为宜，欧美各国对于学制亦不如我国变动之多，私立学校办学人员不至长有更动，比较能有相当进展云云，会毕聚餐而散云。

（《大公报》天津版1932年5月18日）

平市侮辱记者案　韩耀洲正式道歉

平市全运会职员韩耀洲侮辱记者案，因华北中学校长姜绍祖以私人资格调停，教局及韩皆致函记者会道歉并刊登道歉启事。但春运新闻仍不发表，以后新闻则可发表。各函及启事如后。教育局函。敬启者：本局此次办理春季运动，承各报馆对于体育竭力提倡，或出特刊，或辟专栏以资鼓吹。而记者到会采访新闻摄照影片，劳苦热心，尤为可感。讵意开会之第二日，报告员韩耀洲对于记者报告措词有失礼貌，实深遗憾。惟运动会由本局主办，现发生此种不幸事件，本局当负其责，用特专函记者同人道歉。敬希亮察为荷，此致新闻记者公会。北平市教育局长周学昌。

韩耀洲函。敬启者：耀洲此次对新闻界同人有失礼貌，至为歉仄。以后对于运动会各项职员绝不担任。特此函达，至希查照为尚。此致新闻记者公会。韩耀洲谨启。

道歉启事。耀洲此次在平市全运会司令台上，言语失检，对于新闻界同人有失礼貌之处，良用歉仄，兹承新闻界同人逾格谅解，不予深究，殊深感愧，用特郑重道歉，并致谢忱。

（《大公报》天津版1932年5月25日）

北平各界响应废战通电

商银会领衔拍发

【国闻社云】上海全国商联会等四团体前发起之废止内战大同盟，各地亦纷纷响应，北平市商会及银行同业公会接电后，即召集各界开会，拟定电稿，征求各方联署。截至昨日止，联署者有教育会、清华教职员会及绅商十九人并有法学院等四团体来函加入大同盟，昨日复电已发出。兹录复电原文及各团体来函如次：

覆（复）电：上海全国复电商会联合会。上海市商会、上海市银行、钱业公会钧鉴：有电诵悉。民国肇造二十一年矣，以言内战几于无岁无之，致灾召侮，皆是之由，早当废止。何特大难临头，始行运动，民之耻也。虽然诸公以是为倡，孰无天良，敢不追随其后。惟是事必有因而后有果，发生内战之因，至为复杂。约而言之，不外政治上、社会上种种之失平，不平故争，争而不决故战。孔子言，絜矩平天下。惟其絜矩是以能平，若不求其致战之由，则扬汤止沸，岂特内战不能废止，且恐大乱之将至。诸公于此，当有彻底研究，唤起国人觉悟，速求合力改善，天下事乃可为也。会章十条，多属会务。惟第二条所列三项，乃系办法。第一项，演说课述须求普遍，战有战具，国家平日所设其可为战争之用者，皆战具也，人人明了此种战具，系为吾民族保生存、抗外侮，而非一人一系之私物，助长内战，徒害国家，胜不为荣，死亦负咎，庶不肯作无谓之牺牲，则所恃以为内战之具失，而战祸息矣。第二项，调处纠纷，苦无实力。今之政治组织，政府对党负责任，党对谁负责任，吾民不过被训练者，究居何等地位，疑莫能明，职业团体仅全民之少数，能力几何，佥以为欲求内战永不发生，必须政治先上轨道。各国何尝无政争，而内战不起者，则政治有轨道之效也，非自治完成，不能实行宪政，非宪政实行，政治难上轨道，此乃根本至计，并非迂远之谈。各省市自治方在厉行筹备，自当督促鼓舞，克日完成，故民间职业团体六字，不如改作法定民众团体及职业团体，较为赅括。第三项，制止方法之实施，然军力所及，每苦强迫，自应全国联络，互相策应，方能有效。各省会、各大市实有成立分会之必要。平日从事宣传研究，有事互相提挈。此外尚宜集思广益，以资补充，而期实效。方今粤战即在眉睫，诸公提倡斯会，以废止内战为帜。对于粤事，亟宜提出劝告，发聋振聩，此其先声，愿诸公图之。北平市商会、北平市银行同业公会、北平教育会、清华教职员公会朱清华、周肇祥、江朝宗、容聘之、林志钧、范秉钧、谷钟秀、周伯英、孔昭焱、吴庭燮、邢端、刘景山、吴大业、马芷祥、杨仲子、余家菊、刘惠棠、刘家驹、黄伯耀叩，真。

来函：（一）国立北平大学法学院函。敬复者：顷奉大函，祇悉一是。关于响应沪方发起之废止内战大同盟会，敝院极表赞同。惟开会时间已过，未能参加，良深遗憾。所有会中一切进行，尚祈贵会随时函知，俾便共同努力，是所至盼。此复。北平市商会，银行同业公会。

（二）中国文化经济协会函。敬启者：顷奉大札，祇悉沪方发起之废止内战大同盟会，经贵会响应，曷胜钦佩。敝会自当不惜牺牲追随会众，采取一致行动，以期永洗甲兵而完成精诚团结之志。相应函复。并希查照。

（三）北平中法大学函。敬复者：接奉台函，祇悉一一。贵会热心谋国，福利民生，响应沪方废止内战大同盟会。下风逖听，靡深钦佩。敝校对于斯举，极端赞同。并希将中法大学衔名列入同盟会内，是所切盼。

（四）国立北平研究院函。径启者：贵会来函，以上海全国商会联合会等，发起废止内战大同盟会，现假北平银行公会地址开会响应沪方，请予赞同等因。查该会表示国民心理，防止未来战争，实为目前要图。本市开会响应，敝院极愿加入同盟，相应函复，希即查照办理为荷。

（《大公报》天津版1932年6月12日）

北平市教育会议决反对裁撤教育局

昨派代表赴政委会请愿　周学昌辞职市府尚未准

【国闻社云】北平市教育会理事会昨日上午九时举行全体会议，决议：（一）呈请市府及北平政务委员会，请勿裁撤教育局；（二）推郁士元、齐梅阁赴市府及北平政务委员会请愿，并面递呈文；（三）联络其他教育团体共同进行；（四）将呈市府文印送私立中学联合会、市立中学教职员代表会、小学教员会等请一致主张；（五）扩大宣传唤起各界注意。

国闻社云，平市教育局长周学昌，前以办事棘手且身体多病，特具呈请市府辞职。市府方面，以北平政务委员会裁撤财、教两局令尚未接到，此项批令当在裁撤令发出后再为发表。至于两局裁撤后，财政局则归并市府，教育局则归并社会局。此项办法，市府方面认为并不与市组织法发生冲突。至于社会局长娄学熙、教育局长周学昌，将留府任参事职，新社会局长将由现任财政局蔡元担任，闻已确定云云。

（《大公报》天津版1932年7月6日）

平市减政后一月可省二万四千元

教财两局裁撤令下 教育会昨请愿维持

【北平通信】北平教育会，于一昨日下午三时派代表郁维民、齐梅阁二人携带呈文，赴市府请愿，请勿裁并教育局，以维教育。当由市长周大文亲自接见，代表等申述维持教育局之理由，并谓北平为全国文化中心，学校数目之多，在全国为第一，教育局实不可一日无有云云。

由周氏答称，裁撤财、教两局问题，刚经确定，实难变更原议，至于此种办法，亦系试办，倘发生困难时，或亦可恢复原状，对于此事，容再加考虑云云，代表等于四时退出。又平市市立中学教职员代表会于昨日上午十时在第一中学开会，讨论市府裁撤教育局事，决议，定于今日下午二时在二中再开会讨论，并推派代表谒见张主任请愿。又据时闻社讯，教育局、社会局裁撤令，昨晚已发表，周大文谈裁后每月可节省经费三千数百元，归并社会局实为合理之办法，此次裁撤教、财两局系减少行政费，事业费并未减少，此次减政共可节省二万四千元，支配原则已决定，先偿还银行借款，再设法整理教育经费云云。

（《大公报》天津版1932年7月7日）

平市中等教协会举办暑期讲演会

讲题及日期均已公布

【北平通信】平市私中联合会所创办之中等教育协进会，定于暑假内敦请教育界名人讲演，俾与各中学教职员共同研究。该会前晚七时，在中山公园水榭，宴请讲演者胡适等，并议定讲题及日期，并规定讲演地点为中山公园水榭，至十时许散会。闻该会以研求实际教育为目的，故参加听讲者除私中联合会各校教职员外，并其他市私立中学教职员，由该会事前发给听讲券，以资限制。兹录讲题及讲演日期如次：

讲演者讲题日期：杨廉，《改进中学教育之方法》，七月二十四日；谢似颜，《中学体育教学法》，七月二十八日；靳宗岳，《近世数学之分类》，七月三十一日、八月四日；陆懋德，《社会科学方法研究》；胡适之，《国文教学之研究》，八月七日；李建勋，《中学教育之新趋势》，八月十一日；丁文江，《自然科学教学法》，八月十四日；张贻惠，《近世物理学之趋势》，八月十六日。

（《大公报》天津版1932年7月19日）

中等教育暑期讲演会

杨廉昨讲改革之方针

【平讯】北平市私中联合会中等教育促进会及北平教育会合办之中等教育暑期讲演会，于昨日上午九时在中山公园中山堂举行第一次会。由北大教授杨廉主讲，讲题为《改革中等教育之方针》。到百余人。开会后，首由两吉女中校长熊知白介绍后，杨氏即登台讲演，至十二时许散会。

（《大公报》天津版1932年7月25日）

胡适第三次讲演《中学国文教学法》

十几年前的主张到现在尚未实行　如今再拿出来
参照现行学制　讨论国文标准及教材均应改进

【国闻社云】北平市私中联合会、中等教育协进会及北平市教育会合办之中等教育暑期讲演会，昨为第五次，仍自上午八时起在中山公园中山堂举行，由胡适博士主讲，讲题为《中学国文教学法》，听众二百余人。八时许由华北中学校长姜绍祖介绍后，胡氏即登台开讲，至十时许散会。兹志其演词如次：

《中学国文教学法》，在十数年前，本人曾经讲过二次，第一次在民国九年，讲演稿已刊载在《胡适文存》第一集，第二次在民国十一年，在济南中等教育改进社内再讲，讲题为《再论中学国文教学法》，此篇讲演稿亦已刊载在《胡适文存》第一集中。今天讲《中学国文教学法》，乃为第三次。今日所讲泰半仍皆为老话，在十几年前个人之主振，至现今仍未实行，故今日有再提出讨论之必要。第一次讲演距今十二年，而第二次距今则正十年，如今再拿出来旧主张，参照现在学制讨论，请有经验之学者予以指教。此种主张是否行得通问题，在从前实行则甚觉困难，在从前于设备方面、材料方面、教材方面，皆不十分充足，而现今则皆有，且已甚多，故将十数年前主张拿出请指教。

标准：现在教育部颁布高级中学毕业时最低之国文标准共有六条，代表一高中毕业生最低之目的。（一）曾精读名著六种。（二）曾略读名著十二种。（三）能于中国学术思想、文学流变、文字构造、文法、修辞五方面有一种了解。（四）能自由运用语体文及平易文言文。（五）能自由运用最低限度之工具书。（六）能检阅古文书。至于本人，则假定一中学国文程度标准如下：（一）能认能用国语自由发表思想、作文演说，而无文法上之错误；（二）能认能看平易古文书，且能检用古文书；（三）能认能懂得古文国语在文法上大致之同易，且能交互翻译；（四）曾读过三四十部整理过的文学名著，且能鉴赏与了解；（五）能有天才高之学生，且志愿继续向文学者，应鼓励其以古文作文。以上五点为个人对于中学国文标准之假定，实亦与教育部所颁布者相差不多。

教材：现在教材大部，皆书店老板所定。至于教材之分量内容，应有专家学者审定。至于缺乏之材料，则应由大家合作，应组织教材委员会办理此事，实不应以东拉西扯而未加整理之活页文选作为教材。至于现在规定教材，应分为四大类：（一）关于国语文法之材料，应使学生明了国语文法上之知识。（二）古文文法，使教授及学者明白古文与白话文文法上之区别。（三）白话文学名著，应大略之分为四类：（甲）旧小说，如《老残游记》《儒林外史》《水浒》《西游记》等等；（乙）新小说最少在十部以上；（丙）新剧本最少在十部以上；（丁）白话文名著选本应由名家编选，至少须有一二种以上。四种则为国语文教材之来源。（四）古文学教材，亦可分之为四类：（甲）小说，如古文小说、《聊斋志异》《虞初新志》等皆可经整理而用之为教材，并如林琴南所翻译之新古文小说，如《黑奴吁天录》等；（乙）整理过的古书；（丙）古文类选本，计可分散文及韵文二种；（丁）每一学生并由教师选定为整理过之古书，作为练习整理之工作。

方法：至于中学国文方法教学方法，亦可分为二种：（一）白话文教学法，（二）古文学教学法。关于白话文教学法应将材料加多，注意以下各方面：（甲）读书应使学生完全注重自修，在讲堂上应只注意讨论与考问。（乙）讲堂上教育应随时指出旧的白话文在文法上之缺略之处。（丙）教学法应注意活的国语文学，如演说、辩论、演剧、念诗、读文之应用等等。（丁）作文应注意七点：（一）文法上的原理；（二）论理之明白与正确；（三）文学上之训练；（四）做文章要予学生以搜求材料运用之训练；（五）以做文章之标准，提倡翻译，由古文译到白话文；（六）怎样用作文训练学生搜集材料，及运用材料。关于古文学教法，亦应注意下列几点：（甲）读古文小说，亦应使学生自修，靠教材内容之兴趣，使学生自己继续力量，并使学生做提要与鉴赏批评之报告，在讲堂上讨论答问；（乙）读整理过之古书亦应自修；（丙）没有整理过之古书，训练学生能有用标点分段整理古书之能力；（丁）选定散文、韵文亦应由学生自修，教员应随时考问学生了解及鉴赏之能力，少数名著亦应精读熟读，或背读；（戊）将古散文、韵文译成白话，可训练学生在字义上及文法上之了解；（七）试作古文，最好将白话文译成古文，如此进行，中学国文程度将来较诸大学高出多多云云。

（《大公报》天津版1932年8月8日）

近世物理学之趋势

【国闻社云】北平市私中联合会、中等教育促进会及北平市教育会合办之中等教育暑期讲演会，昨为六次讲演，由靳宗岳主讲《近世数学之分类》。又张贻惠并定于十六日上午八时起，仍在中山公园中山堂讲演《近世物理学之趋势》云。

（《大公报》天津版1932年8月15日）

平市学潮未已

小学教员昨继续怠课　北大罢课　决从严办理

【北平电话】北大校长蒋梦麟昨晚发出严厉布告，制止风潮。大意谓，近查有少数学生，希图借端鼓动罢课，希望各生以学业为重，照常安心上课，其有妨害上课、学校秩序，以及希图扰乱者，一俟查明，决予严惩不贷。同晚，北大教务会议致电教育部长朱家骅云，昨日本校少数学生，假端聚众滋扰，蒋校长业已严厉处置，电告大部。同仁等认此项处置为必要，蒋校长不应引咎辞职，除一致决议挽留外，敬电奉闻云云。

【平讯】平市小学：教员罢课潮尚未平息，北京大学竟亦发生学潮，兹分志昨日各情如次：全市小学：平市小学教员实行怠工后，昨日下午仍未上课，小学教员会昨晨开代表大会，到百余人。由丛又安主席，首报告前日请愿经过各情，决议分赴财政整委会及北平政委会请愿，解决经费问题，并电教部催拨协款等要案十件，至十一时许散会。并于下午一时招待平市记者，报告怠工经过。又小学校长会，亦于昨日下午二时开全体大会，决赴市府及社会局请速筹经费。至教育会方面，亦于昨日开全体理事会，由武可题主席，决议以小学教员怠工问题，关系教育甚为重要，急应设法调解，议定办法如左：（一）急电中央请速拨教育协款，以救目前困难；（二）对欠薪问题陈请市政府从速借款偿还一部分，其余者亦请陆续筹拨；（三）请市府指定教育专款，使教育经费不再拖欠；（四）推姜绍祖、郁士元、武可题、陈延声为代表，携带呈文赴市政府接洽；（五）上项办法实现后，希望小学同人顾全学生学业，恢复上课。又市长周大文氏，为小学怠工事件特于昨日下午三时招待平市新闻记者。周氏报告大意谓，本市教育经费，向赖取崇关按月协助五万六千元，作为底款。自二十年二月崇关裁撤，此款骤归无着。中央虽允每月补助五万元，但自上年一月，迄今一年零八个月间，仅只拨到十七万元。截至本年一月止，欠发教育经费十三万二千八百余元。后奉令减政，党教经费改发八成，各教职员恳准自二月份起，暂照八成具领，但仍自十二月欠发部分，接连计算，宁欠不折，其积欠之款，候中央协款汇到，或另有办法，即行补发等情，本府暂准照办。讵数月来，中央补助之款，迄未拨到，而自本年二月份起至八月底止，每月欠发二成，计洋一万四千九百六十九元三角，七个月共欠发洋十万零四千七百八十五元一角，又加班费洋二千四百五十三元，连前共计约二十四万之谱。自本年九月份起，所有本市教费，即以现洋在每月所发之八成为额定实支之数，月款不得仍前继续计算，以清款目。以前旧欠由本府拟自二十二年一月起，由市款内按月提存一万元，清旧欠。总之，本市教费，向系仰赖中央协款，本市屡向中央请款，迄无以应，全市政费一再减削，始得勉强匀出教育经费八成。衡以本市财政情形，如此办理实已筋疲力尽。查自本年二月起至九月以前止，所有本市担任之八成教育费，均经按月发放。至于从前旧欠以及每月之二成数目，乃系当时言明，俟中央款到，再行拨还之项。故教员方面之所谓积欠，不过一笔空账而已。至于教员方面所提出之四条件，皆系市府能力办不到之事，若延长怠工，市府亦已预备办法，决停发经费而予以改组云云。

【平讯】北京大学：国立北京大学因请求免费问题发生风潮，校长蒋梦麟电请教部辞职，全体学生昨开大会，由被开除学生陈嘉琨报告请愿经过。据蒋梦鳞对记者谈，此次学费风潮，系少数学生所鼓动，要求缓缴学费事，本可酌量办理。敝校学费仅十元、体育费一元，共缴纳十一元，何必聚众滋事不守校规。余对此非常灰心，处理办法观察风潮之大小而定，如不扩大则甚易办理。中央决心整顿大学，毫不客气。余在京时，朱部长曾以此意示余，北大学风并不嚣张，嚣张者仅少数人，少数人滋事更为痛心。余因与北大有历史关系，始来长校，不料于国难严重时期，大学生有此不轨行动。同时本人自愧整饬有心，训导寡效，故请教部撤职。在教部所委之新校长未到校以前，暂负校长责务。惟不到校办公，通常事宜由秘书及各课办理，重要事项由校务会议解决云云。又该校开除学生布告云，查本日上午学生靳瀛、陈嘉琨、石宝瑚、王德义、杜金桂、孙钟岳、安廷庚、张公晖、赵厉师等假借事端，聚众滋扰，竟至关锁校门迫胁校长，败坏校纪莫此为甚。学生靳瀛、陈嘉琨、石宝瑚、王德义、杜金桂、孙钟岳、安廷庚、张公晖、赵厉师等九人应即开除学籍。此布。二十一年九月二十八日。又该校限期续费布告，查本学期缴费注册日期，定于本月三十日截止，早经布告在案，兹由校务会议议决，不再展期。惟如有特别困难情形，不能如期缴纳者，得于十月一日起至八日止，每日下午二时至五时，偕同原保证人携原盖印章至秘书处声述困难情形，由原保证人担保，于十月十五日以前缴纳，并声明如逾期不缴，由原保证人负责缴纳，其在十月八日前不办理此项手续者，即不予注册。其不能如期补缴各费，或原保证人不能如期代缴各费者，其注册均作为无效。此布。二十一年九月二十。

（《大公报》天津版1932年9月30日）

教部电蒋梦麟严厉处置学潮

北大问题决于今日大会　小学经费无着　复课有待

朱家骅二十九日电蒋梦麟云，俭（二十八日）电悉，该校少数学生，藉端滋扰，行动越轨，仰该校长详密查究，将首事学生从严惩处，毋稍姑息，仍盼本已往精神，继续负责，共挽浇风。

【南京三十日下午九时发专电】蒋梦麟为北大风潮，电呈教部辞职，教部已去电慰留，并令将为首滋事学生九人从严惩处。

北大学潮在僵持中：【平讯】北京大学一部学生因要求缓交学费发生学潮后，昨日为第三日，全校秩序一切如恒，上午第一二两院除一部学生外，均照常上课。校长蒋梦麟氏仍未到校，惟各课职员依然工作，校长并发出布告，告诫学生。学生方面要求缓交学费者，向全校同学方面进行一致行动，并组织被开除同学后援会，昨下午并曾开会，对驱蒋决议表示否认，罢课复课问题，决俟今日大会讨论决定，昨下午并招待记者报告。兹将昨日各方情形汇志如次：

蒋梦麟未到校：该校校长蒋梦麟自日前离校后，即向南京教育部拍电辞职，前日起即未到校办公，昨日上午十时始接到教部复电，请蒋仍照常负责，并照章处理。蒋昨虽未到校，但对校中一切事务依然负责，前晚校务会议后，曾贴出布告一纸，告诫学生，勿为少数分子所动，否则严予惩处等语。

教授照常工作：此次风潮，该校所有教授态度一致，每日照常上课，昨日学生方面传出有教授陶希圣者曾致函被开除同学后援会劝导，勿使事变扩大，应与学校进行讨论解决办法。闻学生方面，对此种私人调停有容纳之意。

今日再开大会：被开除同学后援会昨举行执委会，对外传驱蒋问题，表示否认。议决案如次：（一）致函校务会议，请求恢复被开除同学学籍，并限明日（一日）上午答复。（二）继续罢课或复课问题，明日召集大会解决。（三）函各报馆否认驱蒋决议等，至四时散会。

小学教员昨仍怠工：【平讯】平市小学教员怠工后，昨为第三日，各校昨日下午仍皆未上课，教育会昨派代表赴市府方面进行调解，结果周大文谈称正在进行借款中。同时，昨日小学校长方面开会，决议向教员方面劝导复课，教育会方面开代表大会，结果决定不接受任何劝导。兹分志各情如次：

校长赴社会局：小学校长会执委全体十余人昨再赴社会局谒见局长蔡元，商洽小学事件，由秘书吴曼公代见，代表等请：（一）解释关于催促小学校长会报告各校教员怠工情形之真正用意；（二）请社会局方面于最短期间先期筹借一部分经费，以解除各校之痛苦；（三）丁级学校每班十元之维持费，于最近发放经费时请勿扣留云云。吴氏答称：（一）并无用意，不过系市府下令调查，以便呈报市府；（二）负责转达局长；（三）请校长会拟具呈文，呈请社会局，再听候办理云云。十一时许代表等始退出。

中学代表请愿：又中学教职员联席会代表汤琴、金养田、石学万、王伯敏等二十七人，于昨日上午十时，再赴市府谒见市长周大文请愿，反对库券抽还积欠办法。首由穆秘书笃里代见，大家认为不能满意，后遂由周氏亲自接见。代表申述来意后，周氏当即答称，关于学校欠费，尽于四日内向银行借款，借得后当可发还，星期一可圆满答复，至于所要求发放十成等事，现今提不到云云。

小学校长开会：小学校长会昨日下午三时召开全体大会，到五十校校长五十人，由尚蕴青主席。决议：（一）函达教员会，询问怠工状况，以便转呈社会局；（二）用书面请求教员会暂时复工。至四时许散会。

教员代表大会：小学教员会于昨日下午三时在教育会再开第六次代表大会，到百余人。由李景韩主席。决议：（一）不接受任何劝导。（二）（甲）通知家长教员，不负下午管理之责任；（乙）组长负责召集各校会议；（丙）下课后，同人设法避免校长劝导；（丁）下午绝对不准学生到校；（戊）用警条警告同人及校长；（己）由组长报告执委会，召集纠察队赴该校劝止。（三）先劝导上课同人后惩戒。（四）开小组会议，并准备十人宣传。

调解在进行中：教育会昨日下午三时派代表武可题、陈延馨、郁士元、姜绍祖等四人，赴市府谒见市长周大文氏，调解小学怠工事件。据周氏谈称，关于发放教款则唯二路可行：（一）进行借款，（二）希望中央协款。借款事，农工、边业、金城三银行，市府现仍欠十五万之多，已接洽过，再借恐不成。其余则亦唯有中交两银行而已，因中交与市府向无往来，成否不知，拟明日前往一试，并希望教育会亦与中交两银行接洽。此后经费希望八成活动问题恐不能成，不过活动者唯有学杂费，并希望劝导小学同人复工。不过在市府想办法之前，各小学实行罢课实不应当云云。教育会代表当将希望和平解决及双方各不应走极端之意见申述。

教育会催协款：教育会昨晚分别致函银行公会及中交两行，请求允拨借款，以维教育。并于昨日分电行政院及教育部催拨协款。原电云，南京行政院长暨教育部长钧鉴：平市中小学积欠经费，俭（二十八日）起已怠工，教育濒危，务恳将中央协款火速汇平，以救眉急。北平市教育会陷（三十日）印。

（《大公报》天津版1932年10月1日）

平小学教员会决议今晨游行请愿

对市府办法认为不满　中学代表请愿亦无结果

【平讯】平市小学教员实行怠工后，昨为第六日。上午该会全体执委赴市府谒市长周大文，询问经费解决办法，下午并召集全体大会，认为答复不圆满，决定继续怠工，并定于今日上午举行全体大会，赴市府请愿。教育会理事陈聘之、姜绍祖等赴银行公会往访主席周作民。周氏表示，对于小学怠工允为同情援助，银行公会并定于昨晚开会讨论。兹分志昨日详情如下：

教员询问经费：小学教员会，昨日晨八时，召开执委会询问教员经费，讨论赴市府谒见市长周大文氏，询问偿还旧欠办法后，遂决定全体赴市府，并定于当日下午一时召开代表大会。讨论后，执委李景韩等九人已于十时许全体赴市府。当由市长周大文氏亲自接见，对于经费偿还积欠办法，负责答复五点：（一）向银行借款并无着落，市府关于发放经费已另筹办法；（二）市府拟自九月份起，每月多提出一万五千元，连同发放之八成共计十成，二成系偿还积欠；（三）希望小学教员于即日起复工，以免荒废儿童学业；（四）此后，教员会如有办法，市府能办者，呈报市府，市府当尽力帮忙；（五）承认学杂费作为偿还旧欠之款云云。代表等以周氏答复，代表会开会后方能决定，遂于十二时许退出。

中学昨亦请愿：又中学教职员代表金养田等八人，亦于昨晨十时许赴市府谒见市长周大文，请求发放经费办法。至十二时许，周氏接见小学教员代表后方始接见。代表申述来意后，周氏当即声称，关于中交两银行借款不成，市府方面关于经费已另想一办法，即自九月起发放八成，每月提一万五六千元，合计二成，共计薪金十成，其中二成作为偿还积欠，发八成期间则为十五月，此十五月间，旧欠即可完全清偿，不过此办法尚须得上级机关之同意。此事市府亦正在计算中，不过九、十两月中因班禅来平，每月招待费已定一万二千元，出席华北运动会选手旅费六千一百元，超过甚多，并希各同人予以谅解云云。代表等当再要求请由九月份起发放十成，至于积欠，则请于最近发放一部，以后则不再由政费中偿还教款云云。周氏则允，关于一切办法应由书面呈报市府再行核议办法，在事实上可行者当即可实行云云。至一时半，代表等始退出。

周作民表同情：教育会理事会于昨日上午十一时，由代表陈聘之、姜绍祖二人代为向银行公会商借教育经费事，特往访该会会长周作民。当蒙周氏接见，代表陈申述来意，略谓各小学现已怠工，平市地方教育行将破产，务祈银行公会设法准予接济教育经费若干万元，以度难关而维教育云云。周氏当即答复，略谓，银行界同人对本市地方教育向极关心，屡次教育经费均极帮忙，惟前欠未还，银行方面亦感困难，但目下市立小学业已怠工，前者教育会来函业已收到，关于此次借款事，如市政府有可靠保证即有商量余地，银行公会定于今日开会，即将对此问题提出讨论云云。

教员呈报市府：又关于银行公会周作民允负责维持事，小学教员会即于昨日呈市府，请派员赴该会接洽。原呈云，呈为报告事，现据市教育会秘书陈聘之谓，见银行公会主席周作民氏。据谈，市府维持费借教款，如有稳固之抵押，借款不成问题等语，并闻今晚银行公会开会，即将讨论此种借款事件，敢请钧府实时派员赴该会接洽借款，以维教育，实为公便。谨呈北平市市政府。北平市小学教员会执行委员姚锡嘏、李景韩、傅文通、陈梦九。

第七次代表大会：小学教员会于昨日下午一时，在该会举行第七次代表大会。到四十七校，代表百余人，由张纪之主席。开会后，首报告，旋即开始讨论，决议：（一）对市府答复是否认为圆满案，决议认为不圆满，决继续怠工。（二）召集全体会［员］游行请愿案，决议通过，明日上午九时举行。（三）联合学生会及学生家长会案，决议通过。（四）严密本会组织案，决议填写志愿书。（五）二十小学破坏平校怠工，应如何处理案，决议与第一案同样办理。（六）如何阻止学生到校案，决议：（甲）给校长会去公函，（乙）各校同人负责阻止，（丙）给学生自治会去函。（七）如明日请愿无圆满结果应如何处理案，决议举行师生联合大请愿。至五时许散会。

（《大公报》天津版1932年10月4日）

平市小学教员怠工潮解决有望

银行借款可望成功　教育会允调停复课

国闻社云，北平小学教员怠工风潮，昨日表面甚为和缓。市府借款事，周作民已复函，市府当于昨日下午派员赴银行公会商洽数目及日期，昨晚可确定。如借款有成，风潮当可解决。兹分志详情如次：

询借款情形：市立中学教员昨派代表金养田等八人赴市府询问借款情形，由周大文氏亲自接见。告以银行借款于最近或可成功，唯多少须商洽后方可决定；指定专款偿还积欠问题，除中央协款汇平后，一时尚难办到。如营业税收入超出五万，市府即可以余款偿还积欠云云。代表等退出，并定于明日（七日）再赴市府询问借款结果。又教育会代表昨晨十时派代表姜绍祖、郁士元、武可题等三人赴市府谒见市长周大文，询问市府进行借款情形。周氏于接见中学教员代表后即出接见。对代表谈称，银行借款已有一线希望，今明日即可有结果，请转告小学方面早日复工，以免荒废平市儿童学业。如再走极端，则市府只有于社会局调查后，予以停发经费及改组之一途云云。教育会当允负责竭力调停，遂于十二时许退出。

周作民复函；又关于市府借款事，市长周大文前曾致函周作民氏，请指定任何一项税收为保证，允借款项，以资救济平市教育。周作民氏已于昨日复函市府，表示请市府揭明担保品，俾便商洽。市府当于昨日下午派员赴银行公会磋商借款数目及偿还日期，借款事昨晚或可确定。周作民复函原文云，华章先生市长大鉴：接奉台翰，祇聆一是，过承藻饰，弥用悚惭，教育经费事敝行曩遇此种借款，无不效其棉薄。日前贵处派员向敝平行商洽，致有方命之处，良为歉仄。日昨教育会陈、姜二君见访，谈及该会曾有公函向敝银行公会促助教育经费借款，当以事关各行，自非由公会提出讨论不能决定。至于报载谈话，微有出入，承示各项税捐，无论任何一项，皆可作为此项借款之保证。仰见关怀债信，岂胜钦挹。第贵府税项，弟奚敢任意指定。如须由敝公会转向各行商洽，希执事指明担保品，俾便会商，再行报命。先此奉复，诸祈亮鉴为幸。敬颂公绥。弟周作民敬上。四日。

（《大公报》天津版1932年10月6日）

北平私中体协决议五月六日开春运会

各项球赛秩序亦排定

【北平特讯】平私中体育协进会，昨日下午四时，在华北中学开会，到王玉增、周书元、金复庆等数人，主席关振禄，关于春季竞赛有所讨论。兹将其议案录后：（一）各项规则仍照往例；（二）本届裁判由各会员教职员担任之，概无车马费；（三）春季运动会，定于五月六日举行，大会职员由关振禄聘请之；（四）规定春季球赛第一周战表。女子排球：弘达—华中，十五日，在志成。

男子初级排球：志成—弘达，十六日上午十时，在弘达。

男子高级排球：

附中—文治，十六日上午九时，在志成；

弘达—大同，十五日下午四时半，在华中；

华北—志成，十五日下午三时，在弘达。

男子网球：弘达—志成，十五日上午九时，在弘达。

（《大公报》天津版1933年4月11日）

殉国军人遗族

平教育会讨论教养办法

国闻社云，平市教育会昨日下午二时在该会事务所开全体理事会，由齐树芸主席，讨论姜绍祖提教养殉国军人遗族办法。决议原则通过。所有办法推齐树芸、武可题、郁士元会同提案人审查。至三时半散会云。

（《大公报》天津版1933年6月11日）

平私中冬季球赛下周比赛表排定

委员会定下月五日开会

私中体协会主办各季球赛前日开始第二周，各与赛队表演极为精彩，该会竞赛委员前日下午二时在华北中学开会排定下周赛表，议决事项及比赛结果列后：（一）审查第二周比赛结果；（二）志成与华北足球补赛，于本周星期日举行；（三）文书关延煦发通知各校，定十一月五日下午二时，在华北中学照像（相）；（四）队员姓名一览，由关延煦订好发送各校；（五）下次开会日期，十一月五日十二时在华北中学；（六）排定第三周战表（下略）。

（《大公报》天津版1933年10月31日）

空气浓厚之新生活运动

北平促进会昨日成立

【北平通信】北平市新生活运动促进会筹备多日，昨晨在中山公园中山堂开会成立。到各界代表五百余人，为入春以来中山公园第一次盛会。会场及中山公园门外，均悬挂“新生活运动是复兴民族的革命运动”“新生活运动为目前救国建国最有效的革命运动”“明礼义，知廉耻，是新生活运动的精神”等标语横额。到会闻人有蒋梦鳞、张继、张厉生、鲁涤平、陈石泉、陈防先、冷家骥、宋振榘、何其巩等。十时开会，首由主席团张继致开会词，略谓新生活运动是民族复兴运动、革命复兴运动，因中国需要而发生，相信此运动能维护民族固有精神及自信力。明末时，昆山顾亭林先生云：“朝代有更换之时，而国家无灭亡之日。”有此自信力，何虑民族之精神不能复兴云云。次张厉生及何应钦代表宋振榘致词。继由蒋梦麟演说，略谓新生活运动之发生并非出于偶然，外人之压迫中国，最初以坚利之枪炮，故我国最早动机，为改良枪炮兴海军。甲午战后，一切失败，故有戊戌改革政治运动。经十余年后，政治改革不易，故民七、八年时注重思想革命。而近数年来，因改革思想过于空泛，故进一步由蒋先生发起新生活运动，改革实际生活云云。继由筹备员邵令江报告筹备经过，旋通过简章推举何应钦、黄郛、张厉生、徐庭瑶、商震、王树常、魏益三、袁良、蒋伯诚、胡毓坤、戢翼翘、邵文凯、蒋梦麟、余晋龢、蒋孝先、李蒸、梅贻琦、徐诵明、李书华、何其巩、王卓然、鲁涤平、江庸、王正廷、周炳琳、蔡元、梅公任、石九龄、陈访先、成舍我、陈博生、管翼贤、刘真如、萧训、冷家骥、周作民、邹泉、崔震华、王文湘、陶曾谷、陈衡哲等四十一人为名誉监事，次推选庞镜塘、齐树芸、袁其凝、陈宗周、李嗣璁为监事，王子文夫人为候补监事，沅斋、陈石泉、邵令江、安怀音、徐箴、吕云章、詹朝阳、姜绍祖、顾孝如为理事，杨立奎、王受恭、廖兴序为候补理事。最后讨论提案，全场通过。(一) 苏挚提请大会制定新生活运动之有效稽查方法案。(二) 詹子明、宋守和提建议行政院驻平政务委员会通令所属各机关公务人员厉行新生活标准案。(三) 常积仁提由本会派员向各学校讲演案。(四) 赵成甫提由本会制定标语向各娱乐场所交涉映演或张贴以广宣传案。(五) 魏学廉提本会应与各地新生活运动促进会取得联络以便行动一致案。(六) 陶桂提由本会函促省市党部工作人员躬亲奉行信约为民众表率案。(七) □则一、詹子明、赵珊提用大会名义电慰蒋委员长案。(八) 杨维东提建议军分会通令所属厉行新生活案。所有决议各案均交理事会办理，至十二时呼口号散会。

又该会昨致蒋委员长电云，南昌军事委员会委员长蒋钧鉴：新生活运动为最实际最有效之革命运动。钧座刻苦厉行，为天下先，登高一呼，全国响应。敝会已于三月十八日成立，誓与北平一百五十万同胞共同淬励奋发，涤旧布新。在钧座领导之下，同为复兴中华民族之战士，敬祈时加指导，俾有遵循。专此电陈。北平新生活运动会叩巧（十八日）。

（《大公报》天津版1934年3月19日）

中校会考平市考委会开始办公

【平讯】平市中等学校学生毕业会考，已定于六月二十八日开始分十区举行。考委会正式成立后，关于会考一切应行事宜，该会已开始办公积极进行中。此次参加会考之市私立中等学校，高中计三十九校，共约学生二千余人，初中学生约在三千名以上，考委会现在调查中。又私中校长联合会定明日下午二时在华北中学召开全体会议，讨论请求考委会准予派代表参加工作云。

（《大公报》天津版1934年4月20日）

平华北中学篮球队征津

将会战良华等队

【北平中国新闻社云】华北中学篮球队，自成立以来，每日练习，成绩大进。该队欲乘此暑期远征津沽，藉资联络友谊。该队全军于昨晚乘十一时二十分车起程，今晨即可抵津。现该队已约妥津市良华等队比试，在津勾留四五日即行返平云。该队阵线如前锋杨绍波、右卫费方达、中锋陈占镝、左锋陈福林、左卫李衡等全部到达云。

（《大公报》天津版1934年7月1日）

故都花絮录

华北中学对篮球一项素负盛名，本年该校为提倡体育起见，对篮球队员及各项运动选手，均免学期六分之一，以示鼓励云。

（《大公报》天津版1934年9月9日）

华北中学选定足篮球代表

将远征济青京沪

【北平通信】平市华北中学对于体育向极重视，除使学生课外运动自由发展及课内体育督促进行外，对校队之组织及选手之训练，亦不遗余力。该校篮球队于本届华北预选会，当选为平市中级篮球代表队；足球队亦连膺平市私中冬季球类比赛足球冠军三年之久。可见该校足篮球队实力之雄厚。兹以秋季开学伊始，各种球队重整旗鼓准备出师起见，该校体育主任庞英氏特于前昨两日召集全校足篮球健将举行选拔，结果足篮球三队均行产出，实力较前尤为雄厚。除北平市代表均当选外，并补充生力军多人。并闻该校篮球队为观摩技术起见，拟于新年左右远征济、青、京、沪等地，现已在准备中云。

（《大公报》天津版1934年10月30日）

华北中学篮球队南征

寒假中由平出发　北返时便道来津

【北平通信】北平华北中学篮球队，素为平市霸主，近以观摩技艺起见，拟乘寒假之便南下远征京沪。兹悉该校当局于该队南征之举业已允准，并筹出相当旅费。该队预定队员十人，由体育主任庞真（英）氏率领，将于一月下旬由平出发，旧年左右在沪挑战，约赛十次即行班师，过京、济、津等地时或有比赛。现该队已致函复旦

大学等队接洽战程云。（郡）

（《大公报》天津版1934年11月30日）

平市私中教育协进会开会

胡适等参加并致词

【北平通信】北平私中联合会中等教育协进会，前晚七时假撷英番菜馆开会，到各私中校长陈映璜、姜绍祖、陈铭鉴、郁士元、吴俭等二十六人，及该会所聘指导员胡适、李建勋、刘廷芳、李蒸等七人。入席后，由陈映璜、姜绍祖二人致词，略述办理私中困难情形，并请各指导员指导。当请胡适首先发言，胡谓本人觉得私中同人只有埋头苦干，定可博得各方同情，尽可聚精会神，将国文、英文、数学等主科，集中力量办好。则其余史地等科不难短期授完，市中六年功课，私中四年即可授毕，学生入校本可不必以文凭限制，前之有同等学力即可投考办法，余觉甚为合理，在京时曾主张恢复此项办法。总之，公立中学应服从命令，私中应有冒险尝试的精神，集中办理数项主科云云。次李建勋、刘廷芳等相继致词。最后由陈铭鉴等答词。九时余始散。

（《大公报》天津版1934年12月2日）

平市中小学　拒毒演讲竞赛

二十三日起举行

【平讯】平市教育会举办之中小学拒毒演讲竞赛会，各校参加者极为踊跃，计小学组四十六校、中学组二十九校，共计七十五校。刻已规定本月二十三日分别在华北中学、市立二中、市立三中三校举行预赛。小学组上午九时起，中学组下午一时半起。该会目的为宣传拒毒意义，任人均可前往听讲，至决赛日期则定本月三十日在中山公园中山堂举行。

（《大公报》天津版1934年12月17日）

华北中学篮球队征保有期

北平华北中学篮球队，为平市篮球劲旅，曾夺得本届平市私中联合篮球锦标，其实力之雄厚，可想而知。该队定于元月四号，远征保定，藉资观摩技术。在保战表，已由保定体育促进会代为排定，拟在保勾留周日，即行返平，再定征沪之期云云。该队征保队员名单：领队姜梅坞，指导庞英，队长费书林，队员杨绍波、陈占镐、尤崇华、徐凤龄、常德海、樊明玉、林华涛、陈福林、安肇华。在保战序：四日华中—同仁，五日华中—育德，六日华中—志存，七日华中—保定中学，余队已在接洽中，临时规定比赛时间。

（《大公报》天津版1935年1月1日）

北平中小学唱歌比赛会

北平市社会局主办　育英或有冠军希望

【北平通信】北平市社会局主办之中小学唱歌比赛会，前日下午一时许起，假东城孝顺胡同美以美会礼堂，分四场举行，到听众及参加比赛学生约千余人。蔡元主席，领导行礼如仪后致词，略谓：本市中小学唱歌比赛会大规模举行，此次算第三次。前两次系北平市教育会主办，此次算是社会局主办的第一次。音乐与体育有同样重要，体育可以使国民体格强健，音乐可以代表民族的思想，可以鼓励国民的奋斗精神。惟吾国音乐，尚在幼稚模仿时期，并未达到创造时期。若法国的马赛革命歌，虽不懂法文的人听了，也要兴奋起来。再若英国的国歌，也可代表英人的庄严精神云云。次市长袁良代表袁祚祥致词，略谓：音乐属于美育，足以表现国民奋发的精神，陶冶国民优美的性格云云。次评判长柯政和致词，谓自民国十三年以来本市中小学唱歌比赛会已举行七次，第一次是燕大国乐会主办，第二、三、四三次，是青年会主办。第一次参加的，只有九校，第二次十一校，第三次九校，第四次只七校（内中学三校、小学四校）。五、六两次，是教育会主办，参加学校始多。此次参加的共有六十六校，一千八百余人，评判员共有九人，均系平津音乐家云云。继即开始第一场比赛，首为小学团体甲组梁家园小学等校，至下午三时，甲组十二校，始比赛完毕。就中以音乐家李任公指导之育英小学，歌喉最佳，清晰悦耳，颇有冠军希望。汇文第一小学服装整齐，演唱及时。“奋发”“服从领袖”两歌，引起全场注意。种士路小学唱“鸦片毒”一歌，亦甚抑扬动人。各校均系先唱“奋斗”歌，后唱自选歌曲。至六时余，小学团体乙组及小学个人始一一唱毕。晚七时半起，又开始中学个人演唱。今日下午一时，将继续比赛，至深夜始可赛毕，得到评判结果，或即颁发奖品云。

（《大公报》天津版1935年1月7日）

华北中学篮球队征保六战皆捷

【北平通信】华北中学篮球队，前应保定体联会之邀，于一月四日赴保作友谊比赛。兹悉该队已于日前返平。在保共比赛六次，首次战毒瓦斯，以二十六比九获胜，雄风初展，保定各界人士称赞不已。次战河北师附教联，以五十六比十九胜；三战育德中学，以三十八比十九胜；四战志存中学，以三十二比二十三胜；五战同仁中学，以四十一比二十胜；最后战农学院，以三十比十六胜。总计六战六胜，载誉而归。该队在保时，备受该地人士优待，并乘暇参观保定农学院等处，颇感兴奋云。

（《大公报》天津版1935年1月16日）

平文化协会教育事业委[员]会

昨开会决办大学文化讲演赛

【平讯】文化建设协会北平分会教育事业委员会昨日下午四时开第一次会议，出席委员李麟玉等十人。主席蒋梦麟，议决案：（一）本委员会初步工作大纲业已拟定请公决案，议决通过。（二）本委员会应否按照组织通则分组案，议决，因调查已有各教育机关办理，目前以研究为中心，为主持本委员会研究事宜，设常务委员会，委员九人，人选如次：徐诵明、李书华、李蒸、梅贻琦、李麟玉、陶孟和、姜绍祖、蒋梦麟、蔡元，由蒋梦麟召集。（三）干事部交办举行大学生文化演讲竞赛，应如何办理案，议决：（1）题目，甲、文化与民族复兴，乙、中国目前最需要之文化的建设，丙、中国文化发展的程序；（2）日期，预赛定三月第三星期日上午，决赛定三月第四星期日上午；（3）参加学校及人数，公立大学及已立案之私立各大学或学院，大学出三人，独立学院一人或二人；（4）地点，中山纪念堂；（5）奖品，向机关征求；（6）负责人，推樊际昌、刘运筹、张贻惠三人，由樊际昌召集。六时散会。

（《大公报》天津版1935年1月19日）

新生活运动一周年

全国各地昨均举行纪念大会

【北平通信】平新生活运动促进会昨晨九时在太和殿前，召集全市民众举行新生活运动第一周年纪念大会。是晨，狂风大作，气候转寒，而赴会各团体民众及各机关并不减少。八时许，大会职员吴承湜、董霖、曾扩情、蔡元、姜绍祖、邵文凯、余晋龢、谷新三、徐秩民等相继莅会指挥一切。移时，各界民众亦结队由东西华门及天安门鱼贯而入，按照规定区域集合，极有秩序，除不准随意穿行外，且不准吸烟、吐痰及高声谈话。到会者以各校学生为多，各机关代表到者亦不少，总计达万余人。南昌新生活运动促进总会北平市指导员袁良亲自到会，黄郛、何应钦均派代表参加。开会前，由总指挥邵文凯宣告各团体负责人注意检查，服装不整者予以纠正。旋由大会全体职员在场内步行一周，施行总检查，结果满意。大会旋于乐声中开幕，先升旗，全场民众均脱帽致敬，继唱党歌及新生活歌。歌毕，主席团吴承湜恭读总理遗嘱。曾扩情报告开会意义，略谓今日开会，精神表现绝佳，此种纪念会，较三一八、九一八、五四等意义均大，过去对敌人压迫而努力反抗，但对一切遗留的封建思想，如不讲道德、自私自利等无形敌人，则不知铲除，殊不知无形敌人打倒后，有形敌人自易打倒。次由总会指导员袁良、何应钦代表鲍毓麟、黄郛代表周雍能、市党部代表董霖、市政府代表方顾积、市商会代表杨绍业等相继演说，继呼口号散会，时已十一时许。各团体民众于摄影后，相继退出。昨日下午二时起，新生活检阅队分赴各机关、学校、团体、公共场所、街市、车站等处检阅，注意清洁与规矩，一切均本诚恳和平态度而行，以免纠纷云。

（《大公报》天津版1935年2月20日）

简　报

【北平通信】平市教育会市立中学校长会、市立小学校长会、私中联合会、私小联合会、童子军促进会等五团体，为谋学生往返上课便利，呈请社会局转令电车公司，对学生实行减价办法。

（《大公报》天津版1935年4月12日）

平津零讯

【平讯】私立中学校长联合会决定推派代表参加社会局所组织之中学师范教育问题研究会，该会代表姜绍祖等特于昨日开临时谈话会商讨提案，业经审查通过，并已于昨日下午呈递社会局，以便该会开成立会时提出讨论云。

（《大公报》天津版1935年5月4日）

平市中等教育研究会昨日举行成立会

各项问题推定专人研究

【北平通信】北平市中学师范教育研究会于昨日下午三时在社会局会议厅召开成立大会。出席李湘宸、吴俊升、张怀、姜绍祖、吴鉴、郁士元、郭登敖、蔡元、李静澄、孙世庆、萧述宗、宋春韶、姜书阁、乐永年、朱启明、韩秋圃、齐树芸等，由蔡元主席。讨论事项：（一）关于本会分组办法之规定案，决议，本会共分三组研究。第一组、关于行政、会考、经费、设备等问题，推朱启明、韩秋圃、吴鉴、齐梅阁、李建勋、郁士元、郭登敖、姜绍祖等担任研究；第二组、关于课程及训育、军事、管理等问题，推张怀、郭登敖、吴鉴、姜绍祖、郁士元、朱启明、齐树芸等担任研究；第三组，关于师资问题，推吴俊升、齐树芸、韩秋圃等担任研究，局中会员每组必须加入二人，负责规定召集及决定开会日期。（二）关于每组研究方式之规定案，决议，视分组开会后，对于所研究之问题情形如何再行决定。（三）各分组如需要专家时，由各组决定后提交大会聘请。讨论毕，至五时散会云。

（《大公报》天津版1935年5月5日）

中国文化协会冀省分会昨开会

选举张厉生等出席大会

【北平通信】中国文化建设协会河北分会，昨日上午九时在河北省党部会议厅召开会员大会，选举赴沪参加大会代表，出席会员陈访先等三十余人，由陈报告，总会定九月在沪举行大会，本分会亟应早日选出代表，以便筹备一切，此次代表负有改进会务责任，故希望大家慎重选择，代表总数依总会规定为五人，但亦选候补者若干。陈报告毕，开始选举，当发票九百八十四票，收回六百七十四票，选出代表五人，为张厉生（六百五十九票）、陈访先（六百二十九票）、胡梦华（五百六十一票）、陈宝泉（三百八十九票）、郝濯（二百七十四票），候补代表十人，为何基鸿（一百七十三票）、孟宪禔（一百十五票）、黄怀信（一百十二票）、薛培元（一百零五票）、姚子和（七十三票）、吴鉴（七十三票）、杨学山（七十一票）、陈树森（五十六票）、郑乃清（十五票）、姜绍祖（十二票）。该会并于下午二时在党部会议厅举行评干联席会议，议决六案：（一）会员卢郁文等提拟定会员集体研究办法草案请讨论案，决议修正通过；（二）奉总会函发教员制短期小学实施方案，请参酌办理案，决议交教育事业委员会拟办；（三）关于征收参加大会提案应如何限定日期案，议决通告会员，限七月底以前将提案送交本会整理汇报；（四）本部审核、议事两股办事简则应限制制定案，议决函知两股正副股长自行召集会议，限六月三十日前拟定，送本部讨论施行；（五）下次干评会议日期应如何规定案，议决七月十二日举行；（六）本会教育事业委员会下次会期应如何规定案，决议七月十二日前召开。

（《大公报》天津版1935年6月3日）

平市中小学学生升学及职业指导委员会定今晨开首次会

指导办法拟定已呈教部

【北平通信】北平市政府社会局前奉教育部令，办理中小学学生升学及职业指导等事宜，经拟定详细办法，并组织实施升学及职业指导委员会，以便推进一切工作，现已聘定李栋、杨荫庆、姜绍祖、查良钊、单君谋、虞振镛、李静澄、萧正宗、乐永年等为委员，定今日上午十时在该局会议厅召开第一次全体委员会，讨论一切事宜，通知昨已发出。兹将实施升学及职业指导详细办法照录如次：

指导办法：北平市社会局实施升学及职业指导详细办法，第一条，本办法依据教育部颁发各省市教育行政机关及中小学施行升学及职业指导办法大纲第四条制定之。第二条，本办法所指应受升学及职业指导之学生，系小学五六年级生及高初中二三年级生。第三条，本市各中小学应依照本办法实施升学及职业指导。第四条，为实施中小学升学及职业指导，特组织委员会，由局聘派左列人员充任之：（一）本市富有职业指导学识经验者三人，（二）中小学校校长三人，（三）本市各业领袖三人，（四）本局职员二人。第五条，实施中小学升学及职业指导委员会之职权如左：㈠ 调查本市社会经济及职业状况，并编制统计，颁发各中小学参考，㈡ 编制各中小学校各项统计，㈢ 举行各中小学校学生智力及体力测验，㈣ 分期举办关于升学及职业指导讲习会（其讲演人员应由局聘著名学者或关于升学及职业指导富有经验者担任之），㈤ 审核中小学校关于升学及职业指导呈报事项，㈥ 关于毕业学生之介绍事项，㈦ 制定介绍就业各生服务情形调查表，㈧ 其他关于升学及职业指导应行办理事项。第六条，各中小学应由校长及教员组织学生升学及职业指导委员会，处理学生升学及职业指导事项，其办事细则应遵部颁各省市教育行政机关及中小学施行升学及职业指导办法大纲自定之。第七条，各中小学应随时举行在校师生及校友谈话会，关于国内外各良好学校设备情形，及社会职业需求之状况，应尽量交换意见，以备参考。第八条，各中小学学生升学及职业指导委员会应于课余率领应受升学及职业指导之学生，参观各社会机关设备及工作情形，并由学生编制报告，作为学业成绩之一部分。第九条，各中小学校关于升学及职业指导事项应互相咨询，以便改善。第十条，各中小学于每届毕业时，应将志愿就业学生名额及其在校学业详细成绩呈报本局，以便酌予介绍相当职业，并应于学年终了时，将办理升学及职业指导情形呈由本局，转呈教育部备核。第十一条，已就业各生，应将服务情形随时详报原毕业学校，再由该校具报本局，以确知介绍之是否适当而便改革，各中小学应随时寄发调查表，交由已就业学生填明寄回，汇呈本局，其表格式样由实施中小学升学及职业指导委员会制定之。第十二条，各中小学应于每届毕业时，呈报毕业生预定升学与就业之估计，以便规定此后设置中等学校数量之分配。第十三条，本办法自呈准教育部之日施行。

（《大公报》天津版1935年6月7日）

平市私中联合会昨开执委会

商筹设科学馆事宜

【北平通信】北平私立中等学校联合会昨晨假中山公园水榭召开执行委员会，由华北中学主席。议决要案如下：（一）由全体大会选举七人至九人为科学馆委员会委员，分总务、保管、购置三组，并增聘专家赞助之。（二）总务组三人，办理文书、会计、庶务及仪器保管、出纳及修理等事宜；保管组二人，保管经费、编造预算决算事宜；购置组四人，筹划及购置生物、化学、物理各种用品事宜。（三）详细办法，由科学馆委员会另拟之云。

（《大公报》天津版1935年7月14日）

徐诵明昨入京

听训代表将于日内启程

【平讯】平市私立中学联合会赴京听训代表姜绍祖、吴葆三、李镜湖三人，为征求各私中派选学生代表之意见，于昨日下午六时在东安市场森隆饭店召集学生代表，会商推派代表同车赴京，并定今日下午三时在撷英番菜馆，召集各私中校长集中意见，以便转达政府，定十一日晚乘平浦车赴京。平市长秦德纯以私中联合会代表即将赴京听训，特定今日下午二时在市府内招待茶会，借以交换意见。又各大学校长以赴京日期已近，特于昨日上午十一时在东城某教授私寓交换意见，商选派学生代表入京事，结果决定，倘学生再不推选代表，则将由校方指定。

（《大公报》天津版1936年1月9日）

平津代表昨日南下

【北平通信】河北省中等学校校长入京听训代表郝仲青、杨澄甫、王国光、焦实斋，与北平中等学校校长代表吴葆三、李镜湖、姜绍祖等七人，昨日午后三时三十五分乘平沪车离平南下，学生方面之代表有平大与师大两校各三人同行，姓名不愿发表，河北省中等学校校长此次入京代表共计五人，另王化民氏已先期前往云。

（《大公报》天津版1936年1月12日）

津院校筹备复课

徐诵明等昨由京返平

【平讯】平市中等学校校长赴京代表返平后，昨晨十一时许，公立体专校长许宠厚、五中校长张景涛、私立志成中学校长吴鉴、华北中学校长姜绍祖等四人，赴市府晋谒秦市长，报告赴京经过情形。

（《大公报》天津版1936年1月23日）

北平各校学生总动员募捐

晋绥旅平廿万同乡　组联合抗战后援会

各校学生募捐：各校学生，定今日总动员，全体出发各地进行捐募，昨日募捐周第三日，各校均有少数同学在城市各地劝捐，成绩均甚良好。清华学生昨在最后一日停课期中，除一部同学继续在外进行捐募与宣传活动外，数百男女同学齐集大餐厅内为前方将士赶制棉衣，并有教授及教授夫人十余人一同参与进行，十九、二十两日内，共制成棉背心三百件，截昨晚止预计可完成五百件，同学间希望在最近期内能制成一千件运往前方应用，并拟组织慰劳服务团，携带物品赴前方慰劳并服务各种工作，刻在计划与征求同意中。

各院校招待会：平津国立各院校教职员联合会，自前日召开临时常务委员会，决定捐薪慰劳绥东前线将士，并推代表周炳琳、杨立奎、牟谟等三人，赴前线慰劳。现周杨牟等已决定本月二十五日由平出发，该会并定于今日下午三时在撷英番菜馆邀请平市各机关团体举行聚餐会，席间就捐款慰劳绥远将士等办法交换意见。又北平市教育会二十一日下午三时举行临时会，议决对绥远将士援助办法如下：一、电傅主席，并转前方剿匪守土将士慰劳；二、函请本市私立中小学同人捐助一日所得援助绥远剿匪守土将士；三、联络本市各团体，组织募捐总机关；四、推姜梅坞、吴葆三、陈聘之、郁维民、武可题、齐梅阁出席院校教职员联合会招待会（二十一日）。

（《大公报》天津版1936年11月22日）

平市私中科学馆昨日举行开幕礼

备有理化生物仪器标本　供各私立中学实习借用

【北平通信】平市私立中学联合会，前以平市社会局，规定补助各私中经费四千八百元，平市私中共计六十余校，粥少僧多，即予平均分配，亦属无补实际，因一致同意，即以此款建立私中联合会科学馆，购置理、化、生物三方面各种应用科学仪器标本，供全体私中交互实习借用。经呈请市府社会局批准设立，暂假市教育会会所为馆址，进行筹备，早经设备完成，计购有理化生物普通科学仪器各一份，共价三千余元，于昨日午后三时举行开幕典礼。特请市长秦德纯、秘书长周履安、社会局长雷嗣尚及各界来宾、各私中校长等数十人前往参加。秦市长到馆参观一过后，因尚有他事待理，提前摄影后即行离去，托周秘书长于开幕时代表致词。旋集合开会，首由主席华北中学校长姜绍祖，简单报告该馆成立经过、意义，并报告总务组经行事务情形。继保管组主任、大同中学校长贺翊新，与购置组主任、志成中学校长吴鉴，分别起立报告。次周履安、雷嗣尚及市府教育股主任袁祚庠、来宾夏元慄等分别致词，至五时许始散。

（《大公报》天津版1936年11月29日）

平各大学当局昨午二次集会

决分电劝告张学良　朝阳等三学院沉痛呼吁

【北平通信】平市各大学当局，昨因陕变迁延未已，前途危机日大，特于昨午在清华同学会作第二次聚会，对挽救办法彼此交换情报意见。出席北大校长蒋梦麟、文学院长胡适、课业长樊际昌、秘书长郑天挺、化学系主任曾昭抡，清华大学校长梅贻琦、教务长潘光旦，平大校长徐诵明，师大校长李蒸，燕大校长陆志韦及北平研究院副院长李书华，艺文中学校长查良钊等十余人。决由各校分别电告张学良，劝其悬崖勒马，迅复蒋委员长自由。并请政府速决大计，以济危局。各校除清华教授会已拍发电报宣言、师大已电张劝告外，平大各学院教授，昨晚开代表会，决分电张学良劝告及向中央有所主张。电文业经拟就，俟征取全体同意后，今日即可发出。北大教职员定今日开会决定。辅仁大学全体师生，昨通电全国，文云："逖闻陕变，悲愤填膺，国危如此，何堪再事分裂，自戕国力。本校师生等本爱国之热诚，秉禀赋之天良，洒泪陈词，誓死反对任何破坏统一之叛逆，决以铁血拥护中央政府，以坚国本，以图复兴，幸垂察焉。"

朝阳、中国、民国三学院电张学良云："西安张汉卿先生鉴：蒋公一身系国家安危，噩耗惊传，举国震动。先生苟志在救国，应请迅速保护蒋院长出险，共商国是。否则甫经统一之国家，又遭破坏。我中华民族，将永罹于万劫不复之地矣。且绥远将士，方在浴血抗战，而后方忽有劫持统帅之举，是名为抗敌，适为敌用，尤为智者所不取，激切陈词，幸垂察焉。北平朝阳学院、中国学院、民国学院谏。"又该三院电中央文云："南京行政院转各院部钧鉴：本日致张汉卿先生一电，文曰（中略）等语，务恳以有效方法，迅速救蒋委员长出险，以安人心，而维国本，不胜迫切待命之至。北平朝阳学院、中国学院、民国学院同叩谏（十日）"。

北平教育会昨日亦有电致张学良。原电云："西安张汉卿先生勋鉴：蒋公被禁，举国震惊。我公有何救国主张，尽可提请中央从长计议。务即护送蒋公回京，以慰殷望。临电迫切，敬祈察纳。北平市教育会叩铣（十六日）。"

（《大公报》天津版1936年12月17日）

云南耆老二百余人欲北上营救蒋委[员]长

省政府正在婉劝阻止中　平中学校长告诫张学良

【北平通信】平市中等学校校长联合会，昨电中央党部及国府云，顷致西安张学良一电，文曰："西安张汉卿先生赐鉴：陕变突发，全国悲愤，直壮曲老，宁可幸胜，公纵不为国家民族着想，亦宜自谋善后。今为公熟计，亟宜乘于公宣慰西来，即日敦请委座飞返京洛，并自劾待罪，中央政尚宽大，当可略迹原心，策以后效，祸福存亡，间不容发，机勿可失，幸亟图之等语，谨录电转陈，敬恳速营委座出险，以安人心，而维国本。北平中等学校校长会四中齐树芸、志成吴鉴、师附姬振铎、大同贺翊新、高商谌厚慈、市师饶秋圃、河北高中焦蕴华、进德朱毅琛、北方今是罗庆山、文治郁士元、弘达吴宝谦、崇实崇慈罗遇唐、崇云陈铭鉴、五三华光鲁宗尧、四存齐树楷、山东郝任夫、芸文查良钊、协化郝圣符、一中杨荫庆、二中陈树森、三中赵子珊、五中张景涛、女一中李英瑜、高职李潭溪、孔德蔡元培、汇文高凤山、平民马蔚青、育英李如松、精业傅庆隆、镜湖李镜湖、念一李佩昆、中华张维勇、大中梁骧、翊教陈仲益、燕冀宗威之、崇德凌贤扬、中附马予、三基蔡维新、笃志常泽如、培根英秋、立达佟其光、盛新卞若石、上义张巽甫、东方陈一梦、惠中张玉佩、通男师万寿堃、通女师李淑敏、贝满管叶羽、育华赵仲丹、励志李凤山、培华许瑞珪、成城王道元、两吉宋瑞祺、辅大附中伏开鹏、华北姜绍祖等同叩养（二十二日）。”

（《大公报》天津版1936年12月23日）

西方语文学会年会第二日

召开第二、三次讨论会　秦德纯今晚招待会员

【北平通信】中国西方语文学会首届年会，昨日继续在师大文学院举行第二、三次讨论会。第二次会上午十时起始，全体会员到会。

翟孟生讲。由中国正字会会长翟孟生教授讲演《基本英语之试验及成功》。内容要点为报告基本英语运动，在国际间已有五年试验历史，英、德、俄等国，特俄国已有普遍良好成绩。中国正字会，去年四月开始成立。其主要目的，在研究中国英语教学之理论与实际，其大部工作，则集中于试验与推行基本英语运动。基本英语运动之真象，在以所选定日常生活中所常用之基本生字八百五十，在此八百五十生字之范围内，训练一般低级学生与民众学习英语，业经编订一部分教材。自去年夏季起，分别在师大、清华等校试作实验训练。因实验期间，至今仅数月，故尚难谈到成功。须不断继续努力。外界对基本英语运动常有以下数种误解：（一）以为基本英语为一种新文字，实际基本英语并非全然有别于普通英语，不过为普通英语之低级普遍化、应用化之一种，其句法构造较普通英语有规则，文字之涵义与概括性较大。（二）以为基本英语能代替普通英语。基本英语为初级语言工具，普通英语为高级语言工具，当然无互相代替可能。（三）基本英语非万能剂，当然不能由之解决一切语言文字问题。（四）基本英语运动非正字会全部工作，仅为其中主要之一

部分云。翟氏报告完毕后，由会员提出问题与意见讨论，请其解答，至十二时散会。

赵元任讲。下午二时半开第三次讨论会，讨论题目为《应用广播及留声机片辅助英语教学》，由赵元任讲演，并当场演放灌音留声机片。赵氏讲演内容，主张应用留声机片教授外国语，认为外国语留声机片，发音始终为一，对训练学习者发音听音均极方便有用，应尽量推行。次由育英中学校长邵作德，讲述国内英文广播班之状况，对北平、汉口、南京数处之英文广播，每过于呆板，不易引人发生兴趣，且除南京外，其他皆无一定课本，使听者无法先行预备，殊有改良必要云。继张彭春教授讲广播在教育上的应用（另文发表），至五时许散会。

中学茶会。散会后，全体会员，赴中山公园来今雨轩，应平市各中学校长茶会。华北中学校长姜绍祖、志成中学校长吴鉴等十余人出席招待。五时半宾主就座后，由市立一中校长杨子余致欢迎词，并向各会员介绍各校校长。旋由该会主席谢迪克答辞，约六时半散会。

今日会序。该会定今日午前九时至十时开执委会，审核会员对会务提案，讨论修改会章。十时至十二时开第四次讨论会。午后二时至四时半开会务讨论会。会毕即行闭幕。晚七时，全体会员在怀仁堂受秦市长与雷社会局长招待。明日，全体会员赴燕京、清华参观后，外地会员即分别返回云。

（《大公报》天津版1937年1月28日）

科学化运动协会平分会举行讲演比赛

将在各校映科学影片　昨招待各中学教职员

【北平通信】中国科学化运动协会北平分会昨日午后三时在该会招请平市各中学校校长及各科学教员等茶会，商讨推进科学教育方法，到来宾及各中等学校校长教员雷嗣尚、查良钊、姜绍祖、齐树芸、郁士元及该会干事张贻惠、刘振等百余人。分会会长顾毓琇因事赴京，由张贻惠代理主席，报告该会以往工作情形及茶会举行意义。次述该会本推进科学教育方针，决定：（一）在四月中举行各中等学校学生科学讲演比赛一次，请求各学校当局予以赞助。（二）举办科学电影，分别至各学校映演科学机器，业已购得影片，影片由南京电影教育会每月供输四片，第一次片不久即可运来，为稍谋补助该项经费计，拟每映演一次收费三元（如有其他补助办法，此项费用可免）。各校如欲映演即请分别与本会接洽。此外，本会对于将来工作，曾由本会干事会提出以下数点意见，请求各位共同讨论，（一）各学校所定之科学课程，均为基本科学训练，是否对其他生活科学、应用科学、国防科学等项加以补充规定，应请讨论决定，并请决实行办法。（二）寒暑假期中，各校可否利用课外时间，领学生到各科学馆或科学机关参观，增加科学知识。展览会于科学教育发展上甚有需要，可否发起进行。（三）平市私中联合会曾经创立一科学馆，但仍不足以应一般要求，本会拟联合各方面建立一设施较为完全之科学馆或科学博物馆，以应各方需要，望各位对此诸点多贡献意见讨论。次社会局长雷嗣尚起立致辞，申述科学化运动之意义与其重要性，愿与各方一致合作，促进科学教育发展。继刘拓起立作补充报告，对集中科学设备一点，认为极关重要。旋由第四中学校长齐树芸等提议，由社会局、科学化运动协会与各中等学校等三方面，各指派或推选代表数人组织委员会，商议进行办法，分别提供各种进行意见。至五时许，摄影散会。

（《大公报》天津版1937年3月1日）

平教育会议决请减教科书价

【平讯】平市教育会二日下午四时在北长街该会开第二十三次理事会，出席齐梅阁等十余人，主席齐，记录陈聘之，其重要议决事项为：（一）参加全国教育会联合会案。函复上海教育会，赞成参加，并提议八月一日在南京或济南开成立大会，及转函各省市教育会一致主张。（二）上海市教育会函，请主张减低中小学教科书售价案，决议，呈请教育部，令各书局减低中小学教科书售价，并函复沪市教育会知照。

（《大公报》天津版1937年4月4日）

平市各团体欢宴傅主席

【北平通信】平市各界连日欢迎绥远主席傅作义，情绪异常热烈，昨午清华大学当局特在校中设席欢宴，并请傅出席该校纪念周，对全校学生讲话，全体学生对傅表示热烈欢迎。午后五时，平市银行公会、商会、律师公会、平津教联会、平市教育会、私中联合会、中等学校校长联合会等七团体，联合在撷英番菜馆宴傅。到各团体代表何其巩、李书华、杨朗川、李蒸、高伦堂等五十余人。由杨立奎代表致欢迎词，并将到会诸人向傅一一介绍。傅答词极诚恳，听者莫不景佩，宾主欢聚至七时始散，北平各大学及各文化机关团体复定今午在清华同学会设席欢宴。

（《大公报》天津版1937年4月13日）

平市中小[学]校长组教育参观团

赴豫鲁湘江浙皖赣参观

共二十人　下月一日出发

【北平通信】平市教育会理事齐树芸等发起组织平市中小学校长教育参观团，赴豫、鲁、湘、鄂、江、浙、皖、赣等省参观各地教育情形，预定下月一日循平汉路出发，由河南到武汉，再由武汉赴长沙，并沿长江转往九江、南昌及江、浙各地考察，最后循津浦线经徐州、济南等处回平，限定行期一月，人数约二十人左右，刻已开始筹备，定今日起至十五日止报名，闻准备参加者已十数人，团长将由第四中学校长齐树芸担任，平市社会局拟于二十人以内，每名给予补助费百元。

（《大公报》天津版1937年4月21日）

科学实验馆平市将建筑

筹委会决定集资办法　下月初开工年内完成

中国科学化运动协会北平分会，前为充实北平市科学实验之设备，曾有筹设北平市科学实验馆计划之拟定，旋并邀集各中学校长、各校科学教员，举行科学座谈会，社会局长雷嗣尚亦被邀参加，当即决定积极进行，并由科运分会暨社会局、中学校长会合组委员会，共同负责策划。设置科学实验馆之计划，则由科学化运动协会总会及北平分会分别草拟，计分生物、物理、化学三项，第一期费用计需五万余元，计划既定，旋于五月一日举行科学实验馆筹设委员会成立大会，推定负责人员，并决定邀请平市工务局长富保衡等参加，拟定建筑计划。该会常委以此举有关地方，特派员晋谒市长秦德纯。并以科运分会名义，上呈宋委员长，并派员前往乐陵面谒，请求训助，当蒙宋慨捐两万元。市政府方面，亦允拨给前市政公所旧址，作为馆址。筹委会以建设科学实验馆各项问题，大致已有办法，乃于昨日召开全体会议讨论进行，出席顾毓琇、雷嗣尚、刘拓、张贻惠、雍克昌、王季绪、富保衡、刘南策、张瑛、姜绍祖、齐树芸、沈宗汉、虞建中、郁士元、王南屏等，由顾毓琇主席，当场决议：（一）请市府将前北平市各界救国团体募捐联合会防空展览余款本息一万余元，移充科学实验馆开办费用。（二）举行募捐：㈠ 推顾毓琇、王季绪、刘拓等负责向中央方面接洽，㈡ 冀察等省军政商各界由雷嗣尚负责接洽，㈢ 平津高等教育界方面由科运分会全体干事负责接洽，㈣平市中小学教育界方面由姜绍祖、齐树芸、郁士元、吴鉴等负责接洽。当场并推定人选草拟募捐启事等，俟脱稿修正后即可印发。（三）规定预算，㈠开办费：（甲）馆舍建筑费暂定三万元，（乙）设备费第一期暂定为二万五千元，第二期暂定为二万五千元，㈡经常费暂定每月五百元。（四）筹设委员会内部，除由顾毓琇担任主席委员外，决设四股：（甲）财务股，推定张贻惠（主任）、雷嗣尚、吴承□、郁士元、姜绍祖负责；（乙）建筑股，推定富保衡（主任）、王季绪、刘南策、齐树芸负责；（丙）设备股，推定刘拓（主任）、雍克昌、张瑛、萧述宗、吴鉴负责；（丁）交际股，推定虞建中（主任）、沈宗汉、王南屏负责。图样制就即将招标。另据科学实验馆筹委会方面发表消息，实验馆内部建筑，决就原址房屋加以改造，已由工务局制定改建图样，并请基泰工程师帮同设计，经规划结果，计第一层为私中科学陈列室，第二层为平市科学实验馆物理、化学两部实验室及陈列室，第三层为生物实验室，并屋顶花园及大礼堂，可供五六百人聚会之用，其余如工友室、厕所、储藏室，拟于厅外另就空地建筑若干间，以供需用。建筑图样审定后，财务股方面即将进行领款募捐等手续，拟在本月中旬将建筑图样全部确定，本月底以前招标竣事，下月初开工，预定在十月底全部工程完竣，尽十一月一个月内布置内部，希望在十二月上旬能举行开幕典礼云。

（《大公报》上海版1937年7月5日）

房产争夺

在北平六十八所小学校舍成问题

本报记者高峰寄自北平

谁想得到呢？北平直到今天还在抢房子，甚至抢到学校的头上来了。北平市立的朝阳门外吉市口小学、新街口南大街小学、前车胡同民众学校、穆家胡同民众学校，因为校舍被占用已经停顿，八百名儿童失学了。正在闹房荒的，除国立北京大学与交通大学外，还有市立女三中、市立六中、市立七中与六十八所市立小学。教育是国家社会的事业，谁听说过国立学校闹过房荒，而这是随着胜利而发生的。

“办教育要得不到社会的扶助，那教育就没法办。”北大老教授杨振声为了校舍问题发起牢骚。北大原有文、理、法三院，仅能容纳一千二百余人。暑假后要接办伪北大农、工、医三院，由昆明北返的学生一千多人，再加上暑假拟招考的千余名新生，原有的校舍当然不敷用。拍电报上呈文的结果，教育部准许将国会街前平大法商学院旧址拨给北大，可是那里已先被东北行营占用了，经多次交涉，已允迁让。府右街的交通大学管理学院，直到今天还有卫兵站岗。市立女三中是敌伪时代成立，借用香山慈幼院幼稚师范的校址，幼师要复校了，请女三中搬家。市立六中前身是华北中学，现在华北中学校长姜绍祖已经回到北平，请六中迁让，以便复校。市立七中是镜湖中学改名的，房产是李镜湖的私产，现在虽仍允借用，但也并非长久之计。北平市立小学、民众学校、简易小学、幼稚园共有二百四十六处，其中有一百零八处是租用民房为校舍，在胜利以前房租非常便宜，清化寺小学月租仅联币四元，十二条幼稚师范月租最贵才联币二千五百元。胜利后仍付原租金，谁家也没有这便宜的房子。市政府既然穷得加不起房租，难怪房主赶学校搬家。现在正有六十八所小学校长叫房主逼得天天往教育局跑，教育局叫校长们逼得天天跑行营长官部与处理局。

这么多的学校闹着房荒，市教育局责无旁贷，可是他们不是接收机关，更没有力量，只好向教育部特派员办公处交涉，又经教育部的批准，将已接收的敌产二十六处拨交市教育局添办学校。可是这二十六处敌产的门口不是有卫兵，就是有封条，有的当了衙门，有的变成公馆，有的是各色各样的封条在门上正变戏法。教育局只勉强的接收了十处，其余不能接收的十六处，唯一的办法是请求行政院下令处理。四月十三日，行政院的指令到了"呈件均悉，军队驻扎学校已分行军事委员会转饬迁让，其余各节已分交河北平津区敌伪产业处理局及教育部核办，仰即知照，此令"。"迁让"的确是好消息，然而什么时候才能实行呢？教育局奉令后，连日派人交涉，却都碰了软硬钉子："这里不可能搬家，请你们不必再来交涉了！"东观音寺三十六号有二十一间房子，归某少将"占领"。东城根十九号有十八间房子，只有一个守房子的士兵，他说："留待我们团长家眷来住，如果学校要用，请向军部去交涉。"老君堂十号被河北省某厅某科长与某股长两家"占领"。大觉胡同十一号被某参谋"占领"。石驸马后宅三十八号被某军眷属"占领"。更妙的是西直门内半壁街十一号国立北平高级工业职业学校的宿舍，被清除垃圾的工人占用。学生代表向负责当局交涉，反遭到"你们为什么不早占"的质问。

北平的房子真恐慌到如此程度吗？遣返了十几二十万日侨、日俘剩下的房子呢？那么请你从封条的缝隙往里看，就可找到回答。许多房子空起来，几千学生却找不到安心读书的地方。

记者今天特意到教育局去打听"校舍问题"。眼看着七八位小学校长为校舍问题来往奔波。请求“代为交涉”“协助办理”，满嘴满呈文全是这类的字眼，真难为了这些一月混不到半饱的校长们。“昨天房主拿菜刀来到学校，他说不搬家就请杀死我。”一位校长向教育局的主管科长报告。有些更凶的房东跑到学校里不问三七二十一把校具一齐往外丢，还大声喊：“你们搬不搬？”校长们又不能率学生应战。阜城门内顺城街小学校长说：“房主率领家属突于昨日迁入学校，强占一部校舍，我们只好让人家住。”说完他几乎要哭了，因为他没有替学生战胜房主。

房屋的争夺战正在开始，若要平息倒也用不着调停小组，只要把不必要的封条启封，军队让出学校，强占敌产的政府官员们自动撤退，这“战争”马上可以平息。不但救了一万多名小学生，也算是为国家提倡了教育。我又想起杨教授的话：“办教育要得不到社会的扶助，那教育就没法办。”（五月十四日寄）

（《大公报》上海版1946年5月20日）

平教育行政会议揭幕

决请教育局组机构研究教材　要求当局取消七联包印教本
救济失学儿童青年有心无力

【本报北平电话】平市教育行政会议二十八日晨在市立北平师范大礼堂揭幕，出席者百余人。王季高领导行礼如仪，即席致开会词后，继分由何思源市长、张伯谨副市长、袁敦礼、张怀致词，勖勉有加，遂告礼成。王局长因须回局主持市私立中小学收费问题会议，遂由该局主任秘书王际宪代表主席，报告修改之议事日程、议事规则，即开始讨论。一般问题之提案共四十七件，上午解决九案为：（一）请地方当局成立编译馆，编印小学教科书案。（二）教科书国订审订多有不适宜处，影响教育目的，应如何改进案。（三）增添乡土教材，以加强儿童乡土观念案。（四）请减低教本价格，提高印刷素质，以利教学而减学生负担案。（五）为教科书用纸过劣、印刷欠精，有碍儿童视力及记忆力案。（六）请教育局转请教育部，对于国民学校教科书取消七联包印，并速编新教科书及新教学法，以资辅导教学效率案。（七）请通令各中小学画一制服形式案。（八）关于教科书应加改善案。（九）拟请减低教科书价格，改善印刷，迅速出版，以资应用案。以上九案除第七案外，其余八案均关系教材问题，发言者有张怀、袁祚庠、萧述宗、张景涛、姜绍祖等十余人，对设立编译馆事咸以规模极大，人力物力均感困难，不如缩小其范围，组织教材研究机构以代之。决议通过，并建议教育局召集专家组织中小学及幼儿园各科教材及教法研究机构。继讨论取消七联包印制及教科书用纸过劣影响学生案。当主席宣告表决反对取消七联包办制者举手，全场六十八名代表中无举手者，遂议决请教育局转呈教育部，对于国民学校各科教科书取消七联包印。关于画一制服形式案，当议决在不强迫之原则下，中小学校学生制服一律画一。

下午讨论者为增加市立中小学班次、救济失学儿童青年并实施助学法两案，原则通过后，教局王局长表示，现在各种均属勉强支持，此类救济办法，一次救济或可作到，现有九千万元，可能由市府拨来，无续款可拨，故仍不能设永久机构，增班添校恐为实力所不及。对教职员子弟应予免费优待案，王局长交教育会研究办法后，再送教局实行。对青年学生之私生活应加以启示及激发案，有称应由共同生活使学生体验，最后决定原则保留。另有关导师制度方案，由教育专家研究后实行。补充各校图书仪器案及各校冬季煤火费可否先行分期拨发以免临时缺乏案，均决议通过。教育会临时动议：（一）拟请求恢复本市私立学校补助费案，（二）拟请政府对久事教育及成绩优良之人员加以奖励案，亦均通过。最后，北大教授陈友松临时动议，成立北平市学务调查委员会，由各大学教育院系首长、教授、市教育从事人员，共同工作，调查本市一切教育情形，以求解决方策。四时散会。

（《大公报》天津版1947年1月29日）

平市中明日复教

差额金及面粉问题解决

【本报北平电话】各市立中学校代表十余人昨晨九时在北长街教育会开会，并有教育会负责人郭发鳌、姜绍祖二人出席。九时许，教育局长王季高赶到，对各代表讲话，谓八月份差额金及九月份第二袋面粉可于二十七日发下。各代表等当向王局长要求八月份差额金二十万元扫数发下，不扣除两袋面粉款九万，另外要求十月份面粉两袋，定期发给。王局长当允回市府商洽，结果市府筹得款项，八月份差额金二十万元可全数发下，不扣面粉款，连同九月份第二袋面粉同时于二十七日发下。又十月份面粉现已由上海起运，预料一二星期内可抵平发放。各教职员代表等认为满意，决定分别通知各该校同人，自二十七日起销假。

（《大公报》天津版1947年10月26日）

王季高大声疾呼　为教员学生请命

请通过教育捐及中央专款　平临参会中质询地政教育

【本报北平电话】北平市参议会第五次大会六日上午继续举行，许议长惠东主席，地政局张局长道纯报告该局地籍测量、土地登记、评定地价、救济房荒、整理公产、解决地权纠纷六项工作。地籍测量本年五月至九月已告完毕，土地登记计六万九千余件，完成全市百分之九十五，即告一段落。去年春天评定地价标准太低，行政司法皆不适用，市内地价每亩五十六万至一千六百八十万，瓦房每间五十六万至三百零八万，郊区每亩三十万至三百万。救济房荒只作到消极的调解纠纷，一百五十三件中，成功了七十四件。北平很多空房由机关或私人占着不用，但无法干涉。敌伪时期出卖之公产整理出一千四百八十五件，公产应收回，但不能不顾及买者及转买者，乃由彼等再出一极低之价确定主权，如王府井的地只每亩出二百万，涉及敌伪之地权纠纷，办了一千九百零五件。为便利人民，故财政局税契部分在地政局办公，同时登记，依法令两个月后发给所有权状。地政局根据土地政策，一切采取和平渐进办法，困难不少，如铺底权纠纷在北平特多，而法令上无根据，已电政院转司法当局候示。西郊新市区，蒋主席来时曾嘱由市府保管，故不能发还，领价与未领价者分别可以暂行使用。郊区测量发现大部田地较契上为多，多的充公，但不补价。张局长报告后，姜绍祖、崔健、李丰年等参议员纷纷发问，丁履进问东交民巷房地产官产清理情形及地政局董科长因间谍嫌疑被捕真象（相）。张局长称：东交民巷房地产清理外交第一、整理第二，主管者非地政局。董科长十年深交，曾在西安民政局任事六年，一般朋友无不对其印象至佳。张局长曾向各方探询，均称证据确鉴，平日失察，俟判决后愿受应得之处分。一部参议员为铺底捐房捐大声疾呼，有以“平均地权”重任加诸局长肩头者，一部改书面答复。午前一刻钟，教育局长王季高报告教局工作，一开始即沉痛诉苦求援，代市立十二万六千多学生及五千多教职员请命。教育经费中央已改为与市府合并补助，并无专款，彼在任十六个月，教职员待遇调整十倍，然仍不能追上物价。明年中央如按生活指数加薪，市校将无办法，财局、教局两局长将联袂辞职。八月份食差额二十万，市府已垫发，中央尚未给。面粉十二月份尚未启运，已请主席饬粮食当局于港口冰封前将十二月份及明年一、二月份面粉先运平，煤球每人每月二百斤，电询经济部发差额，尚无音讯。小学教员底薪及年加俸均为悬案。王局长报告一刻钟后已十二点。午后，王局长续在参议会上就中等教育、国民教育、社会教育、体育保健等逐项报告。私校困难万分，艺文中学已罢教，参议员育英中学校长李如松质询时称：如再无办法，寒假私校将停办一半，请政府准备接收四五万学生。北平市中、私中为十三与五十之比。诸议员对市校学生入校须情托、贫寒子弟少入学机会、校长任用制度为何、郊区小学坍房死四小学生之责任问题，各校未配合戡乱予以组训，以及局长家中阔绰得用花匠诸点，加以疲劳质询，达三十余件之多。王局长则一再希望参议会帮忙通过财局收教育捐及中央恢复补助教育专款等，并称一旦经费有着，将为教员作肺病检查，并拨款使患者休息。王局长正拟答复时，忽停电，乃改八日答复。冀北"电力公司"亦将于八日作报告。

（《大公报》天津版1947年12月7日）

"国代"当选证书选举总所令转发

北方民选"国代"成立组织　将于日内集京报到开会

【本报北平电话】民选"国代"总办事处主任盛紫庄于上月北来，组织华北各省市分处，连日经约集华北各省市民选"国代"开会多次，成立民选"国代"华北分处，由孙杰主持，北平分处由姜绍祖主持，天津分处由赵遂初主持，河北分处由马耀三主持，热河分处由李尔航、李化成主持。盛氏以华北各省市分处组织成立，任务完成，同时接南京函电促返，经分知各省市代表限于本月十五日以前一律抵达首都，报到开会。闻盛氏已于十三日晨九时乘霸王号机飞沪转京。

（《大公报》天津版1948年3月14日）

北方"国代"纷纷南下报到

【本报北平电话】平"国大"代表联谊会二十一日午后在欧美同学会召开成立会，公推许惠东为召集人、杨绍业为总务、姜绍祖为文书，会址即将觅定。

（《大公报》天津版1948年3月22日）

"国大"教育会代表筹组全国教联会

教育会法无全国教育会联合会之规定。日前"国大"开会时，北区教育会"国大”代表姜绍祖等四十九人，提请设立全国教育会联合会一案，业经大会通过，送请政府办理。兹各省市教育会代表陈石珍、姜绍祖、周双成、唐得源等，为联合会组织法未颁定以前，特邀集各省市教育会负责人开会，议决先组联合办事处，地址设南京秣陵路秣陵村十四号，积极推进会务。

（《大公报》上海版1948年5月17日）

先生生活清苦　设会大家互助

【本报北平通信】本市教育会日昨开会，鉴于教育人士生活艰苦，一旦疾病死亡，不堪设想，由常务理事姜绍祖提出互助方案，经全体赞同，当场推定姜绍祖、关鲁峰、叶耀章、李慧修、孙芳岑、李畯蔚等筹办，推姜绍祖起草。该会缘起章则共十条，其中第六条规定：会员凡遇会员中有一人逝世者，各会员应送份金一份（相当一斤面粉之市价）。又规定：本会会员如不幸逝世，得由全体会员助送份金，并由本会特别捐助，捐助数量之多寡，由理事会斟酌情形发给之，以为丧葬或子女教育之费用。（二十四日寄）

（《大公报》天津版1948年9月27日）

流亡学生分别安置

冬煤问题不易解决

十六两杂粮，教育部已拨到二万金圆购买粮食，希望仍能继续拨款。第一临中有一半人已入黄寺，因要凿井、修灶及预备木板，比预料的时间为长，第二临中亦即可迁入，第三临中在天津东局子，如成立后，北平可拨去三千余人，此后所占用公家名胜及私人住宅可望减少。王氏最后表示：此事本人负责相当的大。参议员姜绍祖、常玉森、李福双、王立刚、高立楼、王雅陔等纷纷发问，王局长对于私校待遇、学生生活、收费情形、由王局长对二万余流亡到平学生的近况详加解释，指出东北大学学生已迁入光明殿，山西大学学生已往张垣，山西中学的联中为晋省主持、市府协助，房子尚未找好，东北中学生每人每日发动会停开、学生保健、私售调查表等项一一答复。又称：冬季煤火问题至堪注意，已请求拨款一千四百亿元，去年只准四十亿元，今年想亦多不了，此乃本年一大问题。

（《大公报》天津版1948年9月29日）

北大今年五十校庆

留平同学发起五圆献金运动　分函各省市同学校友会推行

【本报北平电话】平市北大同学会为庆祝本年十二月十七日母校五十周年纪念，特发起献金运动，本月十二日下午四时留平同学刘瑶章、周炳琳、姜绍祖、马大猷、李宏增、李续祖、李夏云等曾在市府西花厅会商办法，决定照第六次同学会决议，发动五金圆献金运动，表示庆祝之意，当由周炳琳草拟通启，并商定推行办法十项，分函各省市北大同学会及校友会，请一致推行。北大同学之范围：凡属前大学堂、同文馆、仕学馆、进士馆、议学馆、师范馆、大学分科、预科、国立北大文理法商工农医各学院、前国立北平大学农工医学院各学系及其前身之同学及校友，均为募集献金之对象。

（《大公报》天津版 1948 年 10 月 17 日）

基隆码头热闹场面

中兴轮载来旅客二千行李万件　北平参议会台省参观团抵台北

【本报台北二十三日专电】北平市参议会台省参观团姜绍祖、邓萃英、刘植源、赵其璋等四人二十二日乘金刚轮由沪抵台，该团员陈□武日内将乘机来台。据他们说：此次来是答谢台省参［议］会参观北平。

（《大公报》天津版 1948 年 11 月 24 日）

《益世报》

京私立大学之三：华北大学概况

（甲）沿革

该校成立于民国十一年。是年六月，校董王式通、王荫泰、吴贯因、冯农、林步随、汤漪等三十余人，理事姜绍祖等十余人，组织校董理事联席会。选举蔡元培为校长，招收学生二百余名，开办大学文法商科及银行专修各一班。十二年十一月，因蔡赴欧，推校董恩华为代理校长。十三年一月十八日，银行专修科修业期满，计毕业学生陈齐纲等二十一名。同年七月十一日，在教育部正式立案。同年十一月，司法部亦正式立案。十五年十一月，校董理事联席会，改选王荫泰为校长，吴贯因为副校长兼教务长，冯农为总务长。闻该校自成立以来，即取整齐严肃主义，不滥招学生，经费亦不丝毫滥支。综自开校至今，捐募图书数千册，筹募基金数万元，均出王荫泰氏之力，其他有力校董捐募之数，亦复不少。十六年十一月，该校校董理事联席会，改选校董胡汝麟为校长，吴贯因为副校长。

（乙）现况

（一）学校组织

全校以校董理事联席会为最高立法机构。校董四十五人，理事十五人，大学校长一人，副校长一人，主持全校事务。下设教务、总务两处，各设主任一人、副主任一人。由校长提出人选，经校董理事联席会之同意聘任之。

（二）现办科系

文本科中国文学系，三年级各一班；法本科政治经济系，一、二、三、四年级各一班；附设专门部本科政治经济系一、二、三年级各一班；大学文法预科二年级一班。

（三）教职员人数

职员除各主任外，设事务员五人。大学本科教员二十三人，预科教员十人。

（四）学生数

文本科三十四人，法本科七十二人，专门部门科四十八人，大学预科二十九人。

（五）经费概况

全年支出经费约需三万余元。除学费收入约一万余元外，不足之数，均由校长及董事会员负责筹措。自开校迄今，教职员薪水按月如数发送，向不欠薪。对外亦无债务云。

（六）设备概况

全校教室、图书室、办公室、职员学生寝室、食堂等共二十余座。运动场设有网球、篮球队等数处。图书室现藏有中文图书五五六八册、西文图书五三三册。校舍系租赁。教部曾批示，倘能迁拓校舍，当更有可观云云。当于十三年十二月呈请执政府准予拨用东华门宗人府房屋为校舍。教部呈执政府，谓华大曾经本部批准，该校校董及职员等办事颇见热忱，管理亦极严密，所请拨用宗人府房屋，自应照准。十四年二月，教部训令该校，略谓拨宗人府房屋，经本部呈请执政府，准拨该校，以便扩充校舍。同年七月，此案提交国务会议，决交内务部核办。八月，内务部批示该校，略谓该校开办有年，成绩昭著，自应准拨作校舍，以资提倡。当时因北京大学试验学校，亦欲请用是屋，以致相争成讼。经高等厅判准和解，将该屋让一部与北大，余仍归该校作校舍云。

（《益世报》天津版1927年11月23日）

华北大学搬家

大学部迁至前门内　中学在西安门大街

华北大学创办有年，以校舍狭小，有碍扩充，现该校长胡汝麟力图迁拓，以弘校务。当择定前门内西城根路北为大学校舍，业于日前迁移。昨日已在新校舍上课，所有新校舍种种设备，颇具整洁，近日仍在兴工中。该校为养成学生自由研究起见，特设阅览室两处，增添图书多种。其原有西安门大街校舍完全作为办理华北中学之用。该校向来注重精神，今大学、中学各有独立校舍，气象一新云。

（《益世报》天津版1928年4月3日）

华北中学设暑校

【平讯】南长街华北中学为应学生暑假期内补习功课起见，特于本年暑假附设暑期补习学校，定七月一日起至八月底止，授课两个月，科目为国文、英文、算学、物理、化学五科，尤以英文、算学为注意，每日自上午七时起，至十一时止，全校分高、中、初三级，由各教员按照学生程度酌编教材，摘要施教，务以最经济的方法，于两个月内使学生能得一学年之学识为标准。闻近日已组织就绪云。

（《益世报》天津版1930年6月6日）

平私中联合会昨欢迎周大文

周谓应注意青年思想

【北平通讯】平市私立中学联合会于昨日上午十时在中山公园来今雨轩欢迎市长周大文。到市长周大文、教育局长周学昌（第二科科长程懋忻代），到校长二十余人，公推姜绍祖为主席。首由主席报告该会工作状况，并致欢迎词毕。次由市长周大文答词，大意谓，本人不识教育，不过随意略谈，以供大家参考。① 现在青年人思想甚活动，故学生思想方面应特别注意。② 中学方面常过偏重英文，但英文不过为学科学之工具，是英文与科学成为两重课程，故感十分困难。③ 体育方面，体育应成必修功课，以促其普遍发达云云。次由教育局第二科科长程懋忻致词，大意谓，现时来平就学人甚多，市立学校较少，故多入私立学校肄业，本人极希望私立学校教育之进展，因教育乃社会事业，将来经济有着，局中对物质方面、精神方面，当竭力援助云。当由北方中学校长罗庆山报告，略谓：① 现各校因经济困难，体育场甚少，希望周市长建设公共体育场；② 因各校宿舍不敷用，故多数学生住公寓，黑暗层出，且难免受反动分子诱惑，希望市长加以注意云云。继由弘达中学校长吴宝谦报告，略谓：① 现有若干公家空地空屋皆可利用，如第一习艺工场，可供私立中学做公共体育场等；② 学校经济困难，希望将学校方面之捐税取消。最后由周大文答词分三点：① 空场建筑公共体育场，请大家分头寻觅地址；② 公寓亦请共想补救办法；③ 取缔浪漫学生，为各校长共同责任，请共筹妥善方法。末并表示以上三点，皆可以书报周氏，以便进行办理。至十一时许，宾主始尽欢而散云。

（《平私中联合会昨欢迎周大文》，《益世报》天津版1931年7月13日）

悲恸空气笼罩国中

（平讯）平市自沈阳失陷消息传来，各界均悲愤填膺，各学校学生均起作救国运动。态度极悲痛镇静。兹志昨日所探情况如次：

清华大学（略）

北京大学（略）

燕京大学（略）

北平大学（略）

华北中学：于昨晨举行纪念周时，作反日救国演讲，到师生五百余人。由校长主席，报告日军侵略满蒙之史实，分经济、政治、文化三方面。会后，全体学生继续开会，对日本此次举动极为愤懑。当有高中部学生祁斌演说，辞极悲痛，遂在坛上啮指血书："中华民国精神不死""中华民国万岁"，民众皆振奋，并有痛哭失声者，旋推举职员，商议进行方针，高呼口号散会。

（《益世报》天津版1931年9月22日）

私中联合会

对缩短假期问题将征求专家意见

本市私立中学联合会筹备私中科学馆办法，业于前日呈请社会局核准，现复为集中各委员对缩短假期问题之意见，尚未建议教育部，特定于本月十一日星期六下午四时半，在前外撷英番菜馆召集全体委员会议，讨论缩短假期及教学课程标准诸问题，待商有结果，即可呈达教育部，届时并聘请蒋梦麟、李蒸、胡适之等教育名流，参加意见。闻通知发出后，均已允诺出席云。

（《益世报》天津版1935年3月6日）

私中联合会昨开执委会议

呈教部维持男女同学文　经修改通过今日可发出

平市私中联合会，昨晨十一时，假中山公园水榭召开执委会，计到文治、华北、翊教、北方、宏达等校，首由文牍股宣读拟就呈请教部维持男女同校原案之快邮代电稿，全文长四千余字，分十七条。其理由大致可分为两点：一系根据教部最新颁布之中学规程，一系根据教育原理及事实。经各执委协商修改后即予通过，并决定于今日发出。旋即讨论市府申斥北方中学校长罗庆山，妄发关于取缔男女同校谈话，并令自行更正事。结果认为此系有关私中全体问题，俟闻全体大会时讨论之，惟决不更正。最后讨论关于私中补助费问题，经议决选七人至九人，组织科学馆委员会，具拟具详细办法，呈请社会局审核。此外并决于日内召开全体会员大会，商讨如何应付市政府申斥罗庆山事办法，及其他重要事项云。

（《益世报》天津版1935年7月14日）

国术赈灾表演昨晨在华北中学举行

项目多精彩　观众踊跃

北平国术赈灾表演会，为灾区筹赈灾款，特联合平市北平武社，宣武社，宪兵学校，普育国术社，文武社，大兴第一、第二、第三、第四、第五、第六、第七等社，华北国术社，民议传习所，克强传习所，武勇社，正义社，宛平第三社，健民社，及各私人组织之国术团体，共三十一处，于昨晨九时，在南长街华北中学操场举行赈灾表演会。门票每张二角，所有收入完全汇寄灾区，届时参加各演员，齐集表演台前，举行开会仪式。首由主席许笑羽致词，谓各表演员取精彩项目表演，以经济时间。词毕，开始表演，首次表演者为武社之各项拳术及刀剑等，宣武社潭腿、五花炮等，宪兵学校拳术、器械，故摔跤一项颇为精彩，博得观众掌声不少，继有普育小学学生之拳术等，亦受观众欢迎，举行毕，旋即休息。下午一时起，继续表演，总计售出七八百张之谱云。

（《益世报》天津版1935年10月14日）

平私中联合会后日开会

讨论购置仪器办法

【北平通讯】私中联合会主办之私中科学馆，开办费四千八百元，社会局昨日令该会派员赴局具领。兹悉私中科学馆筹备委员会，为讨论派员领款日期、购置仪器具体规定，及正式成立后之一切问题起见，特定于后日（星期二）下午三时，在华北中学校举行科学馆筹委会议，开会通知今日即可分寄各委员云云。

（《益世报》天津版1936年3月29日）

其他报刊

师范学堂暑假试验

本埠师范学堂监督孙莘墅君、监学徐伯昆君因鉴于暑假在即，拟定六月初一日起，每日考试各科学，凡完全科、简易科诸生，分班试验。闻初十始行考毕，十二日该堂师生各就行装云。

（《四明日报》1910年6月5日）

宁郡学务汇志

师范学堂于上学期内有二三学生饮酒喧闹者，当经监督孙君莘墅开除一人，余记一过。兹当暑假已满，特行通告师范生，拟定今日开校。闻下学期将实行整顿，以便造就师范完全资格云。

（《四明日报》1910年7月22日）

教育前途之有望

本郡师范学堂自光绪三十二年设立以来，业经五年，学生之毕业者计简易科两班、完全科一班。本年十二月复有完全科学生三十余人毕业。监督孙君知教育之重，端在实习，自下学期起，派令全班学生每学期往附属小学堂分班练习，练习毕由本校职员学生开批评会，互相讨论。凡教授、训练、管理诸法，有未臻妥善者必悉心讲求以图改良，将来毕业后充当各属小学堂教员。其成绩必有可观者，吾宁教育前途有厚望焉。

（《四明日报》1910年8月17日）

宁波师范学堂纪念歌词

讲舍当年改，明州焕发新光彩，新光彩！教育示模楷，六邑英年，乙时洪冶，危局待支，狂澜待挽！人师之师，人范之范！农事正萌芽，学业也成比例差。譬如秧初夏，由苗而秀，由蕾而花，艺圃洙林，文苑英华！年年岁岁靡已有加！

（《朔望报》1911年7月11日）

大总统令

大总统指令第六百五十二号（中华民国九年三月八日）：令国务总理靳云鹏：呈第一届文官普通考试及格，分发审计院学习，姜颖菼请准予改分西北筹边使公署学习由。

（《政府公报》1920第1461期）

大总统令

大总统指令第六百九十一号（中华民国十年三月二十三日）：令国务总理靳云

鹏：呈第一届文官普通考试及格，姜颖荚请仍回审计院，以委任职候补拟请照准由。

（《政府公报》1921第1826期）

华北大学之宣战

周作人

近来阅北京报纸，最使我们注意者有两件事，即李景林与华北大学之宣战是也。现在只论华北之宣战，因为我颇具有议论这件事情之资格也。何以言之？

一、我是前华北教员，自民国十二年九月至十四年六月。

二、我是北大教员，而华北的许多创办人原来也是北大的人。我记得最初方砖厂有一个补习学校，是北大出身的人所办，后来变成大学，至今还奉蔡孑民君为校长，华大要人中有三四人也还是北大的人。

三、我是浙江人，华北要人中我知道也有四个是浙——不但江而且是东——人，阿拉是真同乡。

四、我不是国民党，自然更不是研究系，也并不是什么社什么派。我不是教育界的帝国主义者，也未必是无产阶级，虽然章孤桐总长给我的考语里有“擅名阅阀”四个字，不过他的命令时有黠者伪造，所以这也难以信用了。

总计上文所说，我实在有批评这回力争宗人府事件的资格，即使未必能讲公平（我实际上不相信有这么一件东西）的话，也总可以说出一两句切要的话罢。不幸是我反对章士钊的，所以不免有些偏见，与恭维章士钊的诸位意见不能相同，这是预见要请大家原谅的。

华北力争宗人府，其唯一的根据是正式经教育部、内务部批准拨给他们。但我记得报上曾经登过一件新闻，内务部警察厅要把清室善后委员会管的产业收归己有，委员会不答应，闹了好久未曾解决，那么这宗人府是否可由内务部做主批拨，正是疑问。我们且不问北大是否早向委员会租定，即上面一端，已可见华北之所根据者其实很少根据。我看华北当局似乎绝对承认这些公产是不应归委员会管而该由内部警亭支配的。这当然可以成一面的理由，但事实上这管辖问题还未解决之前，只凭了这个根据跳骂宣战，不大妥当。据华北说已用法律解决，那么由原告华北校长蔡元培提起诉讼，自然会由被告北大校长蔡元培出面辩解，用不着我们多话。以上只是我个人自以为最平正的——在别人看来或者正是极偏激的话罢了。

华北当局通电中，有如不得直当自行报部解散，以免非法干涉之惨的话，我觉得这未免有点可笑。这样“匹夫匹妇自经于沟渎”的态度，是很要不得的，正如一个人说因为同人家打架失败，便要到那家门口去上吊。这在个人已经太是婆妈气了，出诸以教养青年为职志的大学更不见得适宜。或者这只是作文，作檄文时的套路，并不是真要实行的预约，也未可知；不过即使如此，这种言不由衷的滥套也就尽够讨厌了。

私立大学的确很是重要的，因为在它那里思想可以自由些、活泼些，正足针砭官学普通所有的那种暮气、官气。然而在中国百事颠倒，这一件也不是例外，私立大学大都反而更驯良些，这是很妙的事。今年章士钊事件发生，国立六校钤口结舌，虽然我不以然，也还情有可原，京津各私大却更进一步，大上呈文，恭维执政与总长之英断，学风真整顿的好……喔，喔，我至今还不知道这是什么意思、什么话。我尝叹息，章士钊一上台，毁了多少人格、校格，真是关系世道人心不小，与这个相较，那些禁止五七纪念、污蔑女师大学生，以至金佛郎赚钱，都还是小节了。我与华北当局的好些人有“某籍某系一之雅，所以敢进忠告，不怕又有什么流言说我‘挑剔风潮’”。我劝华北：第一收回了那种可笑的吓人的短见，第二保持私立大学所应有的独立与尊严，或者即使章士钊自己办学校，也未始不可存在，但我的偏见总觉得他是“代表无耻”（借用胡适之君给彭允彝的评语），因此并觉得凡恭维他成为所恭维的一切都是不行。在为章士钊辩护的人们中间，只有张崧年君一人我对于他没有什么蒂芥，因为他声明是与行严很有私交的。话又说远了，现在总括一句，华北今日驾于北大之强硬与昔日对于段、章之谦恭我均不能了解，希望华北当局能够变更态度。

这篇文章我本不想在别人的报章上发表，唯《语丝》五七已经排成，下一期出版又须在十日之后，所以借京副余幅早日发表，其文责全由笔者。十二月十日夜。

伏园兄：

对不起，请借一只角落，登载这篇文章，想诸位乡亲和同砚当不怪你也。十一日，作人。

（《京报副刊》第355期，1925年12月12日）

故儒文学作品之陈列

象山姜北岩手录日记　陈列华大故物展览会

象山士绅姜绍祖，旅京多年，近年创办华北大学尤著成绩。本月三日，华北大学开文化古物展览会，陈列品极多。姜君亦将其先祖清初大儒姜白岩先生（先生名炳章，字石贞，号白岩，著作共四十余种，计入四库者为《读左补义》与《词序广义》两种。先生学问德行，详《清儒学案》《大清一统志》《清史·儒林传》）《尊行日记》八卷，白岩先生颜其堂曰"尊行堂"，故其日记即以尊行堂名，计共四十余卷，多佚，仅存此八卷，加入陈列。一般文学家见此秘本，争相传观。闻姜君为流传起见，拟将付梓，以供群阅云。

（《时事公报》1926年7月13日）

简　讯

北平华北中学校长姜梅坞君，向兼外交部北平情报主任。前数月，曾任至本馆访问。其人瘦长而秀，双目炯炯，为一精明老练之青年教育家。近向外部辞去情报之职，联络北平二十余校义勇军，终日戎装训练，人或以为国难当头，平津一带奄无生息。观此可见提倡固大有人在。

（《晶报》1931年10月24日）

北平中等学校抗日会恢复抗日活动

中等学校抗日会，昨日下午三时，假华北中学会议室开谈话会，出席者：姜绍祖、孙祥偈、王鲲九等三十余人，孙祥偈发言，谓本会当领导全市中等学校学生，举行大请愿，先分头向吴佩孚、万福麟、于学忠、张作相、荣臻、邵文凯、鲍毓麟请愿，要求转劝绥靖主任张学良，从速出兵关外，收复失地，俟有相当结果，再举行大请愿，以十二分诚意，请求张从速调兵二十万，出关收复失地。各代表相继发言，交换意见，佥认为孙之建议，系切要讨论之抗日提案，不日召集会议，讨论请愿步骤。旋上海各团体代表王造时、刘传中到会。四时一刻，全体赴该校大礼堂，开欢迎沪代表大会，由中等学校抗日会委员招待，并请新闻记者十余人参加。由孙祥偈主席致欢迎词，略谓：今日北平市中等学校抗日会以十二万分诚意开会欢迎沪代表，自九一八以后，平市曾有一度抗日高潮，因环境关系，现则沉闷。敝会最近拟领导中等学校学生起来，推动其他学校一致抗日。今幸沪代表来平，唤起北平市民，敝会因本身责任，当速领导学生团结抗日，对于当局只为请求意义，要求当局出兵关外，收复失地，并愿与上海各团体及各地各团体，联合起来，作全国整个之抗日运动。

（下略）

（《世界日报》1932年3月10日）

私立中小学反对停发私校补助费

平市社会局因前订私校经费补助办法，行之即久，多不适用，特重订《私校经费补助规程》，已于前日公布，并规定凡以前受补助之私校，一律停止，重新声请补助。此次新规程于二十四年度实行，本市私立中小学校以补助费停止影响教务进行颇巨，即使停止亦应按照学校年度、于学年终了时停止，遂于昨日召开联席会议讨论办法，并赴社会局谒第三科长李静澄请愿，详情志次：

联席会议

私立中小学校长，于昨日（十七日）下午四时，在市社会局会客厅举行联席会议，出席私中校长姜梅坞、吴葆三。报告召集会议意义后，即开始讨论，全体以社会局之私中补助，按学校年度计算，应行二十三年度六月停止，现补助费停止，影响各校经费预算甚巨，遂决议全体赴社会局请愿。四时半散会。

谒李静澄

会后全体赴社会局第三科，谒科长李静澄请愿。李于第三科会议室延见，各代表当推姜梅坞、吴葆三发言。大意称：私校补助费停止后，各校困难情形殊多，即便停止亦应依照学校年度、于本学年终了时停止，否则对各校经费预算将发生重大影响。李以兹事体大，遂答称，俟本人请示蔡（元）局长后，再作具体答复。各校长遂于五时许退出。

二度开会

昨日十七日下午六时，私立中小学校长复于府右街培根女子中学召开联席会议，由请愿代表报告谒李静澄经过后，即开始讨论。决议两项要案：（一）呈市社会局详陈私校补助费实不能立即停止之理由，及各校经费困难情形；（二）私校补助费停止后，私立中学因基金较多影响尚微，而私立小学因基金过少，补助费停止影响甚巨，应竭力向市教育局力争。至七时许散会。

（《北平晨报》1935年1月18日）

象公立医院正式成立

象山县盛县长前以本县向无医院设置，为谋普济贫病起见，特与县绅姜梅坞等商定募款筹设公立医院，经于本年五月十五日成立筹备委员会开始筹备，一面积极劝募基金，一面择定院址、聘定院长及医师，于六月廿八日先行开诊，详情业志本报。兹悉该院现已筹备就绪，由筹备委员会临时会议议决，将筹委会改组为董事会，除原有筹备委员改为董事外，并由县政府加聘王松仙等五十二人为名誉董事，业于七月十八日召开董事会成立大会，推选盛县长为董事长、姜梅坞为副董事长、徐勉斋等十三人为常务董事，确定医院开办及经常费支配数额，通过医院章则，及继续劝募基金人员。嗣由董事长继续召开第一次常务董事会会议，推定董事会分组办事职员，规定董事捐助医院常年经费数目，并推派杨院长赴沪采购器具及药品等要案多起。该院自开始筹备以至正式开诊，为时不过两月，在最短期内完成伟大善举，不特各筹备人员之热心努力可嘉，而造福地方人民大非浅显云。

（《宁波商报》1938年8月2日）

第四编

档案史料

华北大学

创立华北大学之旨趣

理事　陈庆麒

北京为吾国首都，居民二百万，衡诸欧美诸邦，高等专门之学校，当以数十记，而吾国乃贫匮闻。以实际国立专门以上之学校，数不逾十，又时以经费竭蹶之故，殚其力于维持现状，而不暇为扩张之计画。其他私立之学校，以高等教育为揭橥者，为数盖亦至寡也。居尝窃念国力之恢张与民智之增高为正比例，欲求民智之增高，势不得不亟谋专门学术之能普及于群众，徒恃少数之优秀人民，于国家仍鲜有济也。矧今之毕业于中等学校者，每岁不下万数千人，而以国立大学之不能广设于各地，谋升学者之乃荟集于一隅，又重受各校学额之限制。各省中学毕业之学生不能达其升学之期望者盖比比然也。然则私立大学之增设，在今日宁非当务之急乎？彼欧美各国著名之大学，究其实多属私立，而吾国自成周之末以迄晚清，私人授徒讲学之风，历久不衰。名儒硕学，类多能维系国脉于不堕，其为效固较官立之太学高出万万也。新纪元之十一年，校董理事诸先生，相与迭次集议，佥为鉴古衡今，私立大学之举，匹夫有责，谊不容缓。于是昕夕筹画，建设斯校，公举蔡孑民先生为之长。九月二十八日，华北大学开校，始列为北京私立大学之一校矣。庆麒学历绵薄，勉从同人之后，担负校中一部分之责任。本校将来经营之若何地步固未敢预测，惟是创立本校之旨趣，有不可不求正于海内教育家者，不避觍缕，幸垂鉴焉。

世界各国文学之趋势日新月异，哲学之陈义亦日益精密，而吾国为亚洲唯一之文明古邦，文化昭著于世界，则凡文学、哲学、史学之研究，更不可不求有以光前而启后；至东西文化之交相灌输，亦为吾国学者所万万不可放弃之责任。教育学术与新闻事业，吾国均尚幼稚，而在外域则各成为极重要之学系，实不可不亟求有以媲美于西方。他如法律、经济、政治之学，今昔殊观，彼我异宜。要亦不可不亟谋从人之长，以求早跻吾国于“共和”之实。国内商业专门教育颇为缺乏，而世界商业之发展，月异而岁不同，吾国久苦商战之不利，尤不容不急讲救济之要图。同人草拟校章，谨本上意，拟设中国文学等十数学系，并附设银行各项专修科，盖欲于人文科学一方面稍有所成就也。兹事体大，容敢谓后日悉如所愿，毫无缺憾，不过“众志成城”“左券可操”，彼英美日本各私立大学之往史可验也。同人无似，亦惟一方随蔡校长与诸位校董之后，持坚贞之精神，始终不渝，一方希望国中热心教育之学者，相与提携指导、互助合作，则十年之后，华北大学之所造就将必有贡献于国中之一日，非特本校理事诸人之私幸已也。爰草数言，以志“息壤”。邦人君子，进而教之。

（《华北大学旬刊》1923年第1期，北京市档案馆藏，档案号J111—14）

本校本学年开学时之演说辞

本校于九月十日上午十时举行始业式，到者有校董理事职教员王式通、恩华、李倪、岳诵先、樊守忠、李鼎、郭德立克、潘渊、姜绍祖、陈庆麒、李宗裕、胡俟、顾景昇诸先生，连同大学、中学全校学生。首由校董恩华主席致开学词，次由李倜君、姜梅坞、潘企莘、胡方舟、李仲侃、樊信初等诸先生相继演说，乃摄影、茶点而散。兹将个人演说辞记之如左：

恩咏春先生：今天本校举行开学典礼，本席得见大学、中学新旧学生，济济一堂，不胜愉快，但举行开学典礼，不仅徒事形式，凡此一举年中新旧学生在校，对于进德修业两端，均须于今日开学之时，请各位校董理事职教员诸先生加以训诲，俾学生有所遵循云云。

李倜君先生：今日是华北大学第二年开学的日期，开学本是平常的事情，无可纪念，但是此次开学，却是很有可纪念的。因为今年本校所设的附属中学，在本校是初次创办，并且根据教育部所颁布的最新学制，将来中学的课程，也是根据此项新学制编定，自然比较现在各处中学，有特别的地方。此种中学，在本校果然是第一次试办，即在本校以外，亦并不多见，这是在中国学制上一种最重要的进步。本校附设此种中学，原为将来提升大学起见，所以此次招考中学生，极力采取严厉主义，将来毕业之后，升入本校大学的时候，程度恰好可以衔接。在学生方面，因为自然提升，可以省略入学试验一番周折，在本校方面，亦可以免去程度不齐的弊病。所以附设中学，实为将来大学发达的基础，此是就新办的附设中学所说的。至原来在本校大学部的学生，今年都是升高一级，那末今年所有的功课，应比较去年略为高深，学问愈高愈难，就应更加一番用功，方能有相当的成绩。现在我关于各位求学的事，可以提出几种最紧要的地方，希望大家注意：第一，是求学的目的，须要自动的，不是被动的，是为自己增加智识发展思想起见来求学，不是因为谋事做官起见来求学，目的既然认定，自然兴趣不同，用功也会格外勤快，到了考试的时候，分数自然会多，也不用临时抱佛脚了。第二，就是求学的方法，求学不是同用刻板印书的一样，将教员的刻板印在学生的脑筋上去，教员不过是一个引导者，将学生的兴味引起来，将学生的颖悟启发起来。至于书本上的道理、书本外的智识，还得学生自己去探寻，所以默守讲义，并不是求学的好办法。第三，学生对于学校，不要徒从名目上去分别优劣，华北大学是私立的，学生不要以为私立的不及官立的，因此有不满足的意思。须知道学校是求学的地方，只要毕业以后，程度同官立的一样，那末求学的目的就达[到]了。本校所有的课程、所用的教授方法、所请的教员，大概同各官立大学没有分别。尽管官立、私立名目不同，并且在官立学校往往因为经费的原因，常有不能安心求学之势。在私立学校则决没有因经费罢课的事情，从这一点看来，私立学校比官立学校还好。以上几层，都不过我一时的感想，可以供各位参考的，现在还有各位先生要演说，我也不便再谈了。

姜梅坞先生（略）

潘企莘先生：本校的校风和办学的宗旨，李倜君先生和姜梅坞先生已经说过了，我想我此刻对于本校办事精神方面，要略说几句话。本校办事之精神注重切实严肃，因为办事非如此，学生的学业不能进步，学校的校风难望良好。此种精神在旧生方面是知道的，在新生方面，我希望他们也明白这一点，那末彼此理会，功效易见。此种精神不仅在大学如此，即在中学也是一样。至于中学因为学生年幼、自治能力薄弱，所以注重管理；因为注重管理，所以学生除京内有家眷者外，概须寄宿，使学生少与腐败之社会接触，养成良好之品行。管理有一定之规则，宗旨在使学生进德修业，日有进境，并养成良好的习惯，以便将来出去在社会做事，有服务之真精神。此层希望中学诸生特别加勉。

胡方舟先生：我是潘先生介绍到贵校担任中学部的教授，今天贵校开学，我很惭愧，对于诸位没有何种的供献，但是我要奉赠诸位一句名哲的格言，就是柏拉图说的："以德得名，以学保之。"这句话对于我们青年求学的人立身创业，有莫大的教训、莫大的帮助。诸位正当求学的时候，正是青年有为的时候，盼望诸位对于这句格言，多多的注意点。

李仲侃先生：本校过去历史，及将来标准，已由李校董和姜、潘诸理事讲明，鄙人不必再言，可是有点感想，要与诸君谈谈。诸位记得去年行开学礼那天，蔡校长不是有句话吗？他说："外国大学，所以在社会上占重要地位，因为自己造成一种学风能指导社会啊，所以学生对于学风有切肤的关系，现在我们这个新学校，尽可创造新规范来。"现在对于这话，能否实践，是应该决算的时期了。试问一年以来，究竟已造成个新规范呢？还是没有呢？这须请大家判断了。可是，鄙人询察所得，据说；本校学风，确比他校要优胜几倍，这似乎可庆的，不过要符合蔡校长所谓“造成一种学风去指导社会”这究竟还未呢。所以鄙人希望好的部分努力增加，坏的部分还要留心改革。这是感想的一层。又今年创办附设中学，新旧同学济济一堂，是一件可庆的事，可是鄙人回想自己做中学生的时候，知道学校里有一种风气，就是高级生和低级生的界限是分得很清楚的。要是偶然有个十二三岁的一年级新生，和那最高年级岁数较大的同学们去一块儿，那就要遭旁人的讥讽了，这据鄙人所见，或是特殊的情形，可是这不是好学风。本校今年中学部新生，岁数小的很不少，比大学部同学们自然不类。鄙人谓，学问尽管有深浅，岁数尽管有大小，班级尽管有高低，那交际上的阶级是不宜分的，无论在阅报室里、运动场里、寄宿舍里、图书室里、演讲会里，同学们不问他是那一部那一科，都应该相亲相爱、互相指教而帮助的。譬如有哥弟两人同在一校，哥在大学部，弟在中学部，那他们的父母对于他的小儿，必定很放心的，为甚呢？因为有阿哥可以照料阿弟啊。所以鄙人希望同学们辟除阶级，亲爱如兄弟，这是感想的第二层。

樊信初先生：今天是本校行第二年开学典礼，二年级诸君，都已知道本校的组织，现在我再与诸君关于外界的情形谈谈。在民国三、四年，京中私立大学不过三四个，私立大学本来为补助国立的不足，可是社会上对于私立学校有三种的怀疑：（一）就是私立学校外表的形式，常受经费的影响，不及国立的壮观，但是我们就学是重精神的，不重形式的，这一层很明了，可以不必说。（二）社会上往往疑心私立学校毕业，恐怕后来没有多大的发展，实在发展不发展都是外界的影像，私立和公立是毫无区别的。（三）就是因为私立学校创办人，往往将学校做他的利用品，他利用目的，有政治性、地方性、营业性种种，这都是很不好的，所以我们学校，专重精神上，不重形式上，只以教育人才为本旨，不以利用学校为目的，请诸君也不要错误了观察，为社会外界的诱惑才好。从前孔老先生说：“三年学，不志（至）于谷。”此后我很希望大家互相策励，同向学业精神的方面做去。

（《华北大学旬刊》1923年第16期，北京市档案馆藏，档案号J111—14）

华北大学大事记

民国十一年六月二十一日，华北大学筹备会正式成立，到者有姜绍祖、陈庆麒、张廷珍、宋绍英、潘渊、李宗裕、姚士鳌、罗庸、范文澜、张承化、刘志谦、屠新林、林晓、吴胜荆等十四人，议定分组办事，计庶务、文牍、会计、交际四组。

七月二十日，华北大学理事会成立。

八月二十一日，华北大学校董会成立，同日开校董理事会联席会议。校董到者有蔡元培、王式通、吴贯因、许寿裳、王荫寿、汤潜、恩华、林步随、邵从恩、李倪、高朔、钟赓言、冯农、窦学光、岳诵先、沈泽生、方骥、邵瑞彭等十八人。理事到者有樊守忠、姜绍祖、陈庆麒、张廷珍、宋绍英、潘渊、李宗裕、罗庸、张承化、刘志谦、屠新林、林晓等十二人、当场推举校长，蔡元培先生当选，由理事会选举理事长，樊守忠先生当选。

八月二十四日，校长蔡元培先生、理事长樊守忠先生同日就职。

同日及二十五日，举行第一次新生入学试验。

八月二十九日，第一次新生入学试验揭晓，录取四十五名。

九月一日，通告校长就职及启用关防日期。

九月十一、二两日，举行第二次新生入学试验。

九月十五日，第二次新生入学试验揭晓，录取一百零八名。

九月二十四、五两日，举行第三次新生入学试验。

九月二十七日，第三次新生入学试验揭晓，录取四十七名。

九月二十八日，行开校礼。到者来宾有国务总理王宠惠代表吴南如君，警察厅总监薛之珩代表彭望恩君，参议员王猷君，铨叙局局长三多君，新闻记者京报社经理邵飘萍君，世界通信社社长孙鉴秋君，校董王式通、邵从恩、李倪、王荫寿、冯农、高朔君等。

十月一日，总务处、教务处各处办事细则开始实行。

总务处计设七股

1. 指导［及］介绍股

2. 图书股

3. 出版股

4. 文牍股

5. 会计股

6. 庶务股

7. 体育兼医药卫生股。

教务处计设三股

1. 注册股

2. 讲义股

3. 考绩股

十月二日,大学预科教授会及银行专修科教授会成立。

同日,大学预科教授会,选举王荫寿先生为大学预科主任;银行专修科教授会,选举李倪先生为银行专修科主任,即日就职。

十月四日,大学预科及银行专修科各成立一班,同日开课。

十月十五日,呈请教育部立案。

十月十八日,图书室开始阅览。

十月二十日,理事姚士鳌君将赴德留学,理事同人公同摄影、开会欢送。

十月二十八日,英文补习班成立。

十月二十九日,预算委员会、审计委员会、聘任委员会同日成立。

十月三十一日,图书[仪器]委员会、庶务委员会同日成立。

十一月十九日,出版委员会成立。

本校校董理事一览表

校长、校监:蔡元培

校董:王式通　吴贯因　许寿裳　王荫寿　汤潜　恩华　许宝衡　林步随　邵从恩　金素　李倪　钟赓言　金保康　冯农　窦学光　岳诵先　沈泽生　方骥　邵瑞彭　高朔

理事长:樊守忠

理事:姜绍祖　陈庆麒　张廷珍　宋绍英　潘渊　李宗裕　范文澜　姚士鳌　罗庸　张承化　刘志谦　屠新林　林晓　吴胜荆

本校现任各主任一览表

指导及介绍股主任　罗庸

图书股主任　宋绍英

出版股主任　潘渊

文牍股主任　李宗裕

会计股主任　张廷珍

庶务股主任　姜绍祖

体育兼医药卫生股主任姚士鳌(姚先生现赴德留学,本股主任现由罗庸先生

兼任）

以上总务处各股主任

注册股主任　陈庆麒

讲义股主任　林晓

考绩股主任　张承化

以上教务处各股主任

大学预修科主任　李傥

本校现任各委员会委员一览表

预算委员会委员：

罗庸　陈庆麒　张廷珍　宋绍英　潘渊　姜绍祖　樊守忠

聘任委员会委员：

王荫泰　李傥　恩华　樊守忠　宋绍英　张承化　屠新林

庶务委员会委员：

罗庸　姜绍祖　李宗裕　陈庆麒　张廷珍　潘渊　林晓

图书仪器委员会委员：

罗庸　陈庆麒　宋绍英　张廷珍　王荫泰　李傥　樊守忠

出版委员会委员：

罗庸　陈庆麒　潘渊　张廷珍　李傥　李友松　朱积权　姜绍祖　胡广浮

（《华北大学旬刊》1923年第16期，北京市档案馆藏，档案号J111—14）

华北中学

本校校史

民国十二年六月，姜绍祖、陈庆麒、张维城、潘渊、李宗裕、林晓、宗峙青等发起创办华北中学，组织校董会，推选蔡元培为校长，潘渊为校务主任，招收三三制初中一年级学生一班。

十四年五月，以办理已及二年规模粗具，因是请京师学务局立案，旋于同年八月二十七日奉令批准。

十五年六月，初级中学三年级学生许世瑛等毕业二十三名。

同年九月，校务主任潘渊赴英国伦敦大学留学，改选理事姜绍祖为校务主任。

同年十一月，校长任满，改选蔡元培为名誉校长，王孟群为校长，吴贯因为副校长，姜绍祖仍为校务主任。

十六年六月，因各处大学仍有预科，三三制初中毕业学生深感升学困难，特将三三制改为四二制，故本年无毕业学生。

同年十一月，校长王孟群辞职，改选校董胡汝麟为校长，副校长吴贯因，校务主任姜绍祖仍任原职。

十七年五月，北京中小学联合运动会，本校得团体操总分第一名，蒙教育部长奖给优胜旗一面，大会会长银盾一座。

同年六月，四二制初级中学四年级学生徐思镐等毕业十二名。

同年八月，校长胡汝麟、副校长吴贯因辞职，改选校董沈鸿昭为校长，姜绍祖为副校长，仍兼校务主任。

同年九月十三日，政府拨南长街西大街二十四号南府旧址为本校校舍，兴工修理，三阅月始完成一部。

十八年六月，初级中学四年级学生陈宝诚等毕业三十一名。

同年七月，建修宿舍一座。

十九年一月八日，复奉北平特别市政府第十号批令，对本校校舍准予正式拨给。

同年一月，教育部令全国各私立学校重行立案，本校经教育局核准，转呈教育部，于是年三月得部令重行正式立案。

同年六月，初级中学四年级学生翟熙浚等毕业二十四名。

同年七月，添建教室二座。

同年夏季，副校长姜绍祖赴日本考察教育。

同年八月，添设四二制高级中学普通科一班。

同年八月，奉教育局训令，对本校办理认为完善，依照优良学校奖励办法，按月给予补助费。

二十年六月，初级中学四年级学生么其璋等毕业三十七名。

同年七月，奉教育部指令、教育局训令，对本校添设高中部准予正式立案。

同年七月，改选姜绍祖为校长，取消副校长及校务主任名义。

同年八月，建筑校门一座、教室二座、宿舍六十二间，计分五座，膳厅二座、盥漱室一所、浴室一所。

同年八月，聘请姜树琳为教务主任，么文荃为训育主任。

同年八月，本校为社会需要，改四二制为三三制，当奉教育部、教育局核准，至四二制各级，并奉令办至毕业为止。

二十一年三月，添建总办公处一座、大教室二座。

同年六月，三三制初级中学学生严以诚等七十五名、四二制初级中学学生吴积泰等六十一名、高级中学学生全乃森等六十八名毕业。

同年七月，扩充运动场周围跑道约计四百米突、直径跑道一百五十米突，添建理化试验室一座，购置仪器多种，并建筑教室五座。

同年九月，成立辅导、学术、清洁、体育等委员会，俾师生合作，教务益臻发扬。

二十二年五月，本校田径赛队参加私中联合运动会，男高部得四七分，男初部得七三分，得学校团体总分第一名。高级四百米、八百米接力本校均得第一名，男高百米本校学生张侃以十一秒三打破华北运动会纪录。

同年六月，三三制初级中学学生文英等七十八名、四二制初级中学学生庞景杲等六名、高中学学生梁泽元等九十三名毕业。

同年七月，本校学生吕鸿勋、张侃代表北平市赴青岛参加第十七届华北运动会，吕鸿勋得二百米低栏第一名，张侃百米成绩复打破华北运动会纪录。

同年十二月三十一日，举行本校成立十周年纪念大会，上午举行庆祝大会，下午举行球类表演，晚间举行游艺大会，呈空前盛况。

二十三年七月，本校高三初三学生参加北平市毕业会考，高中部毕业者计宋同福等二十名，初中部计许增等二十名，会考及格学生成绩总平均分数，本校列第五名，本校高三学生吴积泰总平均分数八五.三九，获得大陆银行奖学金。

同年十月，本校足球队队员李宗禹、常荣增、黄俊、金明华、左楚金，篮球队队员樊明玉、杨绍波、安肇华、陈占镐、徐凤龄、陈福临、常德海，女子排球队队员水继蕴等十三人，经北平市体育委员会选拔，代表北平市参加在天津举行之第十八届华北运动大会，载誉而归。

同年秋季，本校学生参加北平市中学新闻社主办公开演讲会，高三女生杜鹏年得第一名。

同年度第一学期，本校为适应社会需要，遵照教育部提倡职业教育之意，特拨款一万元购买印刷机及签字与印刷上各种器具材料，成立初级职业印刷科，招收职业科学生一班，完全免费并供给书籍及津贴。

二十四年二月，设置高中部主任一人、初中部主任一人，聘请张少岩为高中部主任，关建秋为初中部主任。

同年三月九日，童子军团部成立。

同年四月二十日，疗养室一所落成。

同年五月十日，本校高初中学生三十一人参加北平市春季运动观摩会，初中二年级学生表演团体操，精神饱满，博得好评。高二学生樊明玉跳远成绩六·五六公尺得冠军，打破华北运动会纪录，三级跳远及跳高均获第一名，个人田赛总分得十五分，宫国华得撑杆跳高第一名，中级组田赛本校得第一名，荣膺冠军。

同年五月，参加本市中学校自然科成绩品观摩会，本校选送成绩分一百八十六件，其中高二学生王贻猷所作脚踏飞行机模型，机身宽三十七尺，长十七尺，制造优良，美奂美轮，殊为出色。

同年六月，添建学生新宿舍一座，计八号会议厅一座落成。

同年六月，高中学生雷骏随等六十二名毕业，初中学生康文富等十九名毕业。

二十五年六月，高中学生王大安等五十四名毕业，初中学生卢倩钗等四十一名毕业。

（二十五年曾刊印同学录，详载是年兴革诸事，经事变后，是项同学录遍觅不获，容日后拾得补登）

二十六年六月，高中学生程子平等八十二名毕业，初中学生姜树干等五十七名毕业。

二十六年卢沟变起，姜校长立即代表北平市教育会发起北平各界抗日后援会，奔走救亡抗敌。

七月二十八日，平市沦陷，姜校长离校，间道南下，参加抗战工作，校长职务，由高中部主任张少岩接任。时教务主任姜树琳，正患肺病在西山疗养，因国事日棘，力疾返校，终日抒郁，神经刺激过深，于十月十二日夜间，服安眠药水自戕。

二十七年六月，事务员姜树琅，忧愤劳瘁，病故校中。初中学生刘民福等六十二名，高中学生曹尚德等二十八名毕业。

二十八年，校长张少岩辞职，由事务主任陈正继任，六月初中学生白云鹤等三十七名，高中学生萧桂岩等三十二名毕业。

二十九年，初中学生童长乐等八十名，高中学生姜鸣魁等五十八名毕业。八月敌伪突施行所谓新教育计画（划），勒令私立中学改为伪市立中学，本校被强占改为伪市立六中，同时被强改者，有镜湖中学改为七中，幼稚师范改为女子三中，沦陷后绵延三载之堕绪，于以中辍。

姜校长二十六年离平时，曾呈报教育部，即拟迁地设校，因战时转徙各地，不遑宁处，未及举办，至是决意恢复，遂于浙江象山之殊山，成立高中部，与象山立三中学初中，同设一处。

三十四年抗战胜利，姜校长北上从事复校，将高中部学生，归并立三中学。

三十五年二月，姜校长到平，时本校南长街旧校址，因平市教育局接收为市立六中，继续开办，一时未能移出，经姜校长历向各方交涉，一面先在北长街市教育会成立本校预备班，有学生五百人，嗣经国民政府主席北平行辕，电饬北平市政府转饬教育局，迅速腾让，拨还校舍仪器。

八月十七日，教育局拨东交民巷前德国学校房屋为本校校舍，筹备招生开学。先后投考者计千余人，取录一千二百人，于九月一日正式开课。是处房屋虽较整洁，但范围狭小，不足以容纳全部学生，复借用东华门小甜水井宁波试馆为分校，拨初中一年级学生三班，在该馆上课。平市沦陷过久，本校原有校董多已离平，特于本学期改组校董会，增新校董吴铸人、萧一山、郭登敖、刘瑶章、王捷三、张怀、贺翊新、张志韩、周大烈、金典戎、祁大鹏、张畏苍、杜继善、耿仙洲诸人，连同原创办校长姜绍祖、陈庆麒、林晓、潘渊等，校董会始告充实。

十月十一日西直门崇玄观校舍腾出，本校迁入，是处为陆军大学旧址，曾一度由东北大学居住，沦陷后改为日本中学。胜利后，教育部接收，拨归市教育局备市属学校之用，教育局本意拟酌为腾挪，仍以南长街校舍畀本校，惟本校学生增多，原址不敷分配。

十二月十一日由北平市政府电请国民政府主席北平行辕核准，将崇玄观校舍拨归本校，至此本校校舍问题始告一段落。是处房屋宽广，可容学生数千人，有大礼堂、大运动场，足球、篮球、田径赛场所亦均完备，在平市中等学校校舍中，诚不多觏。

三十六年一月二日，举行复校庆祝大会，并欢迎校友返校，参加者三千人，颇极一时之盛。

六月，初中三年级学生李树毅等八十三名毕业，此为复校后第一届毕业生。

（《平市私立华北中学复校第一届毕业同学录》1947年）

记复校勤劬之姜校长

王芸孙

昔年负笈华北大学时，日夕荷姜师训迪，见师诲人不倦，恂恂然儒者气象。其后师创办华北中学，组织私立中学联合会，成立科学馆，对于社会事业罔不热忱赞助，因是众誉咸归之。盖师以平日学养推广而为社会服务，其博爱济物之怀，固仍吾儒本色也。迨卢沟变起，师奔走呼号，发起各界抗日后援会，义声所播，海内风从，足称仁者之勇。抗战期间，遄归内地，尤眷念学校，力图恢复，志专意笃，历久弗渝。胜利后，来平复校，意谓事属当然，必易为力，孰料事与愿违，端绪繁复，格于形势，屡觏艰屯，噫讵知复校工作，较之当年间关脱险、荒山设校，转更烦难耶，异矣。余常见师仆仆道途，四处呼请，心瘁容癯，声嘶力竭，其锲而不舍之卫道精神，诚足令人肃然起敬，振顽立懦，信属非虚也。所幸至诚感格，金石为开，校舍之奠，弦歌不辍，兹当初中三年级同学毕业，刊行纪念册，敢述校长复校艰难过程，为同学告，庶不忘校长当时勤劬，而永留忆念云尔。

附注：王芸孙先生，湖北黄陂人，现年四十岁。民国十七年在华北大学毕业，时教育部长刘哲，会考北平私立大学学生，王先生平均分数九十六分，列第一名，嗣考取河北省县长，历任陆军三十二军二十六军秘书、北平市政府编审秘书等职。现供职市政府人事处荐任股长，兼本校国文教员，擅长新旧文学，尤善为诗词，写作俱佳，诚文学界杰出人才。

（《平市私立华北中学复校第一届毕业同学录》1947年）

第五编

其他

姜 绍 祖

华北中学校长姜绍祖，字梅坞，浙江象山县人，现年四十二岁。民［国］六［年］北京大学毕业，赴库伦考察外蒙情形，著有《蒙疆游记》，民［国］十一［年］创办华北大学，“五卅”代表教育界赴沪工作，复至江浙各地宣传。氏居象山县属三门湾，为东南重要港湾。因组织三门湾开埠促成会，竭力提倡农垦。民［国］十七［年］华大本科学生毕业，成绩颇佳，氏以办理六载，已得相当效果，鉴日后教育之急需，中学甚于大学，遂辞华大，托人接办，己则专心办理华北中学。嗣赴日本研究中等教育。十九年私中联合运动会，氏任会长，参加中学数十校，成绩斐然，为私立中学空前之举。二十一年创办中等教育协进会，在中山公园，约教育专家讲演中学各科教育法，成效颇著。

（《国民经济指南》1934年）

象山旅沪同乡会

伟　东

民国二十四年（1935）八月，象山旅沪同乡刘志山、林美钧、吴春林诸君发起组织象山旅沪同乡会，经呈奉市党部发证许可，于同年十月正式成立，惟因种种困难与障碍，会务无形停顿。翌年三月，任啸菊、张介眉诸君起谋恢复，设临时会所于南市外马路福美里一号，亦仅昙花一现，不久复又瓦解。

民国二十八年（1939）秋，该县士绅姜梅坞先生养病来沪，鉴于军兴以来，旅沪同乡为数日众，约计不下二万余人，实有团结互助之必要；目以鄞镇等县同乡，占宁波旅沪同乡会会员，籍贯比例之绝对多数，反观象籍同乡，加入者不及百一，此于宁波旅沪同乡会外需要另组象山旅沪同乡会，更有切要于其他小组同乡会者，因与贺凤来、梁卓人诸先生共谋兴复旧有同乡会。会象山县水灾救济会函旅沪同乡劝募水灾捐，由姜梅坞、贺凤来二先生发起，借八仙桥青年会九楼宴请旅沪同乡，于讨论募款办法外，并决定改组象山旅沪同乡会，当场推定姜梅坞、贺凤来、梁卓人、伊鹤甫、严挺、郑圣鋆、鲍永成、胡蔚然、周边斐等九人为筹备委员。经数度筹备会议之商讨，又于二十九年一月二十二日以象山旅沪同乡会名义，再度宴请同乡，到会九十余人，加推许兴馥、楼崇德、王俊卿、张质斋四君连前十三人为改组委员，负责计划进行改组事宜，并积极征求会员，由梁卓人先生向宁波同乡会接洽拨用会所及向工商局申请登记。经数月之惨淡经营，各项事宜始获就绪，遂于二十九年五月十九日下午借宁波旅沪同乡会四楼召开改组成立大会，推选姜梅坞、贺凤来、郑圣啸、伊鹤甫、严挺、王俊卿、梁卓人、张质斋、许兴馥、朱颂虎、楼崇德、鲍永成、冯斌、杨亨田、俞长青、王熊飞、史坚冰、陈兴昌、陈丕杰、朱元瑞、黄天才、郑保安、林人惠、张南浦、欧乃文等25人为执行委员；苏筠伯、胡蔚然、夏亚鼎、徐仁邻、潘复初、应橘泉、黄天才、程明蓬、王泰华、励乃鹏、欧世珍、姜本灿、萧良葆、黄性良、李志卿、忙乃明、贺功圣、赖昌昇、俞民瀛、周善荣、包德生等21人为监察委员；贺凤来、伊鹤甫、许兴馥兼任基金委员；执行委员中推选姜梅坞、贺凤来、梁卓人、陈丕杰、伊鹤甫、陈兴昌、张质斋为常务委员，选姜梅坞为主席委员，聘梁卓人兼任会务主任，就职开始工作。

同乡会设主席委员1人，为对外代表，并组执行、监警基金常务各委员会，兴革推进各项会务。下置会务处主任1人，干事1～3人，处理日常会务。

民国二十九年五月，同乡会改组成立后做了以下几项工作：

募集水灾捐：民国二十八年秋，象山城乡各处秋雨连绵，山洪暴发，大水泛滥成灾，二十八乡镇，半数殃及，人畜、农作、建筑物之被损害不胜地数，造成数十年来稀有灾况。同乡会特召集同乡讨论救济办法，推定贺凤来、梁卓人、伊鹤甫等二十人分头劝募捐款，并举行劝募象山水灾赈款游艺大会，推梁卓人负责筹备，奔走接洽，吁请虞洽卿、方椒伯、袁履登诸先生为游艺会赞助人，向旅沪甬籍绅商普为销票，总计收入票款国币2 817元，除开支净收2 536元，即日连同贺凤来君等劝募捐款3 262元、公债票20元，先生汇交象山水灾救济会妥为放赈。

商拨会所：该会改组筹备期间，暂借贵州路宁波公报馆办公，惟此乃系临时性质，自应另筹固定会所，以垂久远，爰经会议议决函请宁波旅沪同乡会，援照镇、奉、定各同乡会先例，分拨劳合路宁波里四号楼房，为永久会所，由梁卓人君面商宁波旅沪同乡会，邀约定海同乡会代表会同洽定，以东厢三分之一前间为该会会所，中央客堂楼公用，民国二十九年十二月二十三日修理完竣后迁入办公。

征求会员：该会参照宁波同乡会征求会员办法，采取分队征求制，聘姜梅坞为总队长，贺凤来、伊鹤甫为副总队长，陈丕杰为总参谋，蔡建民、王泰华等124人为各队队长，分头征求。民国二十九年6月15日召开首次征求队联席会议，决定征求目的为一万份，分6月底7月底、8月底三次揭晓。计得永久会董9人、基本会员11人、赞助会员61人、维持会员277人、特别会员536人、普通会员39人，总会员933人。

协助家乡米荒救济：民国二十九年，宁属各县因受战事影响，造成空前未有米荒，而象山尤甚。旅沪同乡会组织甬属平粜捐款劝募委员会，募集捐款百余万元，先后购办大批洋米运甬平粜，藉资救济。与象山振（赈）济会同向宁波旅沪同乡会报告灾情，请求拨分平粜，终以交通被阻、输米为难。蒙宁波旅沪同乡会在平粜捐救济费项下拨给国币五万元汇象补助平粜费用，复续拨二万元振（赈）济，饥民赖以稍苏。

（《甬光初集》1940年）

姜梅坞记略

姜梅坞（1892—1967）谱名颖荗，学名绍祖，梅坞其字，丹城人。毕业于北京大学哲学系。国文为桐城马通伯赏识，刊入《丁巳校士录》。旋调西北筹边使公署佥事，兼商务委员，驻外蒙古库伦，著《蒙疆丛谈》二卷。又任外交部咨议等职，终辞去，创办华北大学，自任教务长，继增办华北中学。一九二五年五卅运动爆发，北京教育界成立后援会，被推为代表，赴沪声援。一九二八年专任华北中学校长。一九三〇年赴日本考察，深信强国之道，以振兴教育为要，遂组织北平市中等学校联合会，任主席，又设中等教育研究会，为常务理事。抗战爆发，南下归里，集资二万余元，创办县公立医院。抗战胜利返北平复校，兼任民国大学及平民大学教授。一九四七年被选为北平市第一届参议员及“国民大会”代表。一九四八年寄居台北。一九六二年赴美考察文物。不久卒于台湾。

（《象山县志》编纂委员会编：《象山县志》，浙江人民出版社1994年）

附录

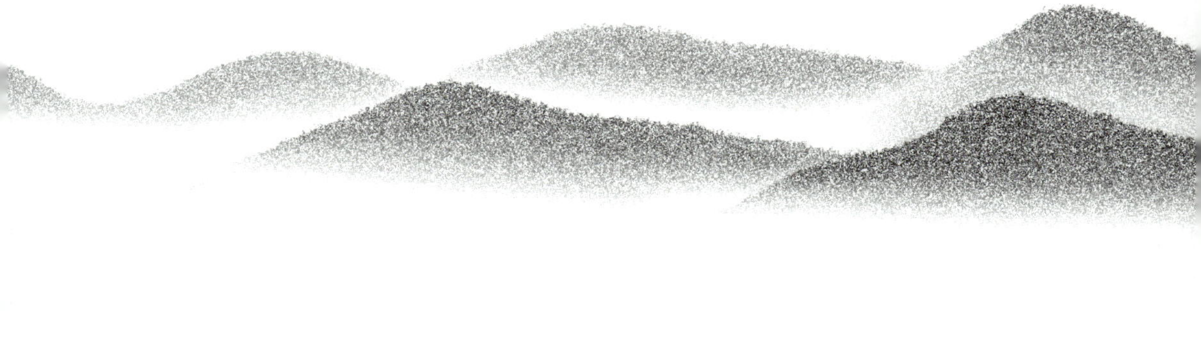

姜绍祖大事年表

1892年　1岁

是年，出生于象山县丹城，父姜本镛，清秀才，为本地乡绅，母亲郎氏，东乡汤岙人，生有6男1女，其在家中排行第五。

1898年　7岁

2月，入城中林氏宗祠冯卓生老师处读书。

是年，母亲病逝。

1899年　8岁

是年，在城中青龙桥丹山书院方墨仙老师处读书。

是年，父亲续娶城中羊行新街周氏为继母，"生弟三人、妹三人"。

1900年　9岁

是年，继续在丹山书院读书。

1901年　10岁

是年，在城中尊经阁从方曾宸少庵老师读书。

1902年　11岁

是年，在城中青草巷李宅楼上从胡长松子乔老师读书。

1903年　12岁

是年，在城中后周楼上从周琛隆允中老师读书。

1904年　13岁

是年起至16岁，在本县官学堂（即象山县立小学之前身）读书。

1907年　16岁

是年冬，赴宁波投考宁波师范学校完全科。

1908年　17岁

2月，入宁波师范学堂读书。

1909年　18岁

是年，继续在宁波师范学堂就学。

1910年　19岁

9月，在师范学堂附属学校实习。

10月，与师范学堂毕业班其他学生一起赴南京参观南洋劝业会。

12月，从宁波师范学堂完全科三年毕业。

1911年　20岁

1月，赴杭州会考。

2月，应东陈陈家学圃堂之聘，担任教员。

6月，与陈汉章二女陈娩荪订婚。

1912年　21岁

2月，入四明专门学校银行科就读。

1913年　22岁

12月，从四明专门学校银行科毕业。

1914年　23岁

1月，与陈娩荪完婚。

2月，考取北京大学哲学门。

是年，父亲病逝。

1917年 26岁

4月，参加普通文官考试，名列优等第一名，分发审计院，并在新华商业专门学校兼课。

6月，毕业于北京大学哲学门，论文题目为《儒道墨三家学说异同考》。

是年，长女姜树桢出生。

1918年 27岁

3月4日，与陈钟凡、黄建中、冯友兰等发起创办北京大学哲学会，为此在同月2日的《北京大学日刊》上刊登《北京大学哲学会启》："以商榷东西诸家哲学，沦启新知为宗旨。"征求会员，其会员后来多数在学术界显露头角。

是年，兼任民国大学教课，担任心理学、伦理学等科。

1920年 29岁

2月，调入西北筹边使公署，为佥事兼商务委员。

4月，奉派赴外蒙古库伦，促外蒙回归中国版图，留5月。

是年，长子姜树极出生。

1921年 30岁

是年春，撰《蒙疆战事谈》上下篇，其中上篇刊入北京《益世报》，全文刊入当年第5期北京《地学杂志》，该文大声疾呼国人重视外蒙问题并提出若干对策建议。

1922年 31岁

是年初，与北京大学同人发起创办华北大学，任理事会理事兼任庶务主任，实际主持校务工作，"校有所展措，皆君任之""凡理事所任事务及教课，均为义务职"。

6月21日，出席华北大学筹备会成立会。

7月20日，华北大学理事会成立，任理事。

8月24日，华北大学校长蔡元培、理事长樊守忠同日就职。

9月28日，出席华北大学开校礼。

10月29日，担任委员的华北大学预算委员会成立。

10月31日，担任委员并兼任主任的华北大学庶务委员会成立。

11月初，鉴于当年浙江水灾严重，与旅京浙人樊信初等，发起组织浙灾筹赈会，办理募捐筹赈事务。

11月19日，担任委员的华北大学出版委员会成立。

1923年　32岁

6月，与人发起筹办华北中学，招收三三制初中一年级学生一班。

9月10日，在华北大学第二学年开学仪式上发表演讲，强调读书就是救国。

是年起，担任华北大学总务兼指介主任。

是年，“征得母亲之同意，遵照父亲遗嘱，兄弟各自分居”，并在墙头丁家地方，租得房屋数间，迁居于此。

是年，次女姜树干出生。

1925年　34岁

5月前后，作为华北大学代表积极向教育部争取办学经费。

同月底，五卅运动爆发，参与成立北京教育界后援会并被推为代表，赴沪声援，“于沪杭甬沿途宣讲声援”。

6月20日，在《申报》上撰文并通电全国，建议移民上海罢工工人、船员开发三门湾。

9月初，浙省办理国民代表会议议员选举，初选当选人公布，象山县为姜绍祖。

1926年　35岁

1月，与华侨林有壬等在北京发起创办三门湾开埠促进会，任副干事长。该会以促进三门湾之开埠及其各项实业之发展为宗旨，“竭力提倡农垦”。

6月17日，华北大学附属中学经学务局批准，正式改名为华北中学。

6月下旬，参与营救遭北洋军阀逮捕的民国大学校长雷殷。

9月，任华北中学校务主任。

是年，曾受内务部总长屈映光委托，清理内务部所办裕丰银号，颇具成效，“各存户及持钞票者，皆大欢喜”。

是年，三女姜树梧出生。

1927年　36岁

7月，参与营救被奉系军阀逮捕的进步学生。

是年，应外交部总长王孟群之邀，出任外交部咨议，“聊以补助生活费用耳”。

1928年　37岁

是年春，“与（华北大学）校长胡汝麟石青先生共同设法，租得前门内化石桥中国大学校址，于是大学迁至该处，中学仍留在西安门大街。余兼顾二校，颇为忙碌”。

是年秋，组织华北大学校务执行委员会，将校舍校具、图书、古物等，悉交委员会，继续办理。“嗣以中学事繁，余不能兼顾，即辞大学执行委员，专责办理。”任华北中学副校长，仍兼校务主任，开始“专心办理华北中学”，“惟一切校务，均由余以校务主任及副校长名义，实际负责”。

是年，四女姜树桐出生。

1929年　38岁

1月1日，华北中学组织识字宣传队十二队，作各种化装讲演。

11月，主持北平私立中学联合会会议，“共谋教育上之进行”。

是年，应同学之邀，一度兼任外交部北平情报部主任，不数月辞去。

1930年　39岁

4月中旬，发起组织北平私中联合运动会，任会长，“参加中学数十校，成绩斐然，为私立中学空前之举”。

8月，赴日本考察教育，“遍观彼邦各种教育情形，尤于中等教育特别注意”。

同月，添设四二制高级中学普通科一班。又“奉教育局训令，对本校办理认为完善，依照优良学校奖励办法，按月给予补助费”。

是年秋，组织北平市私立中学联合会，任主席。

1931年　40岁

4月12日，主持北平市教育会成立大会。

7月，任华北中学校长，并取消副校长及校务主任名义。

8月，华北中学设置奖学金。

9月21日，九一八事变消息传来，举国愤慨，主持华北中学反日救国演讲会。

11月22日，主持的北平市私中联合会电请中央对日宣战。

是年起，“担任北平市教育会常务理事，以迄二十六年北平沦陷离平南归为止，光复后又于卅五年起，被选为教育会常务理事，至卅七年十二月止，先后凡十年”。

是年，次子树楷出生。

1932年　41岁

2月，参与发起中华民众筹金救国会。

9月，华北中学“成立辅导、学术、清洁、体育等委员会，俾师生合作，教务益臻发扬”。

10月前后，作为北平市教育会代表，“调解小学怠工事件”。

是年，发起创办北平中等教育协进会，“在中山公园，约教育专家，讲演中学各科教育法，成效颇著”。

是年前后，担任北平市地方维持会临时教科书审查委员会委员。

1933年　42岁

4月下旬，受北平市教育会推派，与武可题、郁士元等赴京沪两地，联络各方，“共谋抗日办法”。

同月，因财政部核减教育款项二万五千元，“实受影响甚巨”，与武可题、郁士元受北平市教育会委托，赴南京向财政部请愿。

6月10日，向北平市教育会提出教养殉国军人遗族办法。

12月31日，华北中学举行成立10周年纪念大会，“上午举行庆祝大会，下午举行球类表演，晚间举行游艺大会，呈空前盛况”。

是年，发起为阵亡将士筹设遗族子弟教育基金。

是年，五女宁生出生，存世六月而夭。

1934年　43岁

3月18日，被推举为北平市新生活运动促进会理事会理事。

6月，创办《新生日报》，“支持数月，终以无力维持，宣告停刊”。

7月，华北中学“高三初三学生参加北平市毕业会考，高中部毕业者计宋同福等二十名，初中部计许增等二十名，会考及格学生成绩总平均分数，本校列第五名”。

10月30日，《大公报》报道，华北中学“对于体育向极重视，除使学生课外运动自由发展及课内体育督促进行外，对校队之组织及选手之训练，亦不遗余力”。该校篮球队、足球队在华北教育界享有盛誉。其中篮球队有“（平）平市霸主”之称，曾多次远征天津、青岛、上海等地。

是年前后，华北中学初中全年学费23元、高中29元，学生450人。

是年，刊印先祖姜炳璋的《古诗亿》，分发全国各省市图书馆。

1935年　44岁

1月18日，当选为文化建设协会北平分会教育事业委员会常务委员。

5月4日，发起的北平市中等教育问题研究会成立，并担任其中第一、二组研究工作。

6月5日，被中国文化建设协会河北分会推选为出席总会会议候补代表。

6月初，被北平市社会局聘为平市中小学学生升学及职业指导委员会委员。

8月，主持的北平市私中联合会反对北平教育当局禁止中等学校男女同学，后迫使当局妥协告终。

是年，华北中学经费收入与支出均为41 000元，共有9个班级。

1936年　45岁

1月11日，作为平市私立中学联合会“赴京听训代表”——赴南京参加蒋介石召集教育界人士及部分学生会议。“蒋委员长征各省教育领袖集会南京，君亦与焉，而会者多主平津院校南迁之说，君独异议曰：‘院校为文化区宇，教惟邦本，今地未失而先自拔其本，是示敌以弱也。而河朔人且谓政府将释弃北鄙，群情惶惑，其何以安之？’众愕然。翌日，蒋委员长莅会，亦曰：‘精神国防庠序是赖，万无先撤理。’与君所持者同，议遂寝。”①

1月22日，返平后，“赴市府晋谒秦（德纯）市长，报告赴京经过情形”。

9月，被推选为“国民大会”自由职业教育团体代表候选人。“政府举行‘国民

① 虞和钦：《姜君梅坞五十寿序》。对此，姜绍祖本人在回忆录中称：“开会前一日，由胡适之、张伯龄诸先生召集北平校长代表在教育部开会，交换意见。蒋委员长在励志社开会二天，说明中日国交情形甚详，结论则谓国力未充足之前，不可轻易开战，必须各守本位，自力更生，才能御侮云云，并听取各校长代表报告与建议。会后参观中央军官学校等等，余回平已是旧历年底矣。”（《写心集》）

代表大会’选举，全国教育团体额定十八人，而北平市教育会十五区、会员万二千余人，一致选君，无异票，此殆各省市职业竞选所仅有，益见朔方人士之趋向君也。”

11月28日，主持由其发起的北平市私中科学馆开幕。

12月12日，西安事变发生，举国震惊。22日与北平各中学校长以平市中等学校校长联合会名义联名致电张学良加以“规劝”。

1937年　46岁

2月28日，出席中国科学化运动协会北平分会“招请平市各中学校校长及各科学教员等茶会，商讨推进科学教育方法”。

7月16日，代表北平市教育会参与发起成立华北各界抗日后援会，其宗旨是：“拥护平津军政当局及政府，自为团体，军民团结，共赴国难。”“余代表教育会，每日出席会议，作慰问宣传救护等工作。”

11月初，华北全面沦陷，携家人南下返里，任象山县抗日委员会副主任委员。

是年初，拟联合各地教育会，发起组织全国教育会联合会，因战起不果。

1938年　47岁

2月，为解决战时青年学子就学困难，与邑人林卓人、励乃骥等发起筹设本县第一所中学——象山县私立立三战时补习初级学生补习学校，并于次月正式开学。1943年5月，省教育厅核准立案，定名为象山县私立立三初级中学。

是年，发起成立象山县公立医院，任副董事长。

1939年　48岁

是年秋，在沪求医养病期间，发起组织象山旅沪同乡会，被推为主席委员，为对外代表。“凡同乡有困难者，本互助精神，或予救济，或转达宁波同乡会，予以协助，同乡无不称便。”

是年，“在象年余，终日忙于抗日自卫会及公立医院等事务”。

是年，为保存岳父陈汉章藏书，在东陈兴筑藏书楼，后因战火蔓延而中辍。

1940年　49岁

2月，与梁卓人等重新发起成立象山旅沪同乡会，并另组象山水灾救济劝募委员会，赈济家乡灾民。

是年，先后应邀参与创办公润贸易行、绍康衬衫厂。

1941年 50岁

6月8日，主持象山旅沪同乡会成立周年纪念大会，计到会员200余人。

9月，定象战时补习中学进修班在象山西官山发起筹备，被推举为筹备委员会委员。同年11月正式开学，学生110人，分设4个班级。

是年，“为余五十岁，同乡梁君卓人等发起祝寿，余固辞，嗣由诸同乡联名制寿屏一堂，计十二幅，系北平荣宝斋出品之描金花砂珠笺，品质极佳”。

1943年 52岁

是年冬，与贺凤来在宁海柴溪组织纸烟公司，“一时参加者，为同乡周君大烈、宁海何君大裕，推周君为董事长，余为总经理，贺为副经理，出美女牌、高士牌两种纸烟”。

1944年 53岁

1月10日，依照国民党浙江省执行委员会训令，象山县筹组的临时参议会在下沈大庙成立，被推举为副议长，议长周凯旋，有参议员20人、候补参议员6人。

是年春，在象山县私立立三初级中学筹设高中部，招一年级春、秋学生各一班，8月，因省不予立案，遂改为附设高中补习班，与立三中学合并。

是年夏，代表象山县各界赴天台劳军。

是年，在象山西周设立公司，以薯丝为主料，制作糕点，不久因战事而关闭。

1945年 54岁

1月，象山县银行发起筹备，被推举为筹备员兼筹备委员会副主任。同年9月，县银行筹备处正式成立，被推举为筹备员。

8月，抗战胜利后返北平复校，兼任民国大学及平民大学教授。

1946年 55岁

9月1日，经多方奔走，华北中学正式复校开学。

10月11日，华北中学迁入北京西直门崇玄观。“是处为陆军大学旧址，曾一度由东北大学居住……是处房屋宽广，可容学生数千人，有大礼堂、大运动场，足球、篮球、田径赛场所亦均完备，在平市中等学校校舍中，诚不多觏。”

11月，当选为“制宪国民大会”代表。

是年，华北中学图书馆成立，拥有图书500余册、报刊130余种。

1947年　56岁

1月2日，华北中学举行复校庆祝大会，并欢迎校友返校，“参加者三千人，颇极一时之盛”。

11月，发起平津私立中学联谊会。

12月6日，出席北平市参议会第五次大会并对地政局局长张道纯报告“发问”。

是年夏，“北平市参议员改选，余由教育会选出，为市参议员，出席参议会开会”。

是年秋，“参加竞选‘国民大会’北区教育会代表，当选为‘国民大会’代表”。

是年，币值不稳，北平私立大中小学二百余校教职员生活堪虞，“发起组织福利委员会，亲赴上海，向中央银行总裁张公权、俞鸿钧先生洽购面粉，运平救济，人皆德之”。

1948年　57岁

3月中旬，被推为“民选‘国代’北平分处”主持人。

3月21日，被推举为北平“‘国大’代表联谊会”文书。

4月，出席北平市参议会第一届第二次会议并连署刘植源提案，要求利用美国救济面粉价款，修建东单公共体育场，以利市民健康。

5月，出席“国民大会”，提请设立全国教育会联合会，获得通过。

9月23日，鉴于教育界人士生活清苦，向北平市教育会提出互助方案并获通过。

10月，为纪念母校北京大学50周年，参与发起“发动五金圆献金运动，表示庆祝之意”。

12月，代表北平市参议会，与邓萃英、赵其璋等赴台湾参观博览会，遂滞留台湾。

1949年　58岁

1月初，妻儿抵台团聚，“内子偕树桐、树楷及国本由沪趁中兴轮船来台”。

4月起，患高血压病，在北投东山奇岩路山上静养三年。

1951年　60岁

是年，送次子姜树楷赴美留学。先“至华盛顿州之马丁学院，旋至西雅图大学，翌年秋季，转入华盛顿大学工学院肄业”。

1952年　61岁

4月起，作《写心集》，“述我自己的经过，留作我子孙的观览”。

1954年　63岁

2月，出席“国民大会”第二次会议。

是年，参与筹备育英中学，几经周折而未果。

是年，送四女姜树桐赴美留学，“先入（西雅图）安迪生学校，补习外国文，后改入西雅图大学，翌年入爱达荷州立大学研究院”。

1955年　64岁

是年春，商诸教育部张部长其昀，将所存《尊行日记》二册，由中华丛书委员会刊入中华丛书行世。

1957年　66岁

是年，次子姜树楷在美国西雅图华盛顿大学土木系毕业（得学士学位），于翌年一月入西雅图波音飞机制造公司工作。

1960年　69岁

3月，出席台湾第一届“国民大会”第三次会议，“余此次在大会报到时，其报到号码为八六三，与四十三年第二次大会报到之号码相同，各报登载，认为巧合”。

是年，“农历庚子二月十五日，为余六十九岁生日，象山同乡招宴于台北市小小状元楼。阅数日，余还宴，请诸同乡并张亲家伉俪等”。

1961年　70岁

3月31日，“为余七十初度，偕内子婉荪，长女树桢，孙女露茜、琳达，外孙林国本合摄一影，以留纪念”。亲友多撰文祝寿。

是年，台湾组织编纂《清史》，经多方争取，先祖姜炳璋列入儒林传，“传文系萧一山先生所撰”。

1962年　71岁

是年春，与妻陈娩荪赴美国、加拿大考察教育并探亲。

1966年　75岁

是年，编撰《象山姜氏近代概述》。

1967年　76岁

8月，在台北病逝，安息于阳明山第一公墓。

图书在版编目(CIP)数据

教育救国：姜绍祖先生史料辑存 / 姜光平，孙善根主编. -- 上海：上海辞书出版社，2024. -- ISBN 978-7-5326-6274-6

I. K825.46

中国国家版本馆CIP数据核字第2024AS1415号

教育救国——姜绍祖先生史料辑存

姜光平　孙善根　主编

责任编辑　杨丽萍
装帧设计　王轶颀
责任印制　王亭亭

出版发行　上海世纪出版集团
上海辞书出版社®(www.cishu.com.cn)
地　　址　上海市闵行区号景路159弄B座(邮政编码：201101)
印　　刷　苏州市越洋印刷有限公司
开　　本　890毫米×1240毫米　1/16
印　　张　14.75
字　　数　270 000
版　　次　2024年9月第1版　2024年9月第1次印刷
书　　号　ISBN 978-7-5326-6274-6/K·1271
定　　价　108.00元